新型城镇化
与乡村振兴

NEW URBANIZATION
AND RURAL REVITALIZATION

魏后凯　宋亚平　**主　编**
崔红志　傅智能　**副主编**

社会科学文献出版社
SOCIAL SCIENCES ACADEMIC PRESS (CHINA)

序

　　2021 年是中国在全面建成小康社会、实现第一个百年奋斗目标的基础上，乘势而上，开启全面建设社会主义现代化国家新征程、向第二个百年奋斗目标进军的第一年。2021 年中央"一号文件"指出，"走中国特色社会主义乡村振兴道路，加快形成工农互促、城乡互补、协调发展、共同繁荣的新型工农城乡关系，促进农业高质高效、乡村宜居宜业、农民富裕富足，为全面建设社会主义现代化国家开好局、起好步提供有力支撑"。城市与乡村是一个互补、互促、互利、互融的有机整体，在工农互促、城乡互补的基础上，促进城乡协调发展、共同繁荣，打造共建共治、共生共享的城乡发展共同体，是实现共同富裕的重要途径。

　　2021 年 10 月 16~17 日，全国新型城镇化与乡村振兴高峰研讨会暨第十七届全国社科农经协作网络大会在湖北省十堰市郧阳区召开。此次会议由中国社会科学院农村发展研究所、中国社会科学院城乡发展一体化智库、湖北省社会科学院、湖北省十堰市政府主办，湖北省十堰市郧阳区委、区政府承办，来自中国社会科学院、中央党校（国家行政学院）、中国农业科学院、中国热带农业科学院、各省（自治区、直辖市）社会科学院、高等院校、湖北省及十堰市地方政府等 30 余家单位的 100 多位专家学者、政府官员参加会议，就以县城为载体的城镇化与县域经济发展，城乡要素、产业、生态、社会全面融合，城乡基本公共服务均等化，巩固拓展脱贫攻坚成果同乡村振兴有效衔接，粮食安

001

全与农业高质量发展等问题进行了深入探讨和交流。在"十四五"开局之年召开的此次会议围绕新型城镇化与乡村振兴这一主题开展深入研讨，适应了经济社会发展的新形势和新需求，可谓正逢其时。

全国社科农经协作网络大会是全国社科院系统农经学者的学术研究和交流平台。在全国各地社科院系统农经学者的共同努力下，每年召开一次年会、出版一本论文集，加强了全国社科农经学者之间的联络、协调和交流，提升了全国社科院系统的"三农"研究水平和决策咨询能力，产生了良好的学术影响力和社会影响力。

作为此次会议承办方，湖北省十堰市郧阳区在打赢脱贫攻坚战、全面建成小康社会的工作中取得了显著成绩，尤其是在金融扶贫、产业扶贫、易地搬迁扶贫以及易地搬迁社区城镇化等方面积累了先进的经验，对湖北省乃至全国其他地区发挥了引领示范作用，也为学术界开展新型城镇化和乡村振兴研究提供了宝贵的现实蓝本和参考经验。此次会议在十堰市郧阳区召开，有利于全国社科农经学者学习和升华郧阳经验，而论文集作为此次会议的主要成果之一，较好地体现了理论研究和应用研究相融合。论文集的出版有望为探索新发展阶段我国新型城镇化和乡村振兴之路做出新的理论贡献！

目　录

粮食安全

产业发展

农村改革

会议综述

总

论

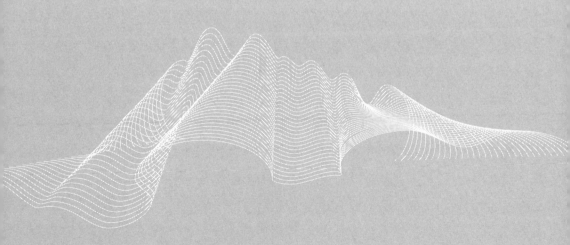

城乡融合与乡村振兴

郑新立 *

摘　要：改革开放 40 多年来，由于体制和政策的因素，农村生产要素大量流入城市，而且是不等价交换，城乡差距不断扩大。缩小城乡差距，应当以城乡居民基本权益平等化、城乡公共服务均等化、城乡居民收入均衡化、城乡要素配置合理化、城乡产业发展融合化为目标和指导原则，健全体制机制和政策体系，实现城乡融合发展。通过加快农业现代化、规模化、集约化，开展新农村建设，推进农业转移人口市民化，发展特色小镇，实现乡村振兴，为中国经济发展构建新动能。

关键词：城乡差距　城乡融合　乡村振兴

当前，中国社会主要矛盾已经转变为人民日益增长的美好生活需要与不平衡不充分的发展之间的矛盾，而发展的不平衡主要体现为城乡发展不平衡。如果将乡村振兴作为战略目标，城乡融合发展作为战略举措，就构成了

---

*　郑新立，中国城镇化促进会常务副主席，中共中央政策研究室原副主任。

一个完整的战略体系，亦成为中国 2035 年基本实现社会主义现代化的重大战略任务。

一 城乡差距扩大的主要原因

2019 年中国农村人口有 5.64 亿人，第一产业就业人口有 3 亿人，劳动力占全社会就业人口的 39.6%，但是第一产业增加值占 GDP 的比重只有 11.3%，农业劳动生产率（用 11.3% 除以 39.6%）相当于全社会平均水平的 28.5%。也就是说，三位农民一年创造的增加值才相当于一个社会平均劳动力的增加值，由于创造的财富少，城乡居民收入差距就拉大了。因为有一部分是转移收入，所以城乡居民收入还没有像劳动生产率一样是 3∶1，而是 2.6∶1，全国最低的浙江省，为 1.7∶1，中西部地区为 2.7∶1 至 2.8∶1。这个差距是相当大的。要缩小城乡差距，就需要抓住主要原因，从提高第一产业的劳动生产率入手。

城乡差距扩大有历史的原因，改革开放 40 多年来，由于体制和政策的因素，农村生产要素大量流入城市，支撑了城市的繁荣。

第一个要素是劳动力，这是生产要素中最活跃的因素。改革开放 40 多年的时间里有 2.8 亿农业转移人口流入城市。部分农业转移人口在城市里居住条件很差，工资也比较低。与此同时，社会保障制度也有待完善。农业转移人口为经济发展做出了重大的贡献。

第二个要素是资本。农村的金融机构都是存差，城市的金融机构都是贷差。因为农村缺少投资机会，所以资金只能留到城市里才能够找到更好的投资机会，才能有稳定的回报，这是符合市场经济规律的。40 多年来，农村流到城市的资金总额达几十万亿元。

第三个要素是土地。城市建设主要靠土地财政的支持。沿海地区甚至中西部地区有很多城市每年批租土地的收入都超过财政收入，总额达几十万亿元。征收来的土地经过招拍挂，价值增加了。土地的支持总额达几十万亿元。

因此，改革开放 40 多年来，城市的繁荣离不开农村生产要素（劳动力、资本、土地）的流入。

二　建立健全城乡融合发展体制机制和政策体系

2019 年 5 月发布的《中共中央　国务院关于建立健全城乡融合发展体制机制和政策体系的意见》提出了一个系统的解决方案，特别是在土地政策上提出的"三个允许"，是一个重大突破。"第一个允许"：允许农村经营性建设用地入市；"第二个允许"：允许就地入市和异地调节入市，也就是说，可以跨省流动、跨市流动；"第三个允许"：允许农村集体把有偿收回的宅基地和集体公益性建设用地转变为集体经营性建设用地后入市。

农村的土地整合具有巨大的潜力。全国农村宅基地共有 17 万平方公里。城市建设用地有多少呢？现在只有 5 万平方公里。加在一起，城乡建设用地有 22 万平方公里。农村这 17 万平方公里，现在平均计算起来闲置率在 50% 以上。根据江西省余江县的一个典型调查，全县农村倒塌的房屋、危房和闲置的房屋，占农村总户数的 59%。这种情况在农业转移人口主要的输出大省如江西、安徽、河南、四川、湖北、湖南等是比较普遍的。所以，农村的土地整合具有巨大的潜力，是蛰伏的资源。

2015 年"五化"的提出直击城乡融合发展的要点，即努力实现城乡居民基本权益平等化、城乡公共服务均等化、城乡居民收入均衡化、城乡要素配置合理化、城乡产业发展融合化。这为城乡融合发展提出了重要的目标和指导原则。"城乡居民基本权益平等化"作为"五化"的第一化，也就说明城乡居民在基本权益上还有待完善的地方。具体来讲，城市居民住房的商品化、私有化，使其享受到了房地产增值、不动产增值所带来的财富效应。特别是北京、上海、深圳、广州等一线城市的住房财富效应明显。这是城乡居民收入差距拉大的重要原因之一，农村居民不能像城市居民一样享受到因住房所有权而带来的财富效应。"城乡居民基本权益平等化"放在"五化"之首，是指农村居民要和城市居民一样，在住房的财产权上平等。

三 实施乡村振兴战略的重大意义与主要任务

（一）实施乡村振兴战略的重大意义

第一，让5亿多农村人口分享改革发展的成果，像城市人口一样过上现代化的生活，这是落实共享发展理念的重大内容。

第二，通过农业现代化、乡村振兴，农民收入得以增长，农村市场得以扩大。5亿多农村人口可以形成一个巨大的市场，通过扩大内需，成为经济增长的最大新动能之一。

第三，许多城市中市场已经饱和的消费品像汽车、家电等，在农村仍有使用条件，但是受限于购买力不足，为此，要补上农业的短板，打牢国民经济的根基。

第四，实现城乡要素的等价自由流动，完善社会主义市场经济体制。市场经济一个重要原则就是发挥市场在资源配置中的决定性作用。要素价格由市场供求情况决定，农民能够从要素的流动中获得更多的收益。

第五，有利于缩小城乡差距，基本实现社会主义现代化；也有利于实现乡村振兴，拉动经济增长，扩大消费等。

（二）实施乡村振兴战略的主要任务

1. 第一个任务：加快农业现代化、规模化、集约化

农业劳动生产率低，其原因是人多地少。全国18亿亩耕地，却有3亿农业就业人口，一个就业人口平均只能种8亩地，规模太小了。按照现在的机械化条件，一个就业人口至少能够种几十亩、几百亩地。如果规模能扩大几十倍，农业劳动生产率马上就能提高了，然而并没有那么多地给他们种。

根据最新统计数据，美国一个就业人口能种8000亩地，而中国仅8亩，

美国土地的经营规模是中国的 1000 倍。土地经营规模太小，是农业劳动生产率低的根本原因之一。但是也有一些国家土地规模很小，劳动生产率却很高，如荷兰只有 20 万农业就业人口，耕地面积仅为中国的 5%，人均耕地只有 1.3 亩，为此，荷兰修了几百公里的大堤，把大潮给挡住，土地利用率非常高。荷兰的土地主要种花卉，其在欧洲的花卉市场份额为 80%；另一部分耕地用作牧场，生产肉类和奶制品等。2019 年荷兰出口了 903 亿欧元的农产品，顺差达到 291 亿欧元，成为全世界农产品第二出口大国，仅次于美国。

按照美元计算，2019 年荷兰 20 万农业就业人口实现了 400 亿美元的农产品贸易顺差，中国 3 亿农业就业人口而农产品贸易逆差为 700 亿美元。可见，中国农业外向度很低。荷兰也是一个人均耕地较少的国家，但是通过发展集约化农业，同样可以致富。一个农业就业人口一年创造的增加值达到 5 万~6 万欧元，农业成为比第二产业、第三产业更赚钱的行业，劳动生产率也更高。丹麦地处北欧，一年大多数时间都是冬天，光照不足，但是其猪肉出口量曾居世界第一。丹麦根据世界各国居民的消费习惯来养殖不同的猪型，以满足市场多样化的需求。为此，丹麦赚取了大量的外汇，劳动生产率也很高。以色列在一片荒漠上开垦土地，通过滴灌发展高效益农业，如水果、蔬菜、花卉等，并通过出口水果和蔬菜换回一部分粮食，一年农产品贸易顺差也能够达到几十亿美元。国外的农业，各有特色，但其共同的特点：一是搞专业化，二是依靠科学技术，三是发展合作社。中国农业无论是劳动生产率还是技术水平跟国外相比差距都很大，为此，乡村振兴首要的就是农业现代化、规模化、集约化。

2. 第二个任务：新农村建设

根据经验，新农村建设，结合农村新房的建设，可以节约农村建设用地 50% 以上，节约的一部分土地还可以用作耕地。根据发达国家的经验，在工业化、城市化过程中，随着农村居民迁移到城市，农村的建设用地减少、耕地增加。中国的发展也会符合这个规律。村庄整治以后，这些建设用地，集约起来后一部分可以用作耕地。据中国社会科学院统计，全国农民宅基地实际占地 2.5 亿亩，如果都住上联排别墅，可以节约 1.9 亿亩土地，如果变成耕地，将来可以增加粮食产量。宅基地的所有权、资格权和使用权应三权分置，为宅基地的改革提供体制便利。资格权是指农户可以拥有宅基地，如果全家人都搬到城里去了，资格权仍然保留，可以有偿转让给村集体，村集体支付相应的价值补偿。2020 年 1 月 1 日实施新修订的《土地管理法》，把农村集体建设用地、宅基地的处置权交由村委会决定，有的村子可能由村民小组决定，这就属于村民自治范畴。对农村宅基地的处理，只要有 2/3 的村民投票同意一个方案，大家就可以进行调整。通过土地吸引企业投资，形成联合开发。

韩国新农村建设起步较早，是由政府出资购买水泥、钢筋，最后评比哪个村搞得好。中国的新农村建设也取得了很多的成绩。现在中国农村整体来讲危房、闲置房屋比较多，人口比较少，很多村庄只剩下老年人和孩子，这种状况不利于中国的社会主义现代化建设。

根据重庆经验，退出宅基地、退出集体经济的分配权，一户能得到几十万元。重庆市郊江北地区一户能得到五六十万元，之后，到城里加上自己平常的积蓄，再贷点款，就可以买一户两室一厅或三室一厅的房子，变成城市居民。总而言之，重庆市关于进城落户的农业转移人口政策，可以概括为送给每人"1 笔安家费、5 件新衣服"。"1 笔安家费"，就是退出宅基地的钱。"5 件新衣服"就是可以享受城市居民医疗保险、养老保险，以及子女入学入托等各种公共服务。这样一来，重庆市在外打工的农业转移人口，被政策吸引回到本地，退出宅基地，然后在重庆市或者地级市、县级市买房子，做一些小生意。这激活了土地这个要素，城市的地价、建设用地的价格也降下来了，可以吸引到更多的外来投资者。重庆市在前些年连续几年经济增长速度居全国第一。重庆主要的经验就是发展地票市场，搞活农村的土地。当时还没有"融合发展"这个词，叫统筹城乡发展。通过统筹城乡发展，激活农村的要素，吸引外来投资，农村居民搬到城里后通过购买商品住房等促进了城市的消费，拉动了经济发展。这是非常成功的经验。

3. 第三个任务：农业转移人口市民化

要把农业转移人口纳入城市保障性住房覆盖范围，包括新市民租赁房。杭州积极发展新市民租赁房、共有产权房、经济适用房等，放开农业转移人口在城市落户的限制。落户的农业转移人口可以平等享受城市公共服务，同时还享有农村宅基地和承包地的权益，这充分体现了政府对农业转移人口的关心。农业转移人口市民化，进城落户，有了稳定收入后，可以把家人都接城里住，扩大城市的需求。改革开放 40 多年，有效避免了城市"贫民窟"的出现，这是中国城市化的一个奇迹。下一步农业转移人口进城，过上现代化的生活，这也是 40 多年中国发展创造的另一个奇迹。

4. 第四个任务：特色小镇建设

发展特色小镇是中国城市化的一个重要方向，可借鉴德国、美国特色小镇建设经验。美国城市化率约为 90％，德国 78％的人口住在小镇。依托一家企业、一所大学、一个研究所就可以建成一个小镇。美国格林威治小镇，距离华尔街只有一个小时路程，是基金小镇，大型企业主都住在这里。浙江省已有 78 个特色小镇，其特色就是产城融合，在这里有就业机会，居住环境也很好，同时医疗条件、教育条件都很好。另外，特色小镇应突出特色，做好特色产业。

总的来说，通过城乡融合，实现乡村振兴，将会为未来十几年中国经济发展构建一个最大的新动能。

推进巩固拓展脱贫攻坚成果
与乡村振兴有效衔接

尹成杰*

摘　要: 巩固拓展脱贫攻坚成果是"有效衔接"的基础,缩小脱贫地区与非贫困地区的发展差距是"有效衔接"的重要任务。做好巩固拓展脱贫攻坚成果与乡村振兴有效衔接工作的关键在于建立健全"有效衔接"的体制机制和政策,在规划安排、乡村建设、政策扶持、产业发展、人才培养、风险应对、乡村治理、组织领导等方面做好有效衔接。

关键词: 脱贫攻坚　乡村振兴　区域发展

2021年、2022年中央"一号文件"均指出,要持续巩固拓展脱贫攻坚成果,坚决守住不发生规模性返贫底线,做好拓展脱贫攻坚成果与乡村振兴有效衔接工作,接续推进脱贫地区乡村振兴。巩固拓展脱贫攻坚成果与乡村振兴有效衔接,是党在"十三五"与"十四五"重要历史交汇期,开启全面建设社会主义现代化国家进程中做出的重大战略部署。

---

* 尹成杰,国务院参事室特约研究员,原农业部常务副部长。

一 "有效衔接"的主要内容

中央提出做好巩固拓展脱贫攻坚成果同乡村振兴有效衔接，既不是某个具体环节的对接，也不是一般性的工作安排，而是着眼于"三农"工作重心的历史性转移而做出的战略部署。这一部署涉及多重内容。

一是巩固脱贫攻坚成果，不发生规模性返贫现象。"巩固"是"拓展"的基础，只有抓好"巩固"，才能实现"拓展"，要坚决守住贫困地区"两不愁三保障"成果。

二是拓展脱贫攻坚成果。脱贫不是终点，是走向富裕新生活的新起点。"巩固"是与乡村振兴有效衔接的基础，"拓展"是实现向全面推进乡村振兴转移的路径。

三是有效衔接是关键，是脱贫地区推进乡村振兴的关键。要实现有效衔接，就要提高贫困地区的生活水平，推进共同富裕；激发脱贫地区发展的内生动力和活力，提高自身的内在发展能力；要实行"四不摘"政策，对脱贫县要认真落实中央五年过渡期政策，保持主要帮扶政策总体稳定；要加大扶持"巩固拓展"和"有效对接"的政策力度，给予更多的后续支持和帮扶；加快培育新农人、新型农业经营主体，吸引社会力量投入农业农村现代化建设，抓好人才振兴，解决谁来建设农业农村现代化和乡村振兴的问题。

四是进一步完善有效衔接的体制机制，把扶持脱贫攻坚行之有效的工作制度、机制和政策统筹纳入全面推进乡村振兴。

二 "有效衔接"是重要历史交汇期的重大战略性对接

脱贫攻坚取得胜利后，要全面推进乡村振兴，这是"三农"工作重心的历史性转移。巩固拓展脱贫攻坚成果与乡村振兴有效衔接的工作部署，是我国在"十三五"和"十四五"重要历史交汇期实行的重大战略性衔接。

其一，这是精准扶贫脱贫战略与乡村振兴战略的两大战略性对接。打赢脱贫攻坚战，巩固拓展脱贫成果，既是实行乡村振兴战略的重要内容，又是全面推进乡村振兴的基础。两大战略有着战略部署、战略目标和战略任务的内在有机联系。实行有效衔接，既是脱贫地区精准扶贫脱贫战略向乡村振兴战略的转变，又是脱贫地区走向幸福生活的新起点。

其二，这是巩固拓展脱贫成果与全面建成小康社会的战略性衔接。"小康不小康，关键看老乡。"脱贫攻坚是全面建成小康社会的标志性工程。脱贫攻坚全胜是全面建成小康社会的基础和前提，是全面建成小康社会的关键性因素。脱贫攻坚取得的决定性成就，为全面建成小康社会夯实了根基、做出了重要贡献。

其三，这是巩固拓展脱贫攻坚成果与全面建设社会主义现代化国家开局的战略性衔接。没有脱贫地区的现代化，就没有全国的现代化。脱贫地区的现代化，是全面建成社会主义现代化国家的重大任务。

三 巩固拓展脱贫攻坚成果是"有效衔接"的基础

打赢脱贫攻坚战之后，按照党的十九届五中全会的要求，不仅要巩固成果，还要拓展成果，这是有效衔接的重要基础。既要防止返贫，又要防止发生新的贫困，特别是要防止发生规模性返贫现象。

一是千方百计巩固"两不愁三保障"，建立健全防止返贫的机制，开展常态化的监测预警。

二是采取有效措施稳定和发展脱贫产业，以产业巩固拓展脱贫成果，把发展产业作为巩固拓展脱贫成果的关键。

三是把脱贫扶贫的有效模式和业态转变为拓展脱贫攻坚成果的模式，转变为与乡村振兴战略有效衔接的模式。进一步接续和拓展产业扶贫、教育扶贫、科技扶贫、消费扶贫、电商扶贫等行之有效的扶贫业态和模式，并使之常态化、制度化，发挥巩固拓展成果的作用。

四是切实防止发生规模化返贫现象，特别是切实加强防控因受到新冠肺炎疫情、自然灾害等影响而发生返贫。

五是切实关注和防止边缘户发生新的贫困问题。一些农村年人均纯收入略高于贫困线标准的农户，既不是贫困户，也不是稳定的非贫困户，容易因病因灾导致贫困，甚至比脱贫后的农户发生贫困的可能性还要大。因此，要制定针对边缘户不发生新的贫困的政策措施，精准扶持，及早防范。

六是切实做好易地搬迁贫困村的后续工作。加强易地搬迁村的新址基础设施建设，加强公共服务，发展社会事业。

七是把扩大就业作为巩固拓展的关键举措，千方百计开辟就业门路，拓展增收渠道，提高收入水平。

四 缩小脱贫地区与非贫困地区的发展差距是"有效衔接"的重要任务

经过 8 年持续奋斗，我国如期完成了新时代脱贫攻坚目标任务，现行标准下农村贫困人口全部脱贫，贫困县全部摘帽，消除了绝对贫困和区域性整体贫困，近 1 亿贫困人口实现脱贫。

脱贫地区将同非贫困地区同步进入小康社会，这是历史上和世界上规模最大、力度最强、效果最好的减贫行动。但也要看到，脱贫地区与非贫困地区，虽然都在加快发展，但在发展上还存在差距，脱贫地区仍然是发展不平衡不充分的重点地区，扭转发展差距拉大趋势的任务还很艰巨。因此，搞好有效衔接，逐步缩小脱贫地区与非贫困地区的发展差距十分重要。

脱贫地区与非贫困地区的差距，归根结底是发展阶段的差距，主要是生产力水平差距、生活水平差距、社会保障差距、公共服务差距、社会管理差距等。应该看到，非贫困地区经过三年的乡村振兴，到 2020 年底实现了第一步的战略目标，农村人居环境整治三年行动任务基本完成，乡村振兴的制度框架和政策体系基本形成。从"十四五"时期开始，非贫困地区要向乡村振兴第二步、第三步的战略目标加快迈进。

因此,要认真贯彻中央农村工作会议及"一号文件"精神,认真落实各项政策和措施,加大巩固拓展成果力度,加快发展步伐,把扶贫的政策措施及业态模式用在缩小发展差距上,用在脱贫地区的乡村振兴上,尽快缩小脱贫地区与非贫困地区发展差距。

五 做好"有效衔接"工作的关键是建立健全体制机制和政策

做好"有效衔接"工作,关键是要建立健全巩固拓展脱贫攻坚成果与乡村振兴有效衔接的体制机制和政策。

一是从规划安排上搞好有效衔接,建立健全有效衔接的统筹规划机制和政策。搞好顶层设计,统筹安排和规划脱贫地区和非贫困地区乡村振兴,做到脱贫后精准巩固、精准拓展、精准衔接。

二是从乡村建设行动上搞好有效衔接,建立健全有效衔接的协调推进乡村建设行动机制和政策。特别是要围绕乡村建设行动的各项任务,统筹安排脱贫地区与非贫困地区同步推进,要优先抓好脱贫地区补"三农"领域突出短板工作,补短板政策要向脱贫地区倾斜。

三是从政策扶持上搞好有效衔接,建立健全促进有效衔接机制和政策。"十四五"时期对脱贫地区要认真落实五年过渡期政策,保持脱贫政策稳定不变,接续推进脱贫地区稳定发展,建立健全农村低收入人口、欠发达地区帮扶机制,把一些扶贫政策用于脱贫地区乡村振兴。在西部地区支持一些乡村振兴重点帮扶县,增强内生发展的动力。

四是从产业发展上搞好有效衔接,建立健全有效衔接的产业发展机制和政策。产业发展既是巩固拓展脱贫成果的基础,又是实现"有效衔接"的前提。要继续加大对脱贫地区的产业扶持力度,补上技术、设施、营销等方面的短板,培育产业集群,实行产业联动,促进产业优化升级。要大力发展特色产业，推进一村一品、一县一业，形成稳定的产业链和供应链。

五是从农村人才培养上搞好有效衔接，建立健全有效衔接的培养新农人和新型农业经营主体的机制和政策。乡村振兴的"五个振兴"中，人才振兴是保障。推进乡村振兴应突出抓好人才振兴，加大培育新农人和新型农业经营主体力度，制定农村吸引人才、留住人才的政策措施，鼓励大学生、城市科技人员、退休人员积极参与乡村振兴。大力发展农村生产性社会化服务，进一步推动农村生产性社会化服务组织的代耕代种、全托全管、统防统治，促进小农户与现代农业有效对接。

六是从应对风险挑战上搞好有效衔接，建立健全有效衔接的农业农村风险防范机制和政策。巩固拓展脱贫成果，全面推进乡村振兴，既面临自然风险、市场风险，又面临突发社会公共事件的风险。要统筹搞好脱贫地区和非贫困地区的防风险体制机制建设，切实加强农业农村防灾减灾基础设施建设，搞好防灾减灾技术和装备建设。

七是从乡村治理上搞好有效衔接，建立健全有效衔接的农村基层治理机制和政策。着力加强脱贫地区的基层社会治理，加快构建党组织领导的乡村治理体系。认真落实乡村治理制度，完善自治、德治、法治"三治"结合的治理体制和机制，建立健全治理机制，促进资源向脱贫地区倾斜，提升脱贫地区的基层服务能力。

八是从组织领导上搞好有效衔接，建立健全有效衔接的领导机制和政策。县乡村要突出抓基层、强基础、固基本的工作，为"有效衔接"提供有力的组织保障。要推动各类资源向基层下沉，为"有效衔接"创造有利条件。要建设一支政治过硬、本领过硬、作风过硬的乡村振兴干部队伍。选派一批优秀干部到乡村振兴一线岗位，带领广大农民巩固拓展脱贫攻坚成果，搞好与乡村振兴的有效衔接。

对 2035 年基本实现城镇化的战略思考

魏后凯[*]

摘　要： 改革开放以来，中国的城镇化呈现出大规模快速推进的特征。当前，
中国城镇化面临的核心问题并非城镇化水平高低和速度快慢的问题，
而主要是城镇化质量不高的问题。坚持以人为核心，全面提高城镇化
质量，加快城镇化战略转型，走高质量的新型城镇化之路，将是未来
中国城镇化的基本方向，也是高质量完成基本实现城镇化目标任务的
迫切要求。走高质量的新型城镇化之路，应当全面深化户籍制度改革，
从根本上改变目前"两率"差距不断扩大的状况；加快推进基本公共
服务均等化，为农业转移人口市民化提供制度保障；进一步完善财政
转移支付和城镇新增建设用地规模与市民化挂钩政策，并建立多方参
与、共同分担的市民化成本分担机制；全面维护进城农民的各项权益，
积极探索进城落户农民农村集体资产权益退出机制。

关键词： 新型城镇化　农业转移人口市民化　基本公共服务均等化

---

* 魏后凯，中国社会科学院农村发展研究所所长、研究员，主要研究方向为区域经济学、农村发
展经济学。

一 中国城镇化的大规模快速推进特征

城镇化是现代化的重要标志,也是经济社会发展的必然趋势。1978 年以来,随着改革开放和工业化的不断推进,中国的城镇化呈现出大规模快速推进的特征。从大规模来看,从 1978 年到 2020 年,中国新增城镇人口 7.3 亿人,平均每年增加 1700 多万人;再从快速推进来看,这期间中国常住人口城镇化率从 17.9% 提高到 63.9%,平均每年提高 1.09 个百分点。这种长达 40 多年的大规模快速城镇化在世界上是绝无仅有的。相比之下,从 1980 年到 2015 年,世界城镇化率平均每年仅提高 0.42 个百分点,中国城镇化速度是世界平均水平的 2.6 倍。

中国大规模的快速城镇化有力地刺激了经济增长,促进了社会进步和农民增收,有助于农村发展和减贫。1979~2020 年,中国国内生产总值年均增长 9.2%,城乡居民人均可支配收入年均增长 8.2%,居民消费水平年均提高 7.5%。这期间,中国 7.7 亿农村贫困人口摆脱了贫困,实现了世界上最大规模的减贫,对全球减贫的贡献率超过 70%。更为重要的是,中国的大规模快速城镇化也为推进世界城镇化进程做出了重要贡献。据联合国《2018 年版世界城镇化展望》提供的数据,1980~2015 年,中国新增城镇人口占世界新增城镇人口的 26.2%。[①]

改革开放以来中国城镇化取得的巨大成就,归功于中国在实践中不断探索的中国特色新型城镇化道路。早在 2002 年,中共十六大报告就明确提出"走中国特色的城镇化道路",2012 年底中央经济工作会议又提出"走集约、智能、绿色、低碳的新型城镇化道路"。2013 年,中共十八届三中全会把中国特色城镇化与新型城镇化有机结合起来,提出"坚持走中国特色新型城镇化道路,推进以人为核心的城镇化"。2014 年政府工作报告进一步明确提出,"推

[①] United Nations, "World Urbanization Prospects: The 2018 Revision," New York, 2019.

进以人为核心的新型城镇化""走以人为本、四化同步、优化布局、生态文明、传承文化的新型城镇化道路"。坚持以人为核心是新型城镇化的本质特征。[①]推进以人为核心的新型城镇化战略,既是对中国城镇化实践的经验总结,也是对世界城镇化理论的重要创新。

为推进以人为核心的新型城镇化,2014年以来,中国政府实施了"三个1亿人"城镇化方案,也就是促进农业转移人口落户城镇、改善城镇棚户区和城中村居住条件、实现中西部地区就近城镇化各1亿人左右。在农业转移人口落户城镇方面,有关部门加大了户籍制度改革力度,全面取消城区常住人口300万以下城市的落户限制,加快农业转移人口市民化进程。截至2020年底,全国共有1.2亿农业转移人口落户城镇。在城镇棚户区和城中村改造方面,截至2018年底,全国范围内已有1亿多名城镇居民搬出棚户区,住房条件得到了极大改善。2019年以来,中国政府又将城镇老旧小区改造提上重要日程。在中西部就近城镇化方面,"十三五"期间中西部地区城镇化率年均提高1.52个百分点,比东部地区平均速度高0.44个百分点。中西部地区城镇化的快速推进,使中西部与东部地区之间的城镇化率差距明显缩小,"十三五"期间共缩小2.2个百分点(见表1)。

中国城镇化的一个重要经验,就是在实现大规模的城乡人口迁移的同时,并没有像某些发展中国家那样在城市产生"贫民窟"。大家可能会问,为什么中国的这种大规模快速城镇化,没有在城市产生"贫民窟"?我以为,除了制度优势和坚持以人民为中心的发展思想外,还有以下几个可供借鉴的重要做法。一是制定实施了一系列相关法律、规范和标准,各级政府高度重视城市规划工作和城市基础设施建设;二是改革开放以来中国工业化的持续快速推进和城镇产业发展,为进城农民提供了大量的就业机会和工作岗位;三是不断完善住房保障体系,注重加强城镇棚户区、老旧小区和城中村改造,积极改善城镇居民居住条件;四是切实保障进城农民在农村的各项权益,包括土地承包经营权、

---

① 魏后凯:《坚持以人为核心推进新型城镇化》,《中国农村经济》2016年第10期。

表1 "十三五"时期中国常住人口城镇化率及年均增幅

项目	常住人口城镇化率（%）						年均增幅（个百分点）				
	2015年	2016年	2017年	2018年	2019年	2020年	2016年	2017年	2018年	2019年	2020年
全国	57.33	58.84	60.24	61.50	62.71	63.89	1.51	1.40	1.26	1.21	1.18
东部地区	65.34	66.70	67.84	68.80	69.72	70.76	1.36	1.14	0.96	0.92	1.04
中部地区	51.52	53.18	54.84	56.29	57.72	59.00	1.66	1.66	1.45	1.43	1.28
西部地区	49.50	51.24	52.94	54.44	55.94	57.27	1.74	1.70	1.50	1.50	1.33
东北地区	62.90	63.76	64.56	65.71	66.71	67.71	0.86	0.80	1.15	1.00	1.00
中西部地区	50.50	52.19	53.87	55.35	56.81	58.11	1.69	1.68	1.48	1.46	1.30
东部-中西部（个百分点）	14.84	14.51	13.97	13.45	12.91	12.65	—	—	—	—	—
东部-中部（个百分点）	13.82	13.52	13.00	12.51	12.00	11.76	—	—	—	—	—
东部-西部（个百分点）	15.84	15.46	14.90	14.36	13.78	13.49	—	—	—	—	—

资料来源：《中国统计摘要2021》，2015~2019年数据采用第七次全国人口普查修订数据，2020年数据为普查时点（2020年11月1日零时）数据。

宅基地使用权和集体收益分配权，使农民进城抑或回乡有了自主选择的空间。

在城镇化率超过 30% 的拐点以后，中国城镇化进入了一个超高速推进时期。1996 年中国城镇化率为 30.48%，2017 年迅速提升到 60.24%，这 22 年间城镇化率年均提升 1.42 个百分点。这种较长时期的超高速增长态势给资源环境带来了巨大压力。"十三五"时期以来，中国开始进入城镇化全面减速阶段。2015 年，中国常住人口城镇化率比 2014 年提高 1.58 个百分点，2017 年增幅下降到 1.40 个百分点，2020 年增幅又下降到 1.18 个百分点。2021 年，中国常住人口城镇化率为 64.72%，比 2020 年提高 0.83 个百分点，城镇化增速已经明显减缓。这表明，长达 20 多年的城镇化超高速增长时代已经结束。预计在"十四五"乃至今后较长一段时期内，中国仍将处于城镇化快速推进时期，但推进速度会进一步放慢。

二 2035 年基本实现城镇化的科学基础

《中共中央关于制定国民经济和社会发展第十四个五年规划和二〇三五年远景目标的建议》（以下简称《建议》）明确指出，要"完善新型城镇化战略"，"推进以人为核心的新型城镇化"，到 2035 年"基本实现新型工业化、信息化、城镇化、农业现代化"，这是中央首次提出基本实现城镇化的远景目标和战略任务。第十三届全国人大第四次会议审议通过的《中华人民共和国国民经济和社会发展第十四个五年规划和 2035 年远景目标纲要》以及最近刚印发的《国家新型城镇化规划（2021—2035 年）》对推进新型城镇化进行了全面安排部署。新"四化"的同步发展是中国实现社会主义现代化的重要目标和基本路径，而基本实现城镇化则是新"四化"同步发展的重要组成部分。基本实现城镇化具有丰富的科学内涵，其重要标志是人口城镇化率达到新水平，城市品质和城镇发展质量明显提升，科学合理的城镇化格局基本形成，以人为核心的新型城镇化基本实现。

从语义上看，基本实现城镇化涉及基本实现和城镇化两个概念。一般地讲，基本实现就是大体上实现，其实现程度具有数量上的含义，通常为 80% 左右。而城镇化则是变农村人口为城镇人口即变农民为市民的过程，以及由此引起的经济、社会和空间结构的变化。城镇化不仅是指城镇化的数量，如城镇化的速度和水平，更是指城镇化的质量，是城镇化数量和质量的有机统一。因此，基本实现城镇化不仅要满足其数量要求，更要体现其质量要求，确保高质量完成基本实现城镇化的目标任务。也就是说，到 2035 年要基本实现以人为核心的新型城镇化。

一个国家或地区的城镇化水平与经济发展水平密切相关。中央已经明确，到 2035 年中国人均国内生产总值达到中等发达国家水平。2019 年，中国人均国内生产总值已越过 1 万美元的台阶，按当年人民币对美元平均汇价（中间价）计算为 10276 美元，略高于中等偏上收入国家的平均水平。当前，中国经济已转向高质量发展阶段。随着发展阶段的变化，未来中国经济的潜在增长率将不断下降，预计 2035 年将下降到 4.33%[①]。在今后较长一段时期内，如果中国经济的潜在增长率能够得到充分的发挥，即潜在增长率全部得到实现，那么到 2024 年中国人均 GDP 将超过 1.3 万美元，越过高收入国家的门槛；到 2035 年中国人均 GDP 将超过 2.2 万美元，达到中等发达国家的水平。根据世界银行 WDI 数据库，这大体相当于 2019 年希腊、捷克、葡萄牙等国家的人均国民总收入水平，已经接近目前欧洲和中亚的平均水平，但仅为目前高收入国家平均水平的 50%。2018 年，欧洲和中亚的平均城镇化率为 72%，高收入国家为 81%。

基本实现城镇化首先要达到较高的城镇化水平。人口城镇化率是衡量城镇化水平的关键指标。从国际经验看，它具有一个饱和度，这个饱和度是城镇化率的天花板。接近或者达到这个天花板，实际上就已经完成了城镇化的历史任务。城镇化率的饱和度与一个国家的国土面积和人口规模紧密相关。对于一些城市型小国如新加坡，城镇化率可以高达 100%；而对于一些国土面积较大、需要自己确保粮食和农产品供应的大国，城镇化率的饱和度则要低一些。中国是一个拥有 14 亿人口的大国，确保粮食安全和农产品稳定供应始终是一个重大国家战略。因此，中国的城镇化率饱和度不可能像某些城市型小国那样高。

---

① 中国社会科学院经济研究所：《中国经济报告 2020：大变局下的高质量发展》，中国社会科学出版社，2020。

关于中国城镇化率的饱和度，目前学术界已经开展了相关研究，有的学者估计为75%~80%[1]，也有的学者估计约为85%[2]。根据国际经验并考虑到中国的实际情况，城镇化率的"天花板"估计在85%左右[3]。

按照中央提出的两个阶段发展战略构想，到21世纪中叶把中国建成富强民主文明和谐美丽的社会主义现代化强国，基本实现全体人民共同富裕。[4] 现有研究已经表明，到2050年中国城镇化率将接近甚至达到80%，[5] 逐步接近城镇化率的天花板。比如，联合国在发布的《2018年版世界城镇化展望》中，已经调高了对2050年中国城镇化率的预期，从最初的77.3%调整到80.0%。[6]这就意味着，到21世纪中叶中国实现现代化之时，也将同时实现城镇化，由此完成城镇化的历史任务。届时，中国的城乡人口和空间结构将逐步稳定下来。城镇化是现代化的必由之路，也是实现乡村振兴的重要基础和前提条件，因此，实现国家的现代化自然需要实现城镇化。

在中国，由于存在城乡二元户籍制度，衡量人口城镇化率有两个重要指标，即常住人口城镇化率和户籍人口城镇化率。单纯从常住人口城镇化率来看，到2035年要完成基本实现城镇化的目标任务是有充分保障的。最近的研究表明，到2035年，中国常住人口城镇化率将达到70%及以上，如顾朝林等的预测为70%[7]，乔文怡等的预测为71%~73%[8]，联合国的预测为73.9%[9]，张车

① 陈彦光、罗静:《城市化水平与城市化速度的关系探讨——中国城市化速度和城市化水平饱和值的初步推断》,《地理研究》2006年第6期；顾朝林、管卫华、刘合林:《中国城镇化2050:SD模型与过程模拟》,《中国科学：地球科学》2017年第7期。
② 韩本毅:《中国城市化发展进程及展望》,《西安交通大学学报》（社会科学版）2011年第3期。
③ 魏后凯、谭秋成、罗万纯、卢宪英:《中国农村发展70年》,经济科学出版社,2019。
④ 习近平:《决胜全面建成小康社会 夺取新时代中国特色社会主义伟大胜利——在中国共产党第十九次全国代表大会上的报告》,《人民日报》2017年10月28日。
⑤ 魏后凯主编《走中国特色的新型城镇化道路》,社会科学文献出版社,2014；United Nations, "World Urbanization Prospects: The 2018 Revision," New York, 2019.
⑥ United Nations, "World Urbanization Prospects: The 2011 Revision," New York, 2012；United Nations, "World Urbanization Prospects: The 2018 Revision," New York, 2019.
⑦ 顾朝林、管卫华、刘合林:《中国城镇化2050:SD模型与过程模拟》,《中国科学：地球科学》2017年第7期。
⑧ 乔文怡、李功、管卫华、王馨、王晓歌:《2016—2050中国城镇化水平预测》,《经济地理》2018年第2期。
⑨ United Nations, "World Urbanization Prospects: The 2018 Revision," New York, 2019.

伟的预测为 75% 左右[①]。我们根据第七次人口普查数据进行预测的结果表明，预计到 2035 年，中国常住人口城镇化率将达到 74.4%[②]，这一水平大约相当于中国城镇化率天花板的 87%，完全达到了基本实现城镇化的目标要求。这就意味着，2020~2035 年，中国的城镇化速度将下降为年均提升 0.70 个百分点，呈现出明显的减速趋势。这种城镇化减速与经济增速减缓是紧密联系在一起的。在新常态下，经济增速减缓将导致城镇就业需求增长放慢，而工资上涨、技术革新、产业升级等将加快资本对劳动力的替代，由此推动农村劳动力转移出现减速趋势。更重要的是，在新发展理念下，过去那种支撑中国城镇化加速推进的低成本环境，如劳动力低工资、土地低价格、农业转移人口市民化成本的延迟支付，以及资源价格扭曲和环境污染成本向社会转嫁等将不复存在。因此，进入新发展阶段后，中国的城镇化速度将会出现明显的减缓趋势，但其增速预计仍将高于世界城镇化的平均增速。

从户籍人口城镇化率来看，到 2035 年要完成基本实现城镇化的目标任务，仍需要进行长期不懈的艰辛努力。按照《国家新型城镇化规划（2014—2020 年）》和《中华人民共和国国民经济和社会发展第十三个五年规划纲要》，到 2020 年，中国常住人口城镇化率达到 60%，户籍人口城镇化率达到 45%，两率差距缩小到 15 个百分点。然而，自 2015 年以来，常住人口城镇化率和户籍人口城镇化率差距呈现出不断扩大的趋势。2015 年，中国户籍人口城镇化率为 39.9%，比常住人口城镇化率低 17.4 个百分点；到 2020 年，户籍人口城镇化率虽然提升到 45.4%，但二者差距扩大到 18.5 个百分点，五年间共扩大了 1.1 个百分点（见图 1）。这种差距涉及的农业转移人口大约为 2.61 亿人。可见，目前中国农业转移人口市民化依然严重滞后，缩小两率差距并实现并轨任重而道远。"十三五"时期，虽然我们实现了 2020 年户籍人口城镇化率的规划目标值，但并没有实现两率差距缩小的规划目标。如果这种不平衡增长态势继续维持下去，那么到 2035 年户籍人口城镇化率将难以达到基本实现城镇化的目标

① 张车伟主编《中国人口与劳动问题报告 No.22》，社会科学文献出版社，2022。
② 魏后凯等：《新型城镇化重塑城乡格局》，社会科学文献出版社，2021。

要求。如前所述，考虑到未来常住人口城镇化率将逐步减速，如果户籍人口城镇化率继续保持较高的增长速度，那么到 2035 年户籍人口城镇化率将有可能赶上常住人口城镇化率，最终实现两率并轨，并达到基本实现城镇化的目标要求。

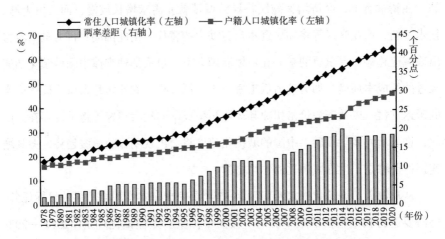

图1　中国常住人口城镇化率与户籍人口城镇化率差距的变化

注：2011年及之前户籍人口城镇化率为非农业人口比重数据。

资料来源：魏后凯等《新型城镇化重塑城乡格局》，社会科学文献出版社，2021。

三　走高质量的新型城镇化之路

当前，中国城镇化面临的核心问题并非城镇化水平高低和速度快慢的问题，而主要是城镇化质量不高的问题。按照世界银行 WDI 数据库，2019 年中国人均国民总收入比世界平均水平低 10%，而 2018 年城镇化率却比世界平均水平高 7.3%。1996～2015 年，中国城镇化率年均提高 1.23 个百分点，远高于同期世界城镇化率年均提高 0.46 个百分点的平均增速。[①] 全面建成小康社会

—————

① United Nations, "World Urbanization Prospects: The 2018 Revision," New York, 2019.

之后，中国将进入全面建设社会主义现代化国家、向第二个百年奋斗目标进军的新发展阶段。《建议》明确指出，要"以推动高质量发展为主题"，"实现更高质量、更有效率、更加公平、更可持续、更为安全的发展"。因此，在新发展阶段，随着城镇化的不断减速，中国城镇化将由过去的速度型转向质量型，坚持以人为核心，全面提高城镇化质量，加快城镇化战略转型，走高质量的新型城镇化之路，将是未来中国城镇化的基本方向，也是高质量完成基本实现城镇化目标任务的迫切要求。

从某种程度上讲，单纯把农村人口转移到城镇，仅仅从数量上基本实现城镇化的目标任务并不难，最大的难点在于如何确保实现高质量的城镇化。这种高质量的城镇化主要体现在以下几个方面：一是城镇化低成本推进。要按照绿色低碳、集约节约利用资源的要求，增强城镇化的可持续性，尽可能将城镇化的资源和环境代价降到最低。二是城镇高质量发展。要按照高质量发展的要求，全面提升城市品质，实现各城镇、城市群和都市圈的高质量发展。三是城镇化格局合理。要以城市群和都市圈为主体形态，加快推进以县城为重要载体的城镇化建设，促进大中小城市和小城镇协调发展，优化新型城镇化的空间布局，推动形成科学合理的城镇化格局。四是新型城乡关系形成。要促进城乡要素双向自由流动和平等交换，构建多层次、多领域、多类型的城乡发展共同体，推动形成以城带乡、城乡互补、协调发展、共同繁荣的新型城乡关系。五是市民化与城镇化同步。要加快农业转移人口市民化，推动实现市民化与城镇化同步，即农业转移人口在迁入城镇的同时能够全面同等享受市民待遇。

走高质量的新型城镇化之路，必须把人的城镇化放在最重要、最核心的位置，长短结合、标本兼治，加快建立农业转移人口市民化的长效机制。首先，进一步深化户籍制度改革，"十四五"期间，除个别超大城市外，全部放开户籍限制，并尽快取消现行的积分落户办法，减少直至消除对外来人口的各种歧视。通过全面深化户籍制度改革，从根本上改变目前"两率"差距不断扩大的状况，使户籍人口城镇化率提高幅度明显高于常住人口城镇化率提高幅度，力争到 2035 年前实现两率并轨，最终实现市民化与城镇化同步。其次，加快推进基本公共服务均等化，为农业转移人口市民化提供制度保障。中共十九大报告明确提出，到 2035 年"基本公共服务均等化基本实现"，《建议》又去掉了"基本"二字，将"基本公共服务实现均等化"列为到 2035 年基本实现社会主义现代化远景目标。可以预见，在新发展阶段，基本公共服务均等化推进速度将会明显加快，这就为从根本上解决农业转移人口市民化创造了有利条件。为支持农业转移人口市民化，加快推进新型城镇化，中央财政设立了农业转移人口市民化奖励资金，2019 年为 300 亿元，2020~2021 年为 350 亿元，2022 年预算增加到 400 亿元。下一步，要进一步完善财政转移支付和城镇新增建设用地规模与市民化挂钩政策，并建立中央、地方、农民、社会等多方参与、共同分担的市民化成本分担机制。最后，要全面维护进城农民的各项权益，积极探索进城落户农民农村土地承包经营权、宅基地使用权、集体收益分配权等市场化有偿退出机制，加快构建城乡统一的土地要素市场，真正打通农村资源变资本、变财富的渠道。

参考文献

陈彦光、罗静:《城市化水平与城市化速度的关系探讨——中国城市化速度和城市化水平饱和值的初步推断》,《地理研究:地球科学》2006 年第 6 期。

顾朝林、管卫华、刘合林:《中国城镇化 2050:SD 模型与过程模拟》,《中国科学:地球科学》2017 年第 7 期。

韩本毅:《中国城市化发展进程及展望》,《西安交通大学学报》(社会科学版)2011 年第 3 期。

乔文怡、李功、管卫华、王馨、王晓歌:《2016—2050 年中国城镇化水平预测》,《经济地理》2018 年第 2 期。

魏后凯主编《走中国特色的新型城镇化道路》,社会科学文献出版社,2014。

魏后凯:《坚持以人为核心推进新型城镇化》,《中国农村经济》2016 年第 10 期。

魏后凯、谭秋成、罗万纯、卢宪英:《中国农村发展 70 年》,经济科学出版社,

2019。

魏后凯等：《新型城镇化重塑城乡格局》，社会科学文献出版社，2021。

习近平：《决胜全面建成小康社会 夺取新时代中国特色社会主义伟大胜利——在中国共产党第十九次全国代表大会上的报告》，《人民日报》2017 年 10 月 28 日。

张车伟主编《中国人口与劳动问题报告 No.22》，社会科学文献出版社，2022。

中国社会科学院经济研究所：《中国经济报告 2020：大变局下的高质量发展》，中国社会科学出版社，2020。

United Nations, "World Urbanization Prospects: The 2011 Revision," New York, 2012.

United Nations, "World Urbanization Prospects: The 2018 Revision," New York, 2019.

新型城镇化

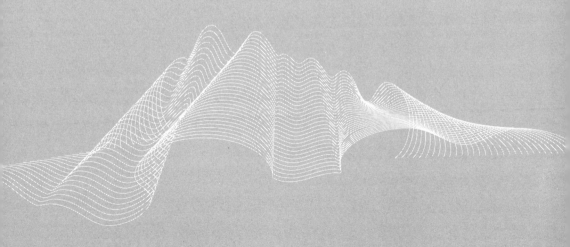

新型城镇化与乡村振兴

范爱国 [*]

摘　要： 乡村振兴是支持新型城镇化顺利推进的重要基础，新型城镇化为乡村振兴提供了重要机遇；实施乡村振兴战略和推进新型城镇化建设，统一于我国实现城乡融合发展和建成社会主义现代化强国的目标之中，二者是双向促进而非两相对立的关系。协调推进新型城镇化与乡村振兴，关键是要实现城乡要素的自由流动和资源合理配置，统筹城乡规划建设，实现城乡公共资源优化配置。

关键词： 新型城镇化　乡村振兴　城乡融合发展

中国特色社会主义进入新时代以来，城乡发展不平衡不充分成为社会主要矛盾中较为突出的问题，乡村振兴战略为缓解城乡二元结构难题提供了支持。改革开放初期，我国拥有 1.7 亿城镇人口，城镇化率仅为 18%。此后，我国不断推进城乡统筹、城乡一体、产业互动、生态宜居、和谐发展的城镇化，经过四十余载的经济社会发展，城镇化水平显著提升。目前我国常住人口城镇化率达到 60% 以上，但是户籍人口城镇化率仅为 45%，与常住人口城镇化率相差 15 个百分点，同发达国家 80% 的平均水平以及人均收入与我国相近的发展中国家 60% 的平均水平相比，依然存在较大差距。新型城镇化的提出将城

---

　　* 范爱国，中国农业风险管理研究会副会长、中国城镇化促进会副会长。

镇化发展的焦点从单纯聚焦城镇化率逐渐拓展为同步关注城镇化质量。协调推进乡村振兴与新型城镇化对于新时代促进城乡融合发展具有重要意义。

一 新型城镇化与乡村振兴的主要内容

党的十九大针对新时代"三农"工作的新特点，做出了乡村振兴的战略部署。乡村振兴立足于实现第二个百年奋斗目标，坚持农业农村优先发展，解决农村地区发展不充分、城乡发展不平衡的问题，是顺利消除绝对贫困后瞄准缓解相对贫困问题的根本发力点。乡村振兴以系统推进"产业振兴、人才振兴、文化振兴、生态振兴、组织振兴"为抓手，以提高农民收入为最终目标，深刻落实"产业兴旺、生态宜居、乡风文明、治理有效、生活富裕"的总要求，通过深化农业供给侧结构性改革，促进农村产业融合发展，建立健全城乡融合发展体制机制，为农业农村现代化奠定坚实的基础。要坚持城乡融合发展，发挥市场在资源配置中的决定性作用，并更好地结合政府作用共同推动城乡要素自由流动、平等交换，推动新型工业化、信息化、城镇化、农业现代化同步发展，加快形成工农互促、城乡互补、全面融合、共同繁荣的新型工农城乡关系。

"十四五"规划强调，要全面推进乡村振兴，坚持走中国特色新型城镇化道路，深入推进以人为核心的新型城镇化战略，加快农业转移人口市民化，在"十四五"时期要将常住人口城镇化率提高到65%，提升城镇化发展质量，以工补农、以城带乡，推动形成工农互促、城乡互补、协调发展、共同繁荣的新型工农城乡关系，注重城乡区域发展协调性，加快农业农村现代化。新型城镇之"新"，在于"推进以人为核心的城镇化"，在于走集约、智能、绿色、低碳的"中国特色新型城镇化"道路，在于更加关注城镇化质量的提高。首先，新型城镇化不仅要不断提高常住人口城镇化率，还要推动提升户籍人口城镇化率，并且更加注重城镇化发展的质量，使得农转非居民能够在住房、就业、医疗、教育、社会保障等方面享受与城镇居民相同的基本公共服务待遇，促进土地城镇化与人口城镇化的同步实现，促进真正意义上市民化的实现。其次，新型城镇化强调以工业化为发展引擎，以信息化为发展动力，并以城镇化为工业化和信息化的载体，进而带动农业农村现代化发展，最终实现工业化、信息化、城镇化、农业现代化"四化同步"的高质量发展。最后，新型城镇化要求不断转变经济发展方式和产业结构，实现高效率发展。除此之外，新型城镇化还强调绿色可持续发展，要将经济增长和社会发展并重，建造良好的城乡生态环境，实现资源循环高效利用。

二　新型城镇化与乡村振兴的关系

中国在不断推进新型城镇化的同时，提出了实施乡村振兴战略，既要推动农业转移人口市民化，又要大力发展农业农村，二者看似矛盾，实则不然。实施乡村振兴战略和推进新型城镇化建设，统一于我国实现城乡融合发展和建成社会主义现代化强国的目标之中，二者是双向促进而非两相对立的关系。坚持城乡融合发展是实施乡村振兴战略的基本原则，也是推进新型城镇化的基本准则。我国新型城乡关系的建立追求的是城乡一体化和城乡融合发展，而不是城市超过农村甚至是城市消灭农村。协调推进乡村振兴与新型城镇化的重要意义在于促进城乡融合发展，保障农业和工业、农村与城市同步发展，保障农村人口增收致富，共享经济发展成果，在基础设施、公共服务和社会保障等方面与城镇人口享受同等待遇，破解社会主要矛盾。

（一）乡村振兴是新型城镇化顺利推进的重要基础

农业的繁荣发展为推动工业化和城镇化做出了重要贡献，乡村振兴是支持新型城镇化顺利推进的重要基础。

第一，农业剩余劳动力的转移为城镇发展提供了劳动力支持。在农业农村现代化发展过程中，农业机械化水平的不断提高导致了农业劳动力需求的下降，所以农村人口向非农产业的转移是乡村振兴的发展趋势。并且乡村振兴中巩固农户长效脱贫需要依靠就业帮扶保障农村家庭收入来源，这也成为农村剩余劳动力不断向城镇地区转移并逐渐实现市民化的动力，所以乡村振兴为城镇化提供了劳动力支持。

第二，农业为城镇发展提供必要生产生活资料的支持。自古以来，农业在国民经济发展中始终占据着基础性地位，乡村振兴通过供给侧结构性改革不断提升农产品供给质量，并通过现代化农业生产模式，为工业化和城镇化提供原材料和高质量生活资料。

第三，农村的消费潜力是新发展格局下我国经济增长的拉动力。城乡收入差距长期以来在一定程度上压制了农村消费需求，随着乡村振兴实施过程中农村居民可支配收入不断提高，农村的消费潜力逐步得到释放，消费市场不断得到扩展，刺激了城乡地区的消费增长。

第四，借助乡村振兴发展契机，农村地区不断完善基础设施，提高公共服务和社会保障水平，有效解决城乡发展不平衡不充分问题，逐步缩小城乡差距，破解城乡二元结构难题，提高新型城镇化质量，实现城乡融合发展。

（二）新型城镇化为乡村振兴提供了重要机遇

在推进新型城镇化的过程中，农村人口的适度减少极大地促进了乡村振兴战略的实施，为乡村振兴提供了重要机遇。

第一，新型城镇化为农业适度规模经营提供了条件。农业适度规模经营是实现机械化种植等现代化生产方式的根本路径。大规模城镇化的推进吸纳了大量农业人口向城镇转移，农村人口数量不断下降，所以农民人均占有资源不断增加。促进小块农田的集中，农村人均土地面积增加有利于规模化和小型机械化的生产，有利于家庭农场、合作社等新型农业经营主体的培育，有利于实现小农户和现代农业发展有机衔接，农业生产效率也将不断提高，农民的农业经营性收入也会随之增加。

第二，新型城镇化承载了农村劳动力的转移。我国农村居民人均可支配收入中工资性收入占到了41%以上的比重，其中很大部分来源于农业转移人口进城务工的收入，随着新型城镇化进程的不断推进，城镇提供非农就业机会的能力逐渐增强，这就为农业劳动力的转移提供了承载空间，解决了农业转移人口的就业问题，保障了农民工资性收入的来源。

第三，新型城镇化倒逼了农业产业结构优化升级。在高质量发展的背景之下，城镇人口数量的增加在更大程度上激发了城市对于高质量农产品商品化的需求，而农业人口的不断减少又要求农业产业结构的不断调整，通过农业供给侧结构性改革调整农产品结构，并刺激农业经营结构调整，有利于提高农民的经营性收入。

第四，新型城镇化增加了闲置的集体建设用地资源。农业人口的城镇转移导致了农村集体建设用地资源的闲置，而这部分资源不仅可以通过农村集体建设用地入市增加集体性收入，还可以通过就地建立乡镇企业增加农民非农就业收入，在新型城镇化和农村非农化过程中发挥重要资源作用。

第五，新型城镇化减轻了国家在乡村振兴中财政转移支付的压力。在城镇化过程中，农村人口工资性收入不断提高，其中部分资金将流回农村地区参与住房建设、改变生产生活条件等，缓解了政府财政转移支付的压力。

第六，新型城镇化为工业反哺农业创造了良好条件。随着城镇化、工业化的快速推进，国家和地方经济获得了良好发展，为乡村振兴提供了更多的物力和财力支持，为工业反哺农业创造了条件。

（三）新型城镇化与乡村振兴的关系

根据分析可知，新型城镇化与乡村振兴是相辅相成的，是统揽经济社会发展全局的重要战略，二者不能对立分割，需要相互融合发展。首先，城市发展需要大量农业转移人口提供的劳动力支持，而同时城市的服务业和现代工业发展也吸引着农业转移人口真正融入城市，共享经济发展成果，我国城乡之间实际上存在一种良性互动关系。其次，新型城镇化为农业农村现代化的逐步实现提供了条件，城市群和都市圈的集聚效应吸引了大量的人才、资本、技术、信息等要素向城市集聚，同时辐射效应又为周边农村发展提供了人才、资金等支持，提高了农民的素质，而乡村也为城市输送了农产品和工业原材料，城乡互补协调发展逐步推进。新型城镇化强调践行生态文明思想，实现绿色低碳发展，在维护乡村良好生态环境的同时，打造生态宜居的智慧城市，与建设生态宜居的乡村相得益彰。紧抓现代化农业发展契机，促进产业融合发展。

新型城镇化为实现农业农村现代化提供了良好的发展契机。一是要紧抓农村剩余劳动力向城市转移的机遇，坚持农业农村优先发展原则，合理配置农村剩余资源，有效整合农村闲置土地，推动农业规模化发展，提高农业生产机械化率。二是要大力培育新型农业经营主体，实现小农户和现代农业经营主体、传统农业与现代科技的有机融合，依托智慧农业建设构建现代化农业生产经营体系，改变农业现代化滞后于工业现代化的局面。现代农业的发展将是科技密集型与资本密集型的，有别于传统农业的劳动力密集型，由生产体系、产业体系、经营体系构成的现代农业是乡村振兴和实现第二个百年奋斗目标的基础，要由现代知识培训的现代新型经营主体来担当。三是粮食安全作为国家安全的首要保障，要动态调整优化农业生产力布局，为城乡发展做好粮食安全保障。四是产业振兴是促进农村经济发展的根本推动力，在双循环新发展格局下，要激活乡村振兴和新型城镇化的消费市场，并以市场需求为导向加快推进农业供给侧结构性改革，提高农产品供给质量，增强农业质量效益和竞争力，延长农业产业链和价值链，大力发展农产品加工、乡村旅游、康养服务等，打通城乡产业流通体系，畅通城乡经济循环，推动国内大循环发展，在农村适宜地区形成产业融合发展的格局。保障城乡生产要素自由流动。

三 协调推进新型城镇化与乡村振兴的关键

我国面临着农村人口单向流出现象较为严重、要素的城乡自由流动存在壁垒、城市辐射带动作用不明显的问题，不仅阻碍了乡村振兴的有序推进，也迫使城市因承载力扩容缓慢而出现交通拥堵、资源短缺和贫困等"城市病"。协调推进新型城镇化与乡村振兴，需要完成以下两个方面的关键工作。

（一）实现城乡要素的自由流动和资源合理配置

第一，要在通过保障进城落户农民的土地承包权、宅基地使用权、集体收益分配权，鼓励农业转移人口流入城市的同时，深化要素市场化配置改革，为人才、资本、技术、信息等生产要素的城乡流动搭建平台，培育和鼓励农村人才支持乡村建设，在通过保护农民自留地、宅基地权益的基础上吸引工商业资本和金融资本流入农村，实现城乡要素平等交换、双向流动。

第二，要积极探索农村集体经营性建设用地入市制度，鼓励农村闲置土地依法有偿转让，为新型城镇化的发展提供低成本的土地资源要素支持，这也可在一定程度上解决农村土地增值收益低的问题，提高农民的财产性收入。

第三，要探索就地非农化方式，加快农业转移人口向非农领域转移，利用低成本土地要素吸引产业投资，在农村建立中小规模企业，带动农民就业，提高农村集体经济收益和财富积累，进而增加政府税收收入。

（二）统筹城乡规划建设

第一，从顶层设计上对乡村振兴与城镇化进行统一规划，促进城乡融合发展和均等化发展，加强城镇化对乡村发展的辐射带动作用，借助乡村振兴的发展机遇不断完善乡村道路、水电气热、5G网络等基础设施，提升乡村教育、医疗、就业、体育、文化等公共服务水平，大力改善农业农村生产发展条件，实现城乡公共资源优化配置。

第二，加快户籍管理制度改革，推进农业转移人口市民化，保障其在城市的就业收益，实现农业转移人口与城市居民在享受基础设施、公共服务、社会保障待遇方面的平等，有效贯彻共享发展理念，提高新型城镇化质量。

第三，注重生态优先原则，保护城乡生态安全，打造绿色可持续发展的城乡空间体系，依托数字化快速发展的机遇，建设智慧城市和数字乡村，全面提升城乡生活品质，实现高质量发展。

从工业化、城镇化历史大趋势来审视和处置当前的农业农村问题[*]

宋亚平[**]

摘　要: 当前我国遭遇农业副业化、农民老龄化、农村空心化等"三农"困境,缘由主要来自"三农"之外,即属于工业化、城市化、市场化、全球化浪潮猛烈冲击下的必然产物。因此,推进实施乡村振兴战略,必须顺应历史大趋势与时代大方向,探索、谋划、构建城乡经济社会与生态环境融合发展、和谐发展的新框架和新格局,以切实推进农民素质的全面提升、农村产业的全面创新和农村社会的全面转型。

关键词: "三农"问题　乡村振兴　工业化　城市化　市场化

改革开放以来,我国的农业农村工作既取得了有目共睹的巨大成就,也呈现出了许多前所未有的新矛盾、新问题,主要表现为农业产业增效缓慢、农

---

*　基金项目:2021年湖北省社科基金一般项目(后期资助项目,编号:2021216)。

**　宋亚平,湖北省社会科学院原院长,研究员,主要研究方向为农业与农村发展。

民持续增收困难、农村社会发展艰辛。即使政府与社会各界给予了强大支持，农业凋敝、农民溃散、农村衰败的势头在很多地方仍然相当明显，农业副业化、农民老龄化、农村空心化现象十分普遍。推进实施乡村振兴战略，必须顺应历史大趋势与时代大方向，探索、谋划、构建城乡经济社会与生态环境融合发展、和谐发展的新框架和新格局，以切实推进农民素质的全面提升、农村产业的全面创新和农村社会的全面转型。

一 "千年未有之变局"

为解决"三农"问题，从 20 世纪 80 年代中期起，全国各个地方都进行了多方面的积极探索，如延长土地承包经营权期限、调整产业与产品结构、减轻农民税费负担、实施种田财政补贴、扶助"龙头"企业、培育新型主体、鼓励土地流转、支持规模经营等诸多办法，希望能够开拓出"柳暗花明又一村"的"三农"工作新局面。这些努力确实在一定程度上缓解了中国"三农"问题，但从整体看，部分做法也显现出了"头痛医头、脚痛医脚"的短期性与片面性，没有真正转化为促进农业增效、农民增收、农村繁荣的持久"动力"。

历届党中央和国务院始终高度重视农业农村问题，先后采取了一系列调整举措与优惠政策不断增强对农业、农民、农村的支持和扶助。近年来，国家每年用于"三农"领域的各种财政支出已经高达万亿元之巨。据中共中央政策研究室原副主任郑新立估算，2019 年全社会各路径的支农资金总额已经达到 5 万亿元，几乎与同年度全国农业农村所创造的 GDP 业绩打了个"平手"。然而，统计局数据显示，1998 年我国农村人口为 8.75 亿，2018 年降至 5.6 亿，20 年间减少了 3.15 亿。如果按湖北省一般自然村 150 人的规模来推算，等于已有 200 万个村庄消亡。今天的乡下，很难再看到当年鸡鸣狗叫、儿童戏闹、耕牛悠悠、炊烟袅袅等这些诗情画意般的"乡愁"景观。传统的农业农村工作正在遭遇"千年未有之变局"。

二 当前农业农村问题的原因分析

关于农业农村发展之所以遭遇严重"瓶颈期"的原因剖析，多年来一直存在各种纷争，"口水战"不断，但主流看法还是"内因论"，如资源与环境约束问题、组织化程度不高问题、生产方式与增长模式陈旧问题、产业结构和产品结构失调问题、科学技术推广乏力问题，还有金融政策供给不配套、社会服务体系不完善问题等。

唯物辩证法讲究内因是事物变化发展的根据，外因是事物变化发展的条件，外因通过内因起作用。眼睛朝内看，从自身挖"病根"、找"短板"，深刻剖析存在的各种缺陷与不足，从而寻求破解危机、走出困境的有效路径本该毋庸置疑。但任何事物都不是绝对的，需要根据时空条件的变化状况来具体分析。"内因论"看起来符合逻辑也有道理，但细想起来其实不然。

如果把世界现代历史的发展进程联系起来综合考察，就会发现当前我国出现的农业凋敝、农民溃散、农村衰败以及农业副业化、农民老龄化、农村空心化等景况并非农业产业"不争气"。换句话说，改革开放以来"三农"问题在很大程度上是来自"三农"之外的原因，即工业化、城市化、市场化这一时代浪潮冲击下的必然产物，属于现阶段不以人们主观意志为转移的客观现象，亦是世界先进国家现代化进程中都曾经遭遇过的历史故事。

自工业革命以来，以机器为手段的社会化大生产在经济发展中不断创造出新业态、高科技、资本密集、管理先进、市场广阔等各种优势，加之绝大多数工业产品都可以在工厂化的时空条件下进行加工生产，丝毫不受区域地理和季节转换的环境影响，只要按照一定标准即能够程式化、规模化地反复操作。所以，工业经济活动的全要素生产率一直在突飞猛进地增长，始终雄居于国民经济各产业领域比较效益的"制高点"。

农业则不然，很大程度上属于"生命工程"，劳动对象主要是动植物，具有区域性、季节性、周期性、分散性等明显特征和内在规律，且极易受到地形、地貌、环境、气候、旱涝等严重制约，只能在自然界即"老天爷"给定的环境里进行各种作业，不仅难以规模化经营，也不利于社会化协作。因此，生产资料细碎化、资本与科技含量低、投入大、收益小、抵御自然风险与市场风险能力弱等与生俱来的许多缺陷性，使得自身的生产力水平与工业产业形成巨大悬殊。

城市的突出优势在于交通便利、商贸繁荣、人口稠密、基础设施与公共服务齐全，有利于各种生产要素与社会函数的聚集、培育、流通与配置，导致第二产业、第三产业与城市在发展进程中相互依存、相互促进，越来越投机，越来越融洽，可谓如胶似漆、密不可分。

20世纪以来，伴随工业化、城市化、市场化、信息化的不断提档、转型、升级，整个社会的人口和财富都在加速向城市集中。世界各地的城市数量不仅呈几何倍数地急剧增加，而且出现了超级城市、特大城市、城市圈、城市群等很多新的城市空间组织形式。由于城市作为国民经济超常规发展突破口、增长极和中心舞台的主要功能与核心地位日益凸显，城市化必然成为人类社会发展史上不可阻挡的澎湃大潮。

两千多年前的古希腊哲学家亚里士多德就曾经说过：人们来到城市，是为了生活；人们居住城市，是为了生活得更好。农村人口和农业劳动力从乡村迁徙到城市或从农业领域转移到工业和其他非农产业领域，本是工业化和城市化进程中最显著的特征之一，也是符合人类社会发展规律的具有进步意义的自然现象。

因此，随着工业化、城市化、市场化的蓬勃兴起，世界范围内的农业农村便从此辉煌不再。200多年来，不只是恩格尔系数不断走低，就连农业产值占GDP的比重也一直持续下降。1978年，我国农林牧渔业产值占GDP的28.2%，2019年则大幅跌至7%。如果仅从数字看，很难再说农业还是国民经济无可替代的重要基础。

世界性的实践充分证明，人类社会发展已经昂首进入了工业化、城市化、市场化这一新的历史时期。我们分析判断"三农"工作所面临的各种困难，研究制订有关宏观政策，都必须充分地承认和尊重这一重要的客观依据。

三　中国农业农村转型之路

本部分就如何从根本上破解中国"三农"问题提出四条对策建议。

（一）重新审视农村的功能定位

过去的农村特指农民聚族而居的生活空间，是专门向城市供应农产品的农业区域。对农村的功能定位：农村具有特定的自然景观和社会经济条件，是以不同于城市、城镇而从事农业生产为主的劳动者聚居的地方。城市与农村、工业与农业、市民与居民本该是经济社会相互促进、融合发展的"命运共同体"。然而，工业化、城市化、市场化、全球化潮流奔腾而来，土地、资金、劳动力与人才等发展要素在工业化、城镇化的虹吸效应下大量流失，农村一系列问题便自然而然地接踵而至。

2019 年，第一产业占国内生产总值的比重仅为 7.1%，2020 年有所提升，也仅为 7.3%。农村人口下降为 4.9835 亿，占全国总人口的 35.3%。[1]农民收入结构中，务农的比重不断下降，务工的比重不断上升。以湖北为例，2019 年农村居民人均财产性净收入为 210.66 元，在可支配收入中占 1.3%；人均工资性收入为 5352.9 元，占比 32.7%；人均经营性净收入为 6807.69 元，占比 41.5%；人均转移性收入为 4019.61 元，占比 24.5%。人均工资性收入和转移性净收入相加为 9370 多元，占比高达 57.2%。[2]

可以说，农业绝对不再是过去的存在形态和产业体系。在城乡与工农一体化融合发展的格局下，诸如保障国家粮食安全、提供各种优质农产品、减少

---

[1] 《中华人民共和国 2021 年国民经济和社会发展统计公报》，http://www.stats.gov.cn/tjsj/zxfb/202202/t20220227_1827960.html，2022 年 2 月 8 日。

[2] 湖北省统计局官网，https://tjj.hubei.gov.cn/tjsj/sjkscx/tjnj/qstjnj/。

城市能耗和工业污染、实现生态环境保护等一系列重要的功能作用和历史使命，迟早会从过去的"三农"领域脱离出来，通过制度改革与科技创新的路径让渡给各种新组织、新经济、新模式、新业态来承担。

（二）全面改造农业的产业形态

由于缺乏完善的社会化服务体系，生产资料细碎化、资本与科技含量低、抵御自然风险与市场风险能力弱的情况长期得不到改善，农业的窘境不可逆转。加之土地资源、淡水资源、生态环境资源、农村劳动力资源等要素的约束越来越紧，传统的农业产业形态已经无法适应经济发展对农产品供应日新月异的迫切期待。

这场革命性的工程大概会从四个方面来演进：一是农业的有机内涵科技化，二是农业的生产业态工业化，三是农业的存在场景城市化，四是农业的经营主体企业化。

随着世界范围内相关科学技术的不断突破，传统的农业基本概念与主要特征、农业经济与工商业经济的分工界线，以及城市与农村之间的空间结构，很快也会跟着脱胎换骨。农业产业"靠天吃饭"的格局将得到极大改变，连农民只能在家务农和农产品主要来自农村的场景也会出现历史性改变。很多原来耳熟能详的农业活动就像传统手工匠业一样将迅速走向消亡。

农业正在呈现多学科渗透、高科技综合、立体化布局、系统化操控的新产业雏形。所谓"数字农业"就是把卫星遥感、地理信息系统、全球定位系统、计算机技术、通信网络技术、自动化技术等高新技术，与地理学、生态学、植物生理学、土壤学等众多基础学科有机地结合起来，最终形成稳定性与标准化程度很高的生产数据模型，为在更广阔空间里的规模化、标准化的稳产高产活动提供科技保障。

今后，很多农产品将不再是农民"面朝黄土背朝天"的血汗结晶，也不需要山村农乡独家拥有的地理标志"专利"，而是可以通过高新科技手段从模拟工厂直接制造出来。沿着科技＋农业、工业＋农业、城市＋农业等各种途径而衍生的经济活动，人们不一定将其称为"农业"。即便还叫"农业"，也是高投入高产出、资金与技术密集型的新业态。它不仅能使传统农业逐渐摆脱自然的羁绊，最终走向现代工厂化、城市化、数字化、智能化，而且还能确保生态环境不受破坏、食品安全不受威胁，从而不断满足人们日益增长的多元化、多层次、多样化消费需求。

（三）大幅降低农村人口比重

一是有效巩固扶贫攻坚成果，并从根本上截断贫困人口的代际传递。我国农村人口绝大多数是依靠传统农业而生存的，这些群体基本上可以归类为低收入人口和贫困人口，真正能够实现富裕的纯粹农民只是极少数。2020 年，我们取得了 9899 万农村贫困人口全部脱贫的伟大胜利，但如果还让他们以传统的农民身份继续留在农村从事以种植养殖为主要内容的落后而低效的农业生产，其便可能随时成为中国社会绝对贫困和相对贫困的"后备军"。只有将大量的农业转移人口市民化，转移到非农领域就业与生活，才能真正有效地巩固精准脱贫的成果，不使脱贫人口重新返贫。

二是有效缓解人与土地之间的紧张关系，有利于开展规模经营。中国现有耕地总量 18 亿亩，2.3 亿农户的户均经营规模 7.8 亩，经营耕地 10 亩以下的农户有 2.1 亿户。生产资料细碎、投入成本高、生产效益低的问题始终难以解决。当农村人口减少到 1.4 亿人约 3000 万户的时候，加上宅基地腾空出的 1.5 亿亩，就算部分耕地用于工业化、城市化，务农者户均拥有耕地面积将会达到 50 亩以上，大大超过日本和韩国的水平，届时实施规模化的生产经营便是一件瓜熟蒂落、水到渠成的简单事情了。

三是有效缓解人与自然之间的紧张关系，有利于生态保护。过去为了吃饱饭而不得不向大自然过度索取生产资源，如填湖造田、毁林开荒、向草原要粮等，导致生态环境遭到极大的破坏。如今，许多地方经常出现极端恶劣气候、滑坡泥石流，以及土壤沙化、板结化、重金属超标等情况，这与我们农村人口众多必须推行"以粮为纲"的发展战略有直接的关系。农村人口减少之后，对于那些不适宜农作物生产或有可能破坏生态环境的大量土地，将彻底实施"退耕还林、退耕还湖、退耕还草"政策，任其天人合一，逐渐成为风景优美的自然保护区，或者变成城市居民休闲、探险、安居与康养的去处。

（四）逐步消灭破落的山乡农村

多年来，很多地方政府对于传统农业农村出现的"溃堤"情况，一般都会采取"围堵"和"抢救"的办法。例如，基础教育的"普九"运动；财政领域的"税费改革"；交通领域先"村村通"继之"组组通"再"户户通"的公路工程；民生领域的户户修建沼气池、家家改水改厕与旧房危屋改造，以及"乡村书屋""当家塘"；等等，几乎年年都有新的支农政策出台和工程建设。除了国家拨付的大量款项之外，县乡两级政府也必须克服财政困难，"倾其所有，负债建设"以完成各项任务。

客观地讲，这些支农政策与工程建设都是政府为农村办的好事实事，也受到了农民群众的赞许。但是时代不同了，外部力量成为事物变化的主要依据，工业化和城市化产生的强大磁场和虹吸效应，促使农村人口像一江春水般地朝着城市涌动。这无疑是农业农村社会由传统走向现代的一个千载难逢的历史机遇。

农业人口大量减少后，农户高度分散居住的状态能够得到有效的规划控制，政府向农村和农民提供的基础设施和公共服务，如道路交通、通信、电力、水利、文化、教育、卫生等的建设成本和运行成本都将大幅度降低，服务效率将显著提高。土地、山林、水资源等各种生产要素将通过新的制度安排将被重新配置。新型的现代化农业产业体系、生产体系、经营体系将得以逐步建立。农业支持保护制度体系和农业农村社会化服务体系将不断完善，形式多样的适度规模经营的新组织、新业态、新模式、新办法将如雨后春笋般层出不穷，一二三产业融合发展的格局渐渐形成。

四　总结

国家推出乡村振兴战略的思想精髓，不是以历史上某个阶段的农业农村发展状况为参照物，形成一种以农业繁荣、农民富裕、农村进步为主要内涵的具体指标体系，而是面对不断衰败的传统农业和日趋落后的传统农村，通过一系列宏观政策的科学调整和各个微观领域的克难奋进，努力创造出一个前所未有的崭新局面，积极主动地去适应和推动历史向前发展的滚滚潮流。因此，乡村振兴的核心追求和终极目标，需要我们通过几十年甚至几代人的努力奋斗才能实现。

面对农业农村工作的新形势、新挑战和新任务，我们必须认清当前工业化、城市化这个历史大趋势、时代大方向、社会大格局，正确分析、具体解剖、科学判断我国当前农业农村发展的阶段状况、本质属性、主要特征及其何去何从。要进一步解放思想、转换观念、审时度势、因地制宜，按照习近平新时代中国特色社会主义思想中的新理念、新路径来探索、谋划、构建城乡经济社会与生态环境融合发展、和谐发展的新框架和新格局，以切实推进农民素质的全面提升、农村产业的全面创新和农村社会的全面转型。

在乡村振兴中提倡就地就近城镇化模式

梁启东 *

摘　要： 就地就近城镇化是指农村人口不再远距离迁徙，而是就地就近到家乡附近的市镇就业和生活的城镇化，体现了乡村振兴的本质要求。推进就地就近城镇化，需要把广大农民共享城镇化成果作为发展方向，把基础设施和公共服务建设作为平台支撑，把全面深化改革作为制度保障，把强化产业支撑作为有效抓手。

关键词： 城镇化　就近就地城镇化　乡村振兴

　　长期以来，我国理论界一直在城市化道路上争论不休，有人坚决主张城市化，反对城镇化的提法；有人坚决主张城镇化，认为城市化不符合中国国情。这些争论的焦点在于中国到底是走大城市的路子，还是走城镇化的路子。党的十九大报告指出，"以城市群为主体构建大中小城市和小城镇协调发展的城镇格局，加快农业转移人口市民化"。就地就近城镇化的思路，与以上述城

---
　　* 梁启东，辽宁社会科学院副院长、研究员，主要研究方向为区域经济。

市群为主体的大中小城市和小城镇协调发展的格局是一致的。在实施乡村振兴的战略中，要因地制宜，把就地就近城镇化作为重要的路径选择。

一 中国需要什么样的城镇化模式

在乡村振兴中，要实现城镇化与产业化"双轮驱动"，实现"产城互动"。所谓"产城互动"，就是城镇发展要有产业做支撑，防止"空心化"；产业发展要以城市为依托，防止"孤岛化"。在城镇化的研究和实践过程中，体现城镇发展要有产业做支撑，防止"空心化"的问题被关注得较多，而产业发展要以城市为依托，防止"孤岛化"的问题则少被关注。

就地就近城镇化是指农村人口不再远距离迁徙，而是就地就近到家乡附近的市镇就业和生活的城镇化。何谓就地就近？应当主要界定为地级市和县级城镇的地域范围。加快城镇化进程，无论东部还是中西部地区，都要学会"两手抓"，学会"弹钢琴"。城镇化，不能一味地求大求高，不能不加区分地搞"全域城市化"；城镇化不能笼统地提"消灭所有村庄"，不能将大批农民人为地从土地上赶走，不能让农民都"上楼"。要知道，所谓的"全域城市化"，在相当多的地区，不仅没有必要，也没有可能；"消灭所有村庄"，既是盲动，也是冒进。

就地就近城镇化是指农村人口不再一味地向大中城市迁移，而是在原居住地一定空间半径内，依托中小城市、小城镇和新型农村社区，实现就地就近就业。就地就近城镇化，或是通过发展县域经济实现农业人口城镇化，或是通过强镇强村发展带动农业人口城镇化，或是通过地方精英引入资源，或是通过外部生产要素注入实现乡村城镇化，都意味着城镇化地区通过发展生产和增加农民收入，发展社会事业，提高农民素质，改变生活方式，让广大农民过上和城里人一样的生活。

就地就近城镇化，让农民工不再舍家撇业，不再让老婆孩子和老人当"留守一族"，这样他们就可以挣钱顾家两不误。有人甚至概括了这就是就地就近城镇化、就地就近市民化、就地就近基本公共服务均等化的城镇化模式，即"三个就地就近"。"三个就地就近"体现了乡村振兴的本质要求。乡村振兴，指的是乡村如何振兴，而不是减少乡村、消灭乡村。乡村的未来，不能离开产业的发展，不能离开适度规模化的聚集要求。产居融合下的适度规模化聚集，引导乡村产业发展，结合产业形成产居融合发展，提升基础设施和公共服务水平，走出中国特色的就地城镇化之路。

二 城镇化道路要因地制宜选择不同的模式

依笔者理解，这些争论本身没有什么实际意义，各方观点都有一定的片面性。对中国城市化走什么道路，应从各地实际出发，考虑到东部与中西部的差异、南北方的差异、经济发展水平和人口集聚程度的差异，不同地区要采取不同的策略，选择不同的路径和发展模式，切忌"一刀切"。

在经济比较发达的东部沿海地区，人口密集、城市密集、产业聚集，土地、资源和环境的约束很强，城市规模和人口积聚程度、城市对人口的吸纳能力很强。这样的城市如果再扩大规模，无论是土地资源、水资源，还是市政设施、交通资源，都难以承受、难堪重负。那么这些城市的发展方向应在提高质量、完善功能和促进城市现代化上多下功夫，把城市做"佳"、做"精"。在产业上做"佳"和"精"，就是提高层次，向中高端看齐，相对落伍的产业要"腾笼换鸟"；在城市功能上做"佳"和"精"，就是让这些城市更多地强化辐射和吸纳功能——辐射就是成为带动地区经济的发动机，吸纳不是一般地和周边地区争夺生产要素，而是跳出本地区去接纳国际先进科技、信息技术、高端人才、金融等要素。这些地区进一步吸纳农业人口的功能，主要应放在小城镇和新型农村社区上，大力发展县以下的小城镇和农村社区。这些地区就要走就地就近城镇化的道路。

在广大的中西部地区，经济发展水平有一定差距。由于当地就业吸纳能力有限，大量的农民工外出到东南沿海务工，在当地形成了留守妇女、留守儿童和留守老人的"386199部队"现象。中西部城乡经济割裂问题越来越突出，城乡差距越来越大。在宏观经济发展中，我国出口拉动型、投资拉动型经济增长的弊端显现，内需动力不足的难题凸显。内需不足的重点在农村，特别是在中西部农村地区。在中西部地区推进城镇化，要统筹城乡，良性互动，既重视城镇的发展，又兼顾好农村的进步，不能以剥夺农民、牺牲农村为代价，换来城市的繁荣；不能形成一边昌盛文明一边破败衰落的畸形城镇化局面。

三　就地就近城镇化的"四项重点任务"

把广大农民共享城镇化成果作为就地就近城镇化的发展方向。就地就近城镇化，是让农民工"挣钱顾家两不误"，就要像党的十八大以来中央一直强调的，加大统筹城乡发展力度，增强农村发展活力，逐步缩小城乡差距，促进城乡共同繁荣。要坚持工业反哺农业、城市支持农村和多予少取放活方针，加大强农惠农富农政策力度，让广大农民平等参与现代化进程、共同分享现代化成果。就地就近城镇化，尤其不能把所有农村精英和骨干都吸收到城市中来，而把农村变成文盲和能力较弱者居住的地方。就地就近城镇化，会使更多的农村人口住在小城镇和农村新型社区也能享受到优质公共资源，圆"城镇化梦"，使更多的农村人口，能享受到像城镇居民一样的公共服务，能拥有像城镇居民一样的生活质量。

把基础设施和公共服务建设作为就地就近城镇化的平台支撑。就地就近城镇化，要构建多种平台，坚持把基础设施建设和社会事业发展重点放在农村，鼓励和支持优质公共资源由大中城市向小城镇和农村社区延伸，深入推进新农村建设，全面改善农村生产生活条件。推动优质公共资源下沉，着力在城乡规划、基础设施、公共服务等方面推进一体化，促进城乡要素平等交换和公共资源均衡配置，形成以工促农、以城带乡、工农互惠、城乡一体的新型工农、城乡关系，促进农村乡土社会向现代城镇社会的转型。

把全面深化改革作为就地就近城镇化的制度保障。就地就近城镇化，要释放改革红利,着力破解发展难题。改革户籍管理制度,以城乡一体化、迁徙自由化为目标和方向,剥离户籍内含的各种权利和福利,打破城乡分割的农业、非农业二元户口管理结构,建立城乡统一的户籍登记管理制度。改革社会保障制度,逐步将农民纳入社保范围,建立城乡统一的社会保障制度和均等化的公共服务制度,确保城乡居民享有平等的基本公共服务、社会保障、社会福利等各项权利和发展机会。改革土地管理制度,探索农村集体建设用地进入市场,提高农村征地补偿标准,逐步实现农村集体土地同权同价参与城镇开发,形成城乡统一的建设用地市场,完善农村产权交易市场体系,让农民带着资产进城。

把强化产业支撑作为就地就近城镇化的有效抓手。就地就近城镇化,要强化产业支撑,实现农民稳定就业。乡村振兴的关键是产业发展。有些乡村搞"一村一品、一村一业",有些搞农副产品经营,有些搞农家乐,达到了富裕、优美、宜居的效果。农民在家门口上班,打工、种庄稼两不误,让农民职业化水平更加提高,成为有尊严的、令人羡慕的职业。农业产业化带动农业现代化发展,吸纳了剩余劳动力,为他们提供了就业岗位和生活保障;依托特色产业,拉长产业链条,引导农民从农业生产领域逐步向加工营销和第二、三产业转移,从单纯就业向自主创业转变。通过产业发展完善城镇功能,拓展城镇新的发展空间,使农民不仅"搬得进""上得了"而且"住得起、稳得住、能致富"。

乡村建设

"十四五"时期乡村建设行动：
基础、重点及对策

于法稳　胡梅梅　王广梁 *

摘　要： 实施乡村建设行动是全面推进乡村振兴的重要内容。"十三五"期间，中国乡村基础设施和基本公共服务建设、农村人居环境整治等均已取得了明显成效，但城乡基础设施和基本公共服务建设的地位不平等、投入不均衡，乡村人才能力与设施水平不匹配，提升型基础设施和基本公共服务建设不充分，乡村基础设施和基本公共服务的长效机制不完善等问题依然突出。基于此，实施乡村建设行动应着力提升乡村传统基础设施水平、基本公共服务能力以及农村人居环境整治水平。为此，应以问题为导向，紧紧围绕重点任务，坚持"两大原则"，遵循"一大规律"，加强"两大支撑体系""三大保障体系"建设。

关键词： 乡村建设行动　乡村振兴　基本公共服务　农村人居环境

---

* 于法稳，中国社会科学院农村发展研究所生态经济研究室主任、研究员，主要研究方向为生态经济学、农村生态治理；胡梅梅，湖南农业大学商学院副教授，中国社会科学院农村发展研究所高级访问学者，主要研究方向为农业农村绿色发展；王广梁，西南大学经济管理学院硕士研究生，主要研究方向为生态经济学。

党的十九届五中全会通过的《中共中央关于制定国民经济和社会发展第十四个五年规划和二〇三五年远景目标的建议》首次提出"实施乡村建设行动"，2021年中央农村工作会议对实施乡村建设行动进行了战略布局，即继续把公共基础设施建设的重点放在农村，在推进城乡基本公共服务均等化上持续发力，注重加强普惠性、兜底性、基础性民生建设；要继续推进农村人居环境整治提升行动，重点抓好改厕和污水、垃圾处理；要合理确定村庄布局分类，注重保护传统村落和乡村特色风貌，加强分类指导。①《中华人民共和国国民经济和社会发展第十四个五年规划和2035年远景目标纲要》专门设立了"第二十四章实施乡村建设行动"，再次提出"把乡村建设摆在社会主义现代化建设的重要位置，优化生产生活生态空间，持续改善村容村貌和人居环境，建设美丽宜居乡村"。②全面贯彻落实党中央、国务院的战略部署，高质量推动乡村建设行动，对于如期实现"十四五"时期主要目标以及2035年远景目标具有重要意义。因此，有必要系统科学地分析实施乡村建设行动的基础水平、与城镇之间的差距、面临的关键问题、建设的重点任务，在此基础上，提出精准的对策措施。

围绕着乡村建设行动的相关领域，学术界也开展了一些研究。乡村建设影响面广、复杂程度高，需要动员各方面的力量统筹推进。不同主体要从自身的功能定位出发，发挥好作用。对各级党委、政府而言，其作用边界为加强领导，深刻认识实施乡村建设行动的重大意义，把握行动的方向和原则；基层政府要做好规划的组织实施，协调各部门及社会各方面形成合力；各类市场主体、社会组织要依据上述规划，在相关方面发挥自身作用。村民作为乡村建设的主体，应积极参与乡村建设，在乡村振兴中发挥主体作用。③本文基于系统分析"十三五"时期农村建

① http://www.dangjian.com/shouye/zhuanti/zhuantiku/xuexihuoyewenxuan/202101/t20210105_5905892.shtml.
② 《中华人民共和国国民经济和社会发展第十四个五年规划和2035年远景目标纲要》，http://www.gov.cn/xinwen/2021-03/13/content_5592681.htm，2021年3月13日。
③ 陈付龙：《积极实施乡村建设行动》，《人民日报》2021年4月26日。

设取得的成效以及与城镇之间的差距，从观念、资金投入、能力建设、服务水平、长效机制等方面，剖析了乡村建设行动要破解的难题，甄别出"十四五"时期乡村建设行动的重点领域，并对实施乡村建设行动的对策进行了相应的思考。

一　实施乡村建设行动的基础分析

"十三五"时期，乡村基础设施和基本公共服务建设、农村人居环境整治等工作都取得了显著成就，但在相关领域城乡不均衡现象依然存在。

（一）乡村基础设施和基本公共服务及其成效分析

党的十八大以来，党中央实施了一系列强农惠农富农政策，有力地推动了乡村基础设施及基本公共服务水平的提高，改善了农村人居环境。特别是党的十九大提出乡村振兴战略之后，乡村基础设施和基本公共服务建设、农村人居环境整治进入了加速期，无论是设施水平还是服务能力，都得到明显提升。

1. 乡村基础设施建设及其成效分析

从农村道路建设情况来看，截至 2019 年 9 月，"十三五"期间全国已累计完成新改建农村公路 138.8 万公里，农村公路总里程达到 420 万公里，解决了 246 个乡镇、3.3 万个建制村硬化路建设问题。同时，新增 1121 个乡镇、3.35 万个建制村通客车，基本实现了具备条件的乡镇和建制村 100% 通硬化路、100% 通客车。[①] 农村道路的改善以及农村公路交通网络的初步形成，为农民群众出行提供了方便，更为乡村产业发展提供了基本保障。表 1 是不同年份村内道路建设情况。

---

① 《"十三五"期间全国已累计完成新改建农村公路 138.8 万公里》，http://www.chinahighway.com/article/65385879.html，2020 年 10 月 23 日。

表1　村内道路建设情况

指标	2015年	2019年	增加量	增长率（%）
村内道路长度（万公里）	239.31	320.58	81.27	33.96
村内道路面积（亿平方米）	160.09	235.76	75.67	47.27
排水管道沟渠长度（万公里）	58.21	115.75	57.54	98.85

资料来源：2015年、2019年《中国城乡建设统计年鉴》。

从农村饮水安全设施建设情况来看，农村饮水安全事关群众切身利益，既是提升农村居民福祉的重要内容，更是实现健康乡村的重要内容。近年来，完成了1100多万处的饮水工程，建设了乡村水厂及供水管网，提高了农村饮水供水能力，农村饮水安全条件得到有效改善。相关统计数据表明，2019年全国37.10万个行政村实现了集中供水，占行政村总数的78.29%，比2015年分别增加了4.36%、12.69个百分点；供水管道长度为183.64万公里，供水普及率为80.98%，比2015年分别增加了42.00%、17.56个百分点（见表2）。

表2　农村饮水条件改善情况

指标		2015年	2019年	变化量	变化率（%）
集中供水的行政村	数量（万个）	35.55	37.10	1.55	4.36
	占比（%）	65.60	78.29	12.69	—
年生活用水量（亿立方米）		134.82	185.01	50.19	37.23
供水管道长度（万公里）		129.32	183.64	54.32	42.00
供水普及率（%）		63.42	80.98	17.56	—

资料来源：2015年、2019年《中国城乡建设统计年鉴》。

国家在注重改善农村饮水安全条件的同时，注重饮水水源地的生态保护，为实现水质安全提供保障。有关资料表明，截至2020年9月底，全国30个省（区、市，不含上海）和新疆生产建设兵团累计完成9857个"千吨万人"[①]水

---

① "千吨万人"是指供水人口在1万人或日供水在1000吨以上。

源保护区划定，长江经济带共完成 8390 个乡镇级水源保护区划定，划定比例分别达到 91.9% 和 83.6%。[①]

从农村燃气、取暖设施建设情况来看，据《中国城乡建设统计年鉴 2019》的数据，2019 年农村燃气普及率为 31.36%，比 2015 年增加了 10.01 个百分点；农村集中供暖面积达到 2.86 亿平方米，比 2015 年增加了 1.68 亿平方米，增长 142.48%。

从信息网络设施建设情况来看，近年来，相关部委实施电信普遍服务试点，偏远农村的光纤宽带覆盖率得到有效提升，农村宽带用户快速增长。截至 2020 年底，中国农村宽带用户总数达 1.42 亿户，占比为 29.3%，比 2015 年分别增长 121.79%、4.6 个百分点。中国通光纤和 4G 的行政村比例均超过 98%，实现了农村和城市的"同网同速"。农村信息化基础设施的快速发展，可为数字乡村建设提供有力支撑。

2. 乡村基本公共服务建设及其成效分析

从农村教育方面看，为适应新型城镇化发展需要，国务院印发《关于统筹推进县域内城乡义务教育一体化改革发展的若干意见》要求，不断增加农村教育事业投入，改善了农村教育状况。2019 年，农村小学生均教学仪器设备值为 1511 元，比 2013 年的 574 元增长了 163.24%；农村初中生均教学仪器设备值为 2354 元，比 2013 年的 1103 元增长 113.42%（见表 3）。农村小学、初中建网学校比例分别为 65.7%、74.2%，农村义务教育阶段信息水平得到提高。

从表 3 可以看出，无论是学前教育还是义务教育阶段，教师队伍配置状况持续改善，高学历教师比例继续提升。2019 年，农村小学阶段专科及以上学历教师比例为 96.3%，比 2015 年提高了 6.6 个百分点；农村初中阶段本科及以上学历教师比例为 84.0%；农村幼儿园教师学历合格率为 97.5%；专任教师中专科及以上学历教师比例为 77.2%，比 2015 年提升了

---

① 《全国农村饮用水水源保护区划定工作稳步推进 云南等个别省份进展滞后》，http://www.mee. gov.cn/ywdt/dfnews/202010/t20201021_804304.shtml，2020 年 10 月 21 日。

8.9 个百分点；学前教育专任教师中幼教专业毕业的比例为 71.3%，比 2015 年提升了 5.6 个百分点。

表3 农村义务教育情况

单位：元，%

指标	2015年	2019年	增加量	增长率
小学生均教学仪器设备值	574	1511	937	163.24
初中生均教学仪器设备值	1103	2354	1251	113.42
小学阶段专科及以上学历教师比例	89.7	96.3	6.6	—
专任教师中专科及以上学历教师比例	68.3	77.2	8.9	—
学前教育专任教师中幼教专业毕业的比例	65.7	71.3	5.6	—

注：表中第二列小学生/初中生均教学仪器设备值数据为2013年数据。
资料来源：中华人民共和国教育部。

从农村医疗卫生服务方面来看，近些年来，国家一系列惠农政策有力地推动了农村医疗卫生服务设施的完善，与此同时，农村医疗卫生服务体系不断健全，服务能力逐渐提高。2019 年，中国共有乡镇卫生院 3.6 万个，村卫生室 61.6 万个，其中村办卫生室 34.0 万个，乡卫生院设点的村卫生室 6.9 万个，联合办的村卫生室 2.8 万个，设有卫生室的行政村比例为 94.8%。从医疗机构的床位情况看，2019 年农村每万人医疗机构床位数为 48.1 张，比 2015 年增加了 11.0 张，增长 29.65%；每万农业人口乡镇卫生院床位数 14.8 张，比 2015 年增加了 2.4 张，增长 19.35%；每万人拥有卫生技术人员数为 50 人，比 2015 年增加了 11 人，增长 28.21%；每万人拥有执业（助理）医师数为 20 人，比 2015 年增加了 4 人，增长 25.00%；每万人拥有注册护士数为 20 人，比 2015 年增加了 6 人，增长 42.86%（见表 4）。

表4　乡村医疗设施及专业技术人员情况

指标	2015年	2019年	增长量	增长率（%）
每万人医疗机构床位数（张）	37.1	48.1	11.0	29.65
每万农业人口乡镇卫生院床位数（张）	12.4	14.8	2.4	19.35
每万人拥有卫生技术人员数（人）	39	50	11	28.21
每万人拥有执业（助理）医师数（人）	16	20	4	25.00
每万人拥有注册护士数（人）	14	20	6	42.86

资料来源：《中国统计年鉴2020》。

从农村社会保障方面来看，党的十八大以来，社会保障体系建设步伐进一步加快，呈现出多层次、广覆盖的特点，农村养老服务能力和保障水平稳步提高。统计数据表明，2019年，城乡居民社会养老保险参保人数达到了53266.0万人，比2015年增加了2793.8万人，增长5.54%；实际领取待遇人数也增长了8.32%。

3. 农村人居环境整治及其成效分析

通过实施《农村人居环境整治三年行动方案》，推动了农村人居环境的改善。相关资料表明，截至2019年底，全国开展了清洁行动的村庄比例在90%以上，卫生厕所普及率超过60%，农村生活垃圾收运处置体系覆盖84%以上的行政村，共建设城乡再生资源回收站点3.7万个，其中乡村站点3.3万个，建设县域分拣中心1104个，农村生活污水治理水平有了较大提升。[1]到2020年底，已基本完成了三年行动方案目标任务，农村长期存在的脏乱差局面得到有效扭转。其中，95%以上的村庄开展了清洁行动，村容村貌明显改善。

本文根据农业农村部委托第三方机构2019年对31个省（区、市）和新疆生产建设兵团167个县（市、区、旗）2422个村的监测数据，分析农村人居

---

[1]　农业农村部农村社会事业促进司、中国农业科学院中国农业绿色发展研究中心：《农村人居环境整治报告（2019年度）》。

环境整治成效。

从农村生活垃圾处理方面来看，实现生活垃圾日常收集、清运、处理的村所占比例分别为81.75%、77.76%、79.05%，但这些数据在不同区域之间表现出明显的差异性（见表5）。

表5 农村生活垃圾处理的行政村比例

单位：%，个百分点

项目	全国	东部地区		中部地区		西部地区	
		村庄比例	与全国相比	村庄比例	与全国相比	村庄比例	与全国相比
实现生活垃圾日常收集	81.75	91.47	9.72	81.92	0.17	75.81	-5.94
实现生活垃圾日常清运	77.76	96.14	18.38	77.64	-0.12	67.15	-10.61
实现生活垃圾日常处理	79.05	94.65	15.6	79.69	0.64	70.12	-8.93

资料来源：《农村人居环境整治报告（2019年度）》。

通常所讲的生活垃圾处理，涵盖收集、清运、处理三个不同环节。从动态来看，对生活垃圾处理的行政村比例，与2015年的62.20%相比，2019年提高了19.55个百分点，东部地区、中部地区、西部地区都有明显的增加，分别提高了11.08个、34.43个、21.56个百分点（见图1）。

从农村生活污水处理方面来看，有关统计数据表明，2019年建有生活污水治理设施或纳入城镇管网的村所占比例为43.65%，但这一比例在不同区域间表现出较大的差异性，东部地区、中部地区、西部地区分别为76.03%、42.03%、26.44%（见图2），与全国平均水平相比，东部地区高出32.38个百分点，中部地区、西部地区分别低1.62个百分点、17.21个百分点。监测结果也显示，我国71.26%的村实现了生活污水的有效处理和良好管控，消除了生活污水乱排乱放现象。[1]对生活污水进行处理的行政村比例比2015年提高了32.21个百分点。

---

[1] 于法稳：《"十四五"时期农村生态环境治理：困境与对策》，《中国特色社会主义研究》2021年第1期。

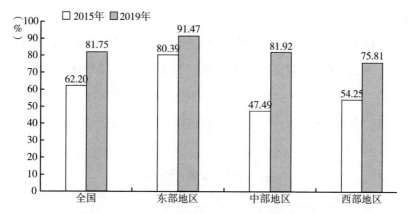

图1 对生活垃圾处理的行政村比例的变化情况

资料来源：《农村人居环境整治报告（2019年度）》、《中国城乡建设统计年鉴》（2015）。

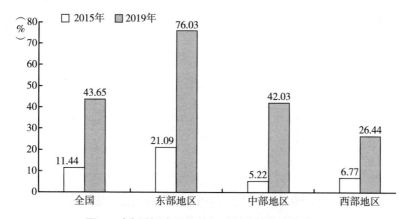

图2 对生活污水处理的行政村比例的变化情况

注：数据不包含西藏自治区。数据是针对监测村中建有生活污水处理设施或纳入城镇管网的比例。

资料来源：《农村人居环境整治报告（2019年度）》、《中国城乡建设统计年鉴》（2015）。

　　从厕所革命方面来看，2019年，建有公共卫生厕所的村所占比例为43.56%，建有户用无害化的卫生厕所的村所占比例为65.68%。东部地区上述两个比例比全国平均水平分别高17.27个百分点、24.99个百分点，中部地区比全国平均水平分别低7.40个百分点、10.36个百分点，西部地区与全国平均水平相比，分别低3.18个百分点、5.28个百分点。同时，58.66%的村已经实现了粪污资源化利用。①

从村容村貌提升方面来看，实施村庄清洁行动是提升村容村貌，实现村庄环境干净、整洁、有序，村民清洁卫生文明意识普遍提高的有效途径。同时，农村道路绿化、亮化、硬化等也是提升村容村貌的具体内容及途径。2019年村容村貌提升监测结果如表6所示，可以看出不同区域水平及其与全国平均水平的差距。

表6   村容村貌提升监测结果

单位：%，个百分点

项目	全国	东部地区		中部地区		西部地区	
		村庄比例	与全国相比	村庄比例	与全国相比	村庄比例	与全国相比
开展村庄清洁行动	71.37	81.08	9.71	65.27	−6.1	71.23	−0.14
道路实施绿化	84.89	95.6	10.71	85.57	0.68	78.42	−6.47
建有路灯	77.43	89.1	11.67	77.7	0.27	70.79	−6.64
道路硬化	76.15	81.39	5.24	76.17	0.02	73.27	−2.88
主路硬化	85.40	87.96	2.56	85.55	0.15	83.88	−1.52
通组路硬化	79.95	83.42	3.47	80.06	0.11	77.96	−1.99

资料来源：《农村人居环境整治报告（2019年度）》。

（二）基础设施和基本公共服务城乡不均衡程度分析

近年来，尽管乡村基础设施和基本公共服务建设等方面取得了明显成效，但城乡不均衡现象还十分突出，依然是实现乡村振兴战略中的短板和弱项。

1. 基础设施的城乡不均衡程度

乡、村两级用水普及率分别为80.50%、80.98%，与县城相比，分别低14.56个、14.08个百分点；乡、村两级燃气普及率分别为26.81%、31.36%，

---

① 农业农村部农村社会事业促进司、中国农业科学院中国农业绿色发展研究中心：《农村人居环境整治报告（2019年度）》。

与县城相比，分别低 59.66 个、55.11 个百分点；乡一级的生活污水处理率、生活垃圾无害化处理率、绿地率分别为 18.21%、28.27%、8.12%，比县城分别低 75.34 个、67.92 个、24.42 个百分点。由于在生活垃圾、生活污水处理方面，城市、县城、建制镇、乡四级所采用的指标是生活垃圾无害化处理率、生活污水处理率，村庄采用的则是对生活垃圾、生活污水处理的行政村比例，是十分粗略的统计指标，与上述处理率不具备可比性。[①]

2. 基本公共服务的城乡不均衡程度

从教育不均衡方面来看，当前，义务教育阶段仪器设备配置、信息化手段、师资配备等方面的城乡不均衡现象依然突出。2019 年，农村小学生均教学仪器设备值只有城市的 77.8%，农村初中生均教学仪器设备值只有城市的 76.4%。农村小学、初中建网学校比例分别比城市低 17.3 个、11.5 个百分点。农村小学阶段专科及以上学历教师比例低于城市 2.8 个百分点，农村初中阶段本科及以上学历教师比例低于城市 9.1 个百分点，农村幼儿园教师学历合格率比城市低 1.9 个百分点，农村专科及以上学历教师比例比城市低 11.5 个百分点。

从医疗卫生不均衡方面来看，每万人拥有卫生技术人员数、执业（助理）医师数、注册护士，农村比城市分别少 61 人、21 人、32 人，分别只有城市的 45.05%、48.78%、38.46%。同时，每万人医疗机构的床位数，农村比城市少 40 张，只有城市的 54.55%。

（三）实施乡村建设行动面临的问题

在乡村基础设施和基本公共服务建设、农村人居环境整治中，还存在理念、投入、内容、机制等方面的突出问题，需要在乡村建设中加以解决。

1. 对乡村基础设施和基本公共服务建设的关注依然不足

正如上文分析，我国城乡二元经济结构下形成了"重城市、轻乡村"的

---

① 中国社会科学院农村发展研究所课题组、魏后凯、于法稳：《农村全面建成小康社会及后小康社会时期乡村振兴研究》，《经济研究参考》2020 年第 9 期。

思维定式，在城乡基础设施和基本公共服务建设中，难以将乡村与城镇放在平等的框架之内统筹考虑，由此导致了地方政府决策者把基础设施和基本公共服务建设的重点放在城镇，着力打造城镇公园、城镇广场等展示平台，以及城镇中小学、医疗卫生机构建设及能力提升等领域，[①] 而对乡村基础设施和基本公共服务建设重视不足。

2. 对乡村基础设施和基本公共服务建设的投入严重不足

根据《中国城乡建设统计年鉴》，2019 年，中国村庄建设投入为 10167.5 亿元，只有城市投入的 50.52%。[②] 特别是经济欠发达的中西部地区，地方财政实力整体薄弱，城镇基础设施和基本公共服务建设的资金都无法保障，更没有足够的资金投向农村，导致乡村基础设施和基本公共服务建设资金的严重不足。

3. 乡村基础设施和基本公共服务建设水平与能力不匹配

总体上讲，国家注重乡村路、水、电、文化广场等生活性基础设施，以及学校、卫生室等公共服务设施建设，在一定程度上推动了基础设施和基本公共服务建设硬件的城乡均衡。但对与硬件水平相匹配的能力建设关注不够，硬件应有功能难以充分发挥，影响了乡村建设服务质量和水平的有效提高。实现城乡基本公共服务能力均等化的关键是人才，但长期以来，农村医疗卫生、文化教育等领域，人才严重不足。再加上激励人才下乡的政策不完善，难以引才、留才，进一步导致乡村专业人才队伍总量不足、年龄老化、能力不足等问题。

4. 乡村提升型基础设施和基本公共服务建设不充分

近年来，新农村建设、美丽乡村建设等一系列行动在乡村路、水、电等生活保障性基础设施建设中发挥了很大作用，数量上相对满足了农村居民的生活需要。《农村人居环境整治三年行动方案》的实施，有效地推动了农村人居

---

① 于法稳：《"十四五"时期农村生态环境治理：困境与对策》，《中国特色社会主义研究》2021 年第 1 期。

② 《中国城乡建设统计年鉴》（2019）。

环境整治设施的改善，但相对于农村居民日益增长的美好生活需要而言，供应依然不充分。同时，乡村数字型设施、基本公共服务设施建设等方面的问题也非常突出，不仅表现在数量方面，更重要的是表现在质量方面。因此，实施乡村建设行动不仅要注重增加设施数量，更要注重设施的提档升级，进行超前布局、超前建设，为实现乡村全面振兴提供保障。

5. 乡村基础设施和基本公共服务的长效机制不完善

乡村基础设施和基本公共服务设施建设中普遍存在"重建设、轻管护"问题，表面看其原因在于长效机制的缺失，但从深层原因来看，与国家"自上而下"的项目推动及"不注重实效"的工程验收方式有很大关系。特别是，主体的错位、模式的不当等问题在厕所革命中表现得尤为突出。事实上，乡村基础设施和基本公共服务设施的用途、属性不同，需要不同的运营机制、管护机制、参与机制、监督考核机制等，但实践中这些机制并没有系统地建立起来，导致设施既不能发挥应有的功能，更不能确保设施功能的可持续性。

二　实施乡村建设行动的重点领域剖析

新发展阶段，通过实施乡村建设行动，可以进一步弥补乡村基础设施和基本公共服务建设、农村人居环境整治等方面存在的短板与弱项，助力实现乡村全面振兴。

（一）乡村传统基础设施的提升与完善

路、水、电等乡村传统基础设施建设，对实现乡村宜居、提高农村居民福祉具有十分重要的作用。因此，实施乡村建设行动，理应着力改善乡村传统基础设施条件，提升其安全性、便利性、持续性。

1. 乡村生活性设施的提档升级

在乡村道路方面，一是推进村内通组路、通户路建设，实现乡村公路村村相连、户户相通、交织成网，提升村内道路的通达率；二是加快补齐乡村道路安全附属设施短板,消除安全隐患,提高交通安全水平;三是注重交通规则的宣传,增强广大农村居民对交通法律法规的知晓率,并逐步提高交通安全意识。

在饮水条件方面,一是实现已有饮水工程的提质增效,特别是围绕如何改善水质,完善、提升饮水设施的档次;二是强化饮水水源地生态保护,完成水源地保护区划定的同时,应着力提升保护区的生态环境质量;三是引导农村居民逐步树立节水意识,培养节约用水习惯,推动节水乡村建设。

2.适当超前布局数字乡村建设基础设施

数字乡村是数字中国的重要组成部分。为此,应以《数字乡村发展战略纲要》为指导,因地制宜,科学谋划,适当超前布局与数字乡村相适应的基础设施建设。一是加快网络基础设施建设,包括提升光纤宽带渗透率和接入能力,提升 4G 网络服务质量,推进 5G 网络的同步商业化应用;二是推进网络应用平台建设,建立相应的数据资源采集平台,实现与各级政府信息平台之间的互联互通,以及与各类平台、网站、软件等信息服务系统的联通;三是建立数字设备长效管护机制,更好地发挥数字设备在数字乡村建设中的作用。[①]

(二)乡村基本公共服务能力的提升

新发展阶段,在实施乡村建设行动中,要因地制宜地推动城镇公共服务设施向周边乡村延伸,统筹推进城乡社会保障和医疗保障体系建设、城乡教育均衡发展。

1.乡村公共医疗能力建设与提升

乡村公共卫生服务能力不足,依然是新发展阶段乡村公共卫生体系建设中的短板。因此,应着重提高农村医疗卫生机构的服务能力和水平,为农村居民提供公平、可及的医疗卫生服务。一是补齐农村公共卫生服务设施的短板。在"十四五"开局之年,各级党委、政府要重视农村公共卫生与防疫基础设施和运营、管理机制建设,特别是在一些重点乡镇配置农村传染病防范设

---

① 魏后凯、杜志雄:《中国农村发展报告——聚焦"十四五"时期中国的农村发展》,中国社会科学出版社,2020,第423~446页。

施、ICU 重症隔离设施等，提高应对重大公共卫生事件的能力。二是要建立完善的农村公共卫生三级网络机制，确保实时实现县域内公共卫生信息贯通、信息共享，为促进县域医疗联合体、医疗共同体建设提供必要的手段。三是加强乡村卫生人才队伍建设。应采取有效的政策措施，切实解决乡村卫生人才数量不足、年龄老化、应急能力不足的现实问题，加快补齐乡村人才队伍建设的短板。特别是，应加强对乡村卫生人才突发疫情防控培训和教育，不断提升其对重大疾病和传染病的判断能力、应急处理能力。

2. 乡村社会保障体系建设与完善

"十四五"期间，需要以广覆盖、保基本、多层次、可持续、高质量为原则，适应新发展阶段社会保障的新特点，以完善制度为重点，以实现城乡基本公共服务均等化为目的，推进乡村全面振兴。一是持续推进农村最低生活保障，特别是，要科学制定与区域经济发展水平相适应的农村最低生活保障标准，并对其进行动态化管理，实现制度的精准有效；二是科学确定新型农村合作医疗补助标准，构建城乡互通的信息化平台，提高管理经办能力，规范医疗服务机构的行为；三是探索建立多元化的农村养老保险制度，鼓励社会资本参与农村养老保险，为农村居民提供多样、安全、可靠的养老保障。

3. 乡村文化教育能力建设与提升

新发展阶段，应充分考虑乡村义务教育的新特点，推动城乡教育均衡发展，以提升乡村文化教育能力。一是将城乡教育资源开放共享落到实处。充分利用现代网络信息技术，通过搭建信息技术网络平台，在更大范围内共享城镇优质教育资源，实现城乡教育资源均衡配置、均衡发展。二是慎重推进农村中小学校标准化建设。随着城镇化进程的加快，农村学校在校生数量骤减，学校也进入了片区集中发展新阶段。因此，要慎重推进农村中小学校标准化建设，以避免投资浪费。

（三）农村人居环境整治水平的提升

新发展阶段，生活垃圾处理、生活污水处理、厕所革命以及村容村貌改善依然是实施乡村建设行动、提升农村人居环境整治水平的重点内容。

1. 有序推行垃圾分类，提升生活垃圾处理水平

推行农村生活垃圾分类化、减量化、资源化、无害化处理，是实施乡村振兴战略、持续改善农村人居环境的题中要义。一是借鉴浙江"千村示范、万村整治"经验，有序推行农村生活垃圾分类和资源化利用；二是因地制宜选择垃圾处理方式，根据经济发展水平、地质地貌特点及民族风情，确定适宜的垃圾处理方式；三是健全各项管理制度、垃圾处理技术规范，包括能够促进垃圾分类和资源回收利用的经济激励办法。[①]

2. 因地制宜选择模式，提升生活污水处理水平

农村生活污水处理一直都是农村人居环境整治的难点，在实施乡村建设行动中，其依然是一个难点。一是加快成熟技术的推广应用。对农村生活污水处理实践中的一些成熟技术，应对其推广应用的适宜区域进行科学分析，加大推广力度。二是加强新技术的研发。根据不同区域农村生态、经济、社会特点，充分依靠区域科研机构、大专院校以及相关企业的技术人员，增加科技研发投入，加大适宜区域农村生活污水处理所需的技术研发力度，更好地服务于区域农村生活污水处理。三是实施相关技术的整合，筛选适宜的处理模式。根据区域地貌、气候特征、所处地理位置，以及农村居民居住及生活污水产生量的差异性，将一些技术进行整合，提高技术的有效性，并从中筛选出适宜的处理模式。[②]

3. 以发挥实效为准则，推动厕所革命再升级

推动农村厕所革命，要注重实效。一是要科学确定厕所革命的模式，对东部、中部、西部地区广大乡村进行深入研究，提出不同区域厕所革命可以选择的模式，为不同区域因地制宜选择适宜模式提供空间；二是要创新厕所革命的推动方式，依据不同区域的气候特点及资金下拨时间，科学确定工程验收的

---

① 于法稳：《乡村振兴战略下农村人居环境整治》，《中国特色社会主义研究》2019 年第 2 期。

② 于法稳、侯效敏、郝信波：《新时代农村人居环境整治的现状与对策》，《郑州大学学报》（哲学社会科学版）2018 年第 3 期。

时间节点，确保工程质量并发挥实效；三是因地制宜推广生活污水与厕所革命一体化模式，要对一体化处理模式或技术进行科学评估，甄别推广应用中需要解决的关键问题，据此确定适宜推广的区域。

4. 坚持多化融合之路，实现村容村貌的改善

"十四五"时期，应在"亮化、硬化、美化、绿化"的基础上，加上"立体化"，全方位改善村容村貌。一是持续推进村内道路的硬化、绿化，实现村内道路的畅通、美观；二是开展创建"绿色家园"行动，鼓励农村居民对庭院及周边进行绿化、美化，增加绿地面积；三是继续实施乡村清洁工程，将村容村貌的改善从单一的平面化转向立体化，对空中无规则、散乱的各种电线、网线等进行认真梳理，改善空中景观，实现村容村貌的立体化美观。

三 实施乡村建设行动的战略思考

新发展阶段，实施乡村建设行动，应以问题为导向，紧紧围绕重点任务，坚持"两大原则"，遵循"一大规律"，加强"两大支撑体系""三大保障体系"建设。

（一）坚持"两大原则"，遵循"一大规律"

借鉴以往新农村建设、美丽乡村建设的成功经验，实施乡村建设行动必须坚持实事求是、因地制宜两大原则，并遵循中国特色的乡村发展规律。

1. 坚持实事求是、因地制宜原则

实事求是是马克思主义和毛泽东思想的精髓，是党的思想路线的核心所在。做到实事求是是把工作做好的前提条件和重要保障。因此，在推进乡村建设行动中，一是遵循实事求是原则。特别是，在确定实施乡村建设行动模式时，必须坚持实事求是，不能盲目推崇一些地方的成功模式，而要全面、科

学、系统地分析这些模式取得成功的原因，特别是推广这些模式应满足的条件，以及可能会出现的一些新问题，并做好相应的预案。二是遵循因地制宜原则。我国地域广阔，不同区域乡村的生态特点各异、经济发展水平明显不同，再加上社会因素等，乡村建设行动的重点及先后顺序明显不同。因此，在国家相关政策要求及方案框架内，立足区域实际，科学确定乡村建设行动应关注的重点领域，要敢于担责，不能盲目推行。

2. 遵循中国特色的乡村发展规律

新发展阶段，实施乡村建设行动，是党中央、国务院确定的重大战略。为此，要明确乡村建设行动无论是建设的重点，还是建设的主体，抑或是建设的优先顺序等，都不同于城镇建设；同时，更要明确的是，我国乡村建设行动更不同于其他国家乡村建设的实践，绝不能照搬国外模式。中国乡村的发展有其自身的规律，应系统研究、剖析、遵循中国特色的乡村建设发展规律。

（二）加强"两大支撑体系"建设力度

实施乡村建设行动，应加强组织支撑体系及人才支撑体系建设，前者主要是提供较强的组织专业领导能力，后者提供较强的专业技术能力。

1. 乡村建设行动的组织支撑体系建设

正如前文提到的，乡村建设行动是一项复杂的系统工程，涉及的建设主体具有多元化特点。为此，一是要加强基础组织建设，为乡村建设行动的实施提供保障。发挥基层党组织在乡村建设行动中的主导作用，通过完善村规民约，将相关内容纳入其中，提高农民的参与意识，调动农民的积极性，使其真正成为乡村建设行动的主体。二是加强基层组织相关专业知识的培训。依据新发展阶段乡村建设行动面临的新问题、出现的新特点，加强基层组织相关专业知识的培训，特别是将相关专业知识作为基层组织理论学习的重要内容，以提升基层组织的专业领导能力，满足实施乡村建设行动的需要。

2. 乡村建设行动的人才支撑体系强化

新发展阶段，应针对乡村人才短缺的实际，围绕着引不进、留不住、用不好等突出问题，采取如下措施：一是科学界才。建立健全乡村人才认定管理制度，科学确定对乡村科技人才、实用人才、专业人才、乡土人才、创新创业人才等群体的认定标准，出台认定管理制度，并做好统计工作。二是精准育才。根据乡村建设行动的需求，探索实施"自主点菜式"精准培训模式，实现乡村建设行动需求与培训内容供给的"无缝对接"，持续推进乡村人才的培育工作。三是灵活引才。树立柔性引才理念，通过兼职聘用、周末工程师、技术咨询、挂职锻炼等多种方式，灵活引进为乡村服务的各类人才。四是高效用才。通过创新打造乡村人才施展才能的平台，让人才更好地服务于乡村建设行动。五是长久留才。建立优化人才激励政策体系，除平台建设和工资待遇外，更需要好的宏观服务环境、城乡公共服务一体化的生活环境和保障条件，方能使人才留在乡村、扎根乡村、服务乡村。

（三）加强"三大保障体系"建设

实施乡村建设行动是一项复杂的系统工程，除了要人才、技术提供支撑之外，更需要资金、机制及政策提供有效保障。

1. 乡村建设行动的资金保障体系建设

实现乡村建设行动，需要资金投入做保障。一是加大财政资金投入。应在科学制定乡村建设行动实施方案的基础上，对乡村建设行动的资金需求做一个系统科学的匡算，国家应根据乡村建设行动的资金需求，确定财政投资规模，提升财政资金的使用效率，确保乡村建设行动中相关硬件设施建设质量，并发挥作用及具有可持续性。二是确保资金"取之于乡，用之于乡"。在实施乡村振兴战略、推动美丽乡村建设中，乡村土地成为焦点，对于巨额的土地收益，要确定用于乡村建设行动的比例，确保资金来自乡村，又用于乡村，以解决乡村建设资金不足的问题。三是探索多元化的融资机制，建立"政府投入为主，村民支持为辅，积极发挥社会支持"的多元化投资机制和以村民为主体的乡村建设行动公共设施运行维护管理机制，调动相关者的积极性。①

2. 乡村建设行动的机制保障体系规范

在实施乡村建设行动中，建立长效机制既可以保障取得预期成效，又可以保障成效的可持续性。一是建立乡村基础设施的运营管护机制。在具体项目设计之初，系统考虑建设与运营问题，并基于乡村基础设施的属性，按照"专业人做专业事"的原则，建立相应的运营管护机制，逐步探索由专业公司运营的途径。二是建立乡村建设行动的评估机制。改变以往基层政府相关职能部门"既做运动员，又做裁判员"现象，引入第三方作为乡村建设行动效果评价的主体，以科学甄别出建设、运营、管护中存在的关键问题，并据此提出精准的对策建议。三是建立乡村建设行动的监督机制。在基层党组织领导下，建立监督队伍、监督制度规范，对乡村建设行动进行全方位的监督，确保乡村建设行动取得预期成效并具有可持续性。四是建立乡村建设行动的参与机制。农民作为乡村建设行动的主体，应建立有效的参与机制，将农民的主动性、积极性调动起来，参与到乡村建设行动的全过程。②

3. 乡村建设行动的政策保障体系完善

加强制度建设，完善制度体系，是新发展阶段实施乡村建设行动的重要任务之一。为此，应整合零散分布在其他制度中的相关条款，建立系统、完整的制度体系，并注重强制性、诱导性、协调性、激励性制度之间的协调。一是坚持农业农村优先发展，实行政府公共资源增量配置向乡村倾斜的政策，把乡村建设行动放在公共财政优先支持的位置。二是推进农村金融体制改革，建立支持各类金融机构向乡村延伸的政策，推动农村金融服务于乡村建设行动。支持农业信贷担保机构下沉业务，加快政策性农业信贷担保体系建设。三是持续推进农村土地制度改革。基于新发展阶段农村发展的实际以及未来趋势，以农村宅基地制度改革为重点，探索制度改革创新之路，盘活用好闲置宅基地等乡

---

① 于法稳：《新发展阶段农村人居环境提升：困境及对策》，《乡村论丛》2021 年第 1 期。
② 于法稳：《乡村振兴战略下农村人居环境整治》，《中国特色社会主义研究》2019 年第 2 期。

074

村资源，保障农村居民能够从土地制度改革创新中有所裨益。此外，继续加大对农村电商、互联网发展等方面的政策支持力度。

参考文献

陈付龙：《积极实施乡村建设行动》，《人民日报》2021年4月26日。

于法稳：《"十四五"时期农村生态环境治理：困境与对策》，《中国特色社会主义研究》2021年第1期。

中国社会科学院农村发展研究所课题组、魏后凯、于法稳：《农村全面建成小康社会及后小康社会时期乡村振兴研究》，《经济研究参考》2020年第9期。

魏后凯、杜志雄：《中国农村发展报告——聚焦"十四五"时期中国的农村发展》，中国社会科学出版社，2020。

于法稳：《乡村振兴战略下农村人居环境整治》，《中国特色社会主义研究》2019年第2期。

于法稳、侯效敏、郝信波：《新时代农村人居环境整治的现状与对策》，《郑州大学学报》（哲学社会科学版）2018年第3期。

于法稳：《新发展阶段农村人居环境提升：困境及对策》，《乡村论丛》2021年第1期。

建设特色小镇　促进乡村振兴

周明钧[*]

摘　要：特色小镇是我国新型城镇化建设的有机组成部分，是推进新型城镇化的媒介和桥梁。建设特色小镇是重塑城乡关系、走城乡融合发展之路的重要突破口，是促进乡村振兴的重要平台和有效载体。建设特色小镇与促进乡村振兴具有互相关联、互相依存的内在关系。在新形势下，必须从工农关系、城乡关系、产城关系的视角，围绕产业兴旺、生态宜居、乡风文明、治理有效、生活富裕的总要求，推动特色小镇建设，促进乡村振兴。

关键词：特色小镇　乡村振兴　城乡融合发展

党的十九大报告指出，实施乡村振兴战略，要坚持农业农村优先发展，按照产业兴旺、生态宜居、乡风文明、治理有效、生活富裕的总要求，建立健

---

* 周明钧，广西社会科学院农业农村研究所副研究员，主要研究方向为区域经济、民族经济、"三农"问题。

全域城乡融合发展体制机制和政策体系，加快推进农业农村现代化。围绕实施乡村振兴战略，习近平总书记强调，"要把乡村振兴战略这篇大文章做好，必须走城乡融合发展之路"。[①] 可见，实施乡村振兴战略是中华民族一项伟大的系统工程，应该从全局和战略高度处理工农关系、城乡关系、产城关系，它不仅需要依靠乡村的力量，而且还需要城市与乡村相结合，走城乡融合发展之路。特色小镇一端连着城市一端连着乡村，从要素配置、产业发展、生态保护、文化传播、致富方向等方面把工业和农业、城市和乡村、产业与文化、治理与致富有机联系起来，推动产业之间、产城之间、城乡之间实现融合发展，是我国新型城镇化建设的有机组成部分，是推动城乡产业融合发展、推进新型城镇化的媒介和桥梁。建设特色小镇是重塑城乡关系、走城乡融合发展之路的重要突破口，是促进乡村振兴的重要平台和有效载体。

一　特色小镇的内涵、特点及其建设中存在的主要问题

（一）特色小镇的内涵和特点

1. 特色小镇的定义内涵

特色小镇是指相对独立于城市中心区，具有明确地域特点、产业定位、文化内涵、生态环境和一定社区治理功能的发展空间。它可以是以某一特色地域为焦点，以某一特色产业为基础，集聚相关组织、机构与人员，形成供、产、销各业态系统的宜产宜居宜旅的现代产业群落，也可以是依赖于某一特色产业和特色环境因素（如地域特色、产业特色、生态特色、文化特色、乡土风情等），构成生产、流通、消费、市场等产前、产中、产后各要素相互关联的并具有一定社区功能的综合性多功能大型开发项目。例如，浙江义乌的小商品专业小镇、江西井冈山的红色旅游小镇、广西靖西的绣球文化旅游小镇、广西横州的茉莉花小镇等。

---

① 习近平：《把乡村振兴战略作为新时代"三农"工作总抓手》，《求是》2019年第11期。

可见，特色小镇既不是一般行政区划意义上的"镇"，也不是单纯产业园区的简单复制，是依托于相对开放独立的区域空间，挖掘产业特色、人文底蕴和生态禀赋，构成相对独立的产业业态和治理环境，是集"产、城、人、文"于一体、生产生活生态深度融合发展的重要功能平台，是一个有明确产业定位、文化内涵、生态环境和一定社区功能的发展空间。

2. 特色小镇的主要特点

"特"就是指特色凸显，与众不同，人无我有、人小我大、人弱我强，具有不可替代或难以替代的价值品质、发展要素和吸引功能，充分体现在聚焦产业"特而聚"、运行机制"强而特"、治理功能"新而特"。

"色"就是指特色独具，环境独特，功能独特，"小、专、精、高"的特色凸显，拥有宜产的环境、宜人的风貌和宜居的空间，是一个有产业、可居旅、出行畅通、历史底蕴深厚的多要素聚焦综合体。

"小"就是指区别于现行的大中城市（城区）规模，以特色产业、旅游、文化项目为聚焦点的组合体，既可以是专门定制的建制镇，也可以是在特定地域中集聚融合特色产业、生态空间、治理功能的创新创业平台。

"镇"就是指既具有"镇"的治理功能，但又不是单纯的行政单元"镇"，更不是经济开发中归属于某一地域的工业园区、旅游园区，而是一个具有明确产业定位和开发功能的项目组合体，是打破传统行政区划概念的特色产业的集聚区。①

3. 特色小镇的功能意义

特色小镇凸显"小、专、精、高"的效能，致力于在定制的地域环境中构建"小镇大产业、特色显高端、集聚出效益、联动多要素"的综合体，彰显特色业态、特色文化、特色生态和特色社区的鲜明魅力。特色小镇分布穿插于城市、城镇、乡村之间，是新型城镇化与乡村振兴的有机结合点，是多区域联动发展的启动平台和运行载体，是区域经济社会发展的新动能和推动力。

---

① 王天宇、陈维：《以特色小镇建设为抓手推进乡村振兴》，《光明日报》2019 年 11 月 13 日。

建设特色小镇要求立足本地资源、基础、市场和价值定位，以特色资源、特色产业、特色文化和特色生态环境为基础，打造特色凸显、环境生态、基础牢固、项目价值高、市场占有率大、可持续发展的综合组合体，以此带动当地经济社会发展，并对周边地区产生一定的辐射作用。在城乡接合部建设特色小镇，能够在有限的城乡空间里不断优化生产力的布局，充分融合特色小镇的产业功能、旅游功能、文化功能、社区功能，在形成产业集群、城镇生活圈的基础上，为推动城乡融合发展、实施乡村振兴战略提供源源不断的动力。

（二）建设特色小镇存在的主要问题

1. 地方特色不明显，发展目标不明确

2020年9月国家发展改革委《关于促进特色小镇规范健康发展的意见》中提出，特色小镇是一种微型产业集聚区，不得将行政建制镇和传统产业园区命名为"特色小镇"。有的地区对特色小镇的概念内涵认识不够清晰、深透，只是为了争取享受国家的扶持政策而片面追求建设特色小镇，对特色小镇的区位优势、特色内涵、文化底蕴和产业品质、产品价值等挖掘程度不深，地方特色不突出，发展目标不明确，缺乏主导产业联动，缺乏大型龙头企业带动和知名品牌吸引，存在重形轻魂、仓促上马、简单复制等现象；一些地方政府把特色小镇作为投资平台来打造，还有一些地方把产业园区、旅游开发区、美丽乡村、田园综合体或者行政建制镇戴上特色小镇"帽子"，以期获得相关政策、资金的支持，带动当地固定资产投资和经济增长。[①]

2. 特色产业定位模糊、层次不高、竞争力不强

目前，多数特色小镇建设主要是以特色旅游、休闲农业、原始文化等非生产性形态表现，主导产业不明确，主题不突出，规模有限，附加值不高，没有特色产业的集聚功能，建设的特色小镇仅是简单的旅游小镇、度假小镇、休闲小区等，只满足于一般的休闲娱乐功能，达不到特色小镇内涵要求。有些地

[①] 《国家发改委曝光山东假特色小镇：传统工业园自称装备制造小镇》，《南方都市报》2021年9月23日。

方简单引入特色小镇概念，只是把原有的厂区、矿区、开发区、休闲区等简单改建改造，产业仍处于中低端，整体层次不高，结构松散，互动不强，功能不全，企业价值和产业品质平淡，市场容纳度非常有限，原料、市场、人才、科技等制约瓶颈突出，有的与发展房地产捆绑起来，搭上特色小镇的便车，缺乏特色竞争力和带动力，缺乏可持续发展动能，致使企业难以为继，特色小镇也失去持续发展动力。

3. 支持发展资金不足，持续发展困难

部分特色小镇规划定位目标选择确定不严谨、不现实，规划脱离实际，目标过于超前，由于发展环境设施落后，特别是基础设施发展滞后，公共服务水平落后，基础与目标差距很大，需要支持发展的资金缺口很大，地方财政支持有限，而且项目吸引力不强，对外融资成本较高，融资渠道狭窄，面临后续资金支持不足的瓶颈，致使地方特色资源没有得到充分开发利用，特色小镇也缺乏持续发展动力。2020 年 9 月国家发展改革委《关于促进特色小镇规范健康发展的意见》提到，不少特色小镇一味追求"高大上"，大搞"圈地运动"，画地为牢，却由于资金链断裂、项目商家逃离，甚至沦为"空城""鬼镇"，不少"文旅小镇""康养小镇"处于烂尾、倒闭状态；还有的特色小镇由于曾经的规划"三十年不落后"、投入"大手笔"，后因资金链断裂而难以为继，最后不得不关闭、倒闭。

4. 文化底蕴不足，特色文化挖掘不深

特色文化是建设特色小镇的"根和魂"，应该十分注重发掘本地特色文化资源，加强对地方民族历史文化开发、保护，展示历史印记和民俗风情，延伸融入现代时尚要素，开发成为支撑特色小镇的"台柱"。但是，目前很多特色小镇建设不仅缺少深度挖掘本地特色的"软文化"，而且具有视觉冲击力的"硬文化"也明显不足，仅以发展产业为名，生搬硬套、东拼西凑历史文化，缺乏集产业、旅游、文化、休闲多功能于一体的特色小镇"魅力"；有的特色小镇冠以"民俗文化村"项目帽子，但由于缺乏地方特色文化元素，缺少能够表现展示吸引受众的民族、传统、优秀文化品牌和项目，内涵不深、底蕴不足、亮点不多，名难符实，人气不足，开业时间不长就不得不关闭拆除。

二　实施乡村振兴战略的内在要求及其现实路径

（一）实施乡村振兴战略的内在要求

1. 产业兴旺是实现乡村振兴的基石

要充分挖掘地方特色优势资源，大力发展"资源型""带动型"的乡村产业，推进农村产业"接二连三"，发动农民积极投入、广泛参与，带动千家万户增收致富；将产业开发与乡村建设有机结合，在质量兴农、绿色兴农的前提下，集中力量培育成为支柱产业，带动优势产业兴旺发展，依托优势产业增收脱贫，构建以现代农业为主、一二三产业融合发展的乡村产业体系，做大做强农村实体经济，建设产业兴旺、生活富裕的家园，为乡村振兴提供源源不断的经济动能。

2. 生态宜居是乡村振兴的关键

要树立保护自然、顺应自然、敬畏自然的生态文明理念，立足当地乡村生态系统的保护、管控和修复，把村庄建设与周围生态环境融为一体，植树造林，封山育林，统筹山水林田路湖草综合治理，修复四季常青、五谷丰登、六畜兴旺的绿色生态系统，发展乡村生态经济，保留乡土气息，保存乡村风貌，治理"脏、乱、差"乡村环境，促进人与自然和谐共生，建设"洁、齐、美"的生态宜居家园，让农民在生态宜居环境中享受生活，切实感受到乡村振兴带来的生态效益。

3. 乡风文明是乡村建设的灵魂

要在乡村治理建设中充分注重和结合乡村的传统历史文化特点，发挥农情、乡情、亲情的维系纽带，培育文明乡风、良好家风、淳朴民风，不断提高乡村社会文明程度，传承遵规守约、尊老爱幼、邻里互助、诚实守信等乡村文明习俗，将乡村传统历史底蕴与现代文明价值融合重塑，引导农耕文明和现代文明有机结合，改善农村基本公共服务，建设具有乡风文明风貌特色的乡村家园，让农民不仅"留得住青山绿水"，而且"记得住乡愁"。

4.治理有效是乡村振兴的基石

要通过多种途径、多元参与、多方治理，整合治理乡村社会分散零乱资源，建立健全党委领导、政府负责、社会协同、公众参与、法治保障的现代乡村社会治理体制，健全自治、法治、德治相结合的乡村治理体系，加强农村基层基础工作，加强农村基层党组织建设，密切党群、干群关系，深化村民自治实践，探索建立实施具有乡村特点的治理体系，确保乡村社会充满活力、和谐有序，建设平安和谐乡村，为建设和谐幸福家园提供治理保障。

5.生活富裕是乡村振兴的根本

要千方百计挖掘乡村特色优势资源，依托国家支农惠农扶持政策，构建广泛长效助农惠农机制，鼓励引导农民通过多渠道多途径增收致富，千方百计增加、扩大农民收入，保障农民持续稳定的收入来源，关注维护农民的切身利益，提高农村民生保障水平和农民生活质量，不断缩小城乡居民收入差距，更加广泛持续地参与投入富裕幸福家园建设，推动当地特色乡村家园治理建设，实现农民对美好生活的向往，向着共同富裕目标稳步前进。

（二）实施乡村振兴战略的现实路径

1.大力实施特色产业化乡村建设

从当地乡村资源和特点出发，广泛开展"乡村振兴特色产业革命"，组织动员社会力量，挖掘乡村产业资源，加入产业开发建设行列，形成轰轰烈烈的乡村产业开发运动。积极采用"龙头企业＋农民合作组织＋产业基地＋农户＋市场"和"龙头企业＋产业项目＋经济能人＋分户治理＋乡村建设"的产业化乡村建设模式，鼓励扶持龙头企业、农民合作组织，带动农户参与当地资源型、带动型产业开发，立足当地资源优势，大力发展特色种植养殖、特色旅游等资源型产业，拉长扶贫产业链，带动就近就地就业，增收致富，重建家园。引导龙头企业及经济能人带头参与、积极投入当地乡村家园的规划和建设，通过特色资源产业链辐射牵引效应，发动引导各家各户分户治理，共同融合建设美丽家园。

2. 重点实施生态宜居乡村建设

将生态宜居乡村建设作为乡村振兴的主攻方向，用足用活国家生态环境建设扶持补偿政策，强化生态宜居—幸福家园理念贯穿于乡村振兴每一个环节。以改善生态宜居环境为突破口，重点加强退耕还林、封山育林、植树造林，调整重构林种结构，推广"山上林（茶）、山中茶（果）、山下粮（鱼）"的立体经营模式，科学营造水土保持林和水源涵养林，促进乡村生态环境恢复建设。重点应用农村生态能源沼气池，推广"养殖—沼气—种植"三位一体生态循环农业模式，探索实践"一池三改"、地头水柜、坡耕地治理等生态治理途径，逐步推进生态宜居家园建设。坚持"生态产业化，产业生态化"发展模式，鼓励支持林下及闲置坡地发展特色种养、特色旅游等副余业经营，既拓宽增收脱贫渠道，又改善生态宜居乡村环境。

3. 推动实施乡风文明传承建设

坚持传递"乡情牌""乡愁牌""乡村记忆""失落的村庄"等符号，引导村民、家庭、邻里在脱贫攻坚、增收致富中自觉参与乡风文明传承建设行动，构建乡村、邻里的乡风文明精神家园。通过组建红白理事会、村庄环境卫生治理协会以及行之有效的村规民约等，汇聚热爱家乡、邻里友爱、团结互助、增收致富的内生能量。注重传承和弘扬乡村传统优秀的农耕文化、民俗文化、非物质文化遗产等，充分展示诠释传统优秀乡风文化的精髓内涵，以乡村传统优秀文化引领、滋养、重塑乡风文明，让农民感受到优秀传统文化的魅力，推进乡风文明进农村、传统美德进农家、优秀文化进农心，提高农民道德素养、文化素质、增收致富品质，提升乡村文化、文明乡风的自觉自信，助力乡村振兴战略。

4. 统筹实施乡村治理有效建设

坚持以自治为基础、德治为灵魂、法治为基本准则，建立健全自治、法治、德治相结合的乡村治理体系。结合脱贫致富、建设共同家园的实际，指导村民制定"村规民约""民俗告示""一事一议"等，引导自我约束、自我管理、自觉行动，维护乡村产业发展、生态宜居、增收致富的共同利益。探索设立乡村邻里调解员和"说事评理中心"，形成乡村邻里矛盾自我化解、自我明辨是非的自治机制，引导村民之间知书达礼、经济互助、生产互帮、困难互解。借助乡村民族传统节庆文化娱乐活动，将个人品德修养、家庭美德、乡村公德培养传播、灌输、教化到每一个村民。

5. 全面实施增收致富乡村建设

掀起乡村增收致富、农民富裕光荣运动，注入增收致富、生活富裕因素，千方百计提升农民增收致富的意愿，拓展农民增收致富的渠道，引导鼓励农民多渠道多途径增收快富、走向富裕。依托国家支持扶持政策，引导乡村将优势特色资源融入农业开发全产业链，发动农民投入参与，分享资源产业增值收益，提高农民经营性收入。支持鼓励农民走出乡村，通过技能培训提高就业能力，进入城市工厂打工就业，增加劳动报酬，提高农民工资性收入。鼓励支持农民以土地、山林承包权以及宅基地等不动资产，折算入股企业和合作社，收获分配红利，提高农民财产性收入。以资源、政策、市场为导向，引导乡村资源向非农化产业转移，向二三产业融入，注入"互联网+"等现代科技因素，构建长效紧密的增收致富机制，分享产业融合发展成果，保障农民持续稳定的收入来源，实现资源开发—增收致富—生活富裕—家园幸福的目标。

三 建设特色小镇与促进乡村振兴的内在关系

（一）建设特色小镇为乡村振兴提供资源和要素动力

首先，乡村振兴需要城乡各类资源、要素自由流动、互通互动。近年来，由于城乡资源配置不均衡，乡村发展较为缓慢，供给成果不对称，城乡之间差距依然存在，主要表现为城乡资源和要素的流动不合理、不等价，城市具有强大的虹吸效应，从农村中吸取了大量的优质劳动力、资金及土地资源，而城市先进的技术、资金、教育文化医疗资源却未等价流入农村，造成乡村空心化、家庭空巢化等现象时有发生。

其次，当前乡村发展基础设施仍显薄弱，公共资源功能欠缺落后，一些农户家庭增收致富渠道有限，仍然存在返贫、依赖风险的可能，乡村振兴的基础条件仍不牢固，在一定程度上成为城乡资源有效流动、城乡融合发展的阻碍，迫切需要建设特色小镇作为转化过渡载体，拓展城乡资源互动交流平台，打通城乡壁垒，重构城乡关系，提供城乡资源要素互通互动动力，发挥促进乡村振兴发展的媒介桥梁作用。

（二）乡村振兴为建设特色小镇提供现实基础平台

首先，当前我国城乡发展不平衡不协调的现象仍较为突出，农村空心化、农业边缘化问题较为严重，乡村资源、发展成果向城市转化转移的渠道和平台仍显狭小，城乡之间互促互进缺乏平台载体，而实施乡村振兴战略，乡村经济社会发展提升到新的层次，就为建设特色小镇、促进城乡融合发展提供了现实基础平台。

其次，随着乡村振兴战略的循序推进，在产业发展、生态建设、文化支持、社会治理、致富环境等方面推动振兴发展，城乡发展差距进一步缩小，为构建现代农业产业体系、促进城乡融合发展、建设沟通城乡的特色小镇，提供源源不断的资源保障，拓展广阔又多层面的交流渠道和互动平台。

四　建设特色小镇、促进乡村振兴的思路

（一）立足本地特色资源，建设产业型特色小镇，助推乡村产业兴旺

建设特色小镇的核心在于产业发展，乡村振兴的基础在于产业兴旺。建设特色小镇必须立足本地特色资源，因地制宜，统筹全面，选择好、确定好、发展好当地的特色产业。该产业必须基础扎实、资源丰富、价值比高、市场广阔、带动力强、覆盖面广、适应性强、持续性好，具有"人无我有、人小

我大、人劣我优"的特点，既能够开发当地优势特色资源，培育成为支柱产业、龙头企业，创造联动型、驱动型价值，又能够带动千家万户参与，为当地农民提供稳定持续的增收致富门路，为乡村经济注入活力，带动兴旺一方乡村。

建设特色小镇，可以发挥其平台集聚作用，吸引资源型、融合型现代产业和现代服务业进驻，带动小镇周围乡村走产业本地化、多元化、高值化发展道路，依托乡村特色资源发展特色产业，杜绝高投入、高消耗、高污染的"三高"传统发展模式，借助现代产业和服务业的资本、人才、技术、信息、市场、业态等因素，立足发展现代乡村产业实体，引导乡村一二三产业融合发展，纵向延长农产品生产、深加工、衍生品制造一体化产业链，提升产品附加值，横向对接现代信息网络市场，提高市场占有率，以产业兴旺带动乡村振兴。

（二）着眼乡村生态环境，建设生态型特色小镇，构建城乡良好发展环境

建设特色小镇的基本内涵和具体要求就是要适应乡村改造发展要求，对应乡村的特色特点，创建宜居宜业宜游的生态优美区域，改善城乡发展环境，逐步缩小城乡差距。因此，特色小镇在建设选址上，应该更加倾向于考虑乡村生态环境的基础条件、影响程度、改造能力及环境适宜度、发展融合度；在规划建设中，应该更加注重改善乡村生态环境，传播绿色生态理念，遵循自然生态发展规律，强化对乡村山水林田路湖草的生态环境建设，实现人与自然和谐共生，营造"洁、齐、美"的乡村生态环境，吸引更多更优的资金、技术、人才进驻就业置业创业、宜居宜业宜游，实现"看得见山，望得见水，记得住乡愁"的美好愿景，共享城乡优美生态环境；在与乡村生态环境融合建设中，应该更加着眼于改善乡村人居环境，加强乡村生态设施建设，完善农村污水垃圾处理体系，改造"脏、乱、差"生态环境乡村，引导农民改善生活方式、提高生活质量，共同打造美丽乡村。

（三）挖掘乡村文化资源禀赋，建设文化型特色小镇，促进乡村文化振兴

首先，挖掘和整合乡村优秀文化资源。乡村拥有丰富深厚的传统优秀文化资源禀赋，是乡村振兴的根脉，也是特色小镇的灵魂。建设特色小镇，可以通过产业业态对接、城乡文化形态对接，注重对乡村传统文化的保护与传承，传承发展农村优秀传统文化，搭建城乡文化交流平台，鼓励城乡居民参加城乡集体文化互动交流，使乡村文化形态与城市化、产业化要素相融合、相促进、共提升，实现城乡之间在文化层面的交流融合，以各种物质形式为载体，将文化物化，将物化的产品产业化、城市化，赋予其新的时代内涵，促使乡村传统优秀文化在特色小镇发扬光大，更具感染力、传播力。

其次，整合和转化乡村文化资源。乡村传统优秀文化资源蕴含深厚思想观念、人文精神、道德规范，在凝聚人心、教化群众、淳化民风中发挥着重要作用。建设特色小镇不仅能够有效带动农村经济、特色产业发展，也能够加强城乡之间的文化交流互动、生活方式提升，必须加强优秀传统文化的传承、发展、突破，以乡村文化资源开发、传承、提升，涵养乡村人文精神，以文化人，弘扬乡村文明风尚，加强村民之间的情感联系和文化认同，激发农民参与乡村治理、推动文明乡风建设的内在动力，构建文明乡风、良好家风、淳朴民风，推动形成乡村社会文明的凝合剂，培育乡风文明的有效载体。

（四）提高良治善管水平，建设治理型特色小镇，为乡村振兴提供制度保障

首先，有效的乡村治理可以为乡村振兴培养积极的参与主体。乡村振兴是一项复杂的系统工程，必须激发处于主体地位的农民的主观能动性。乡村治理的核心是"人"，必须最大限度地调动群众参与乡村治理的积极性、主动性、创造性，提升乡村"三治"能力，激发乡村治理活力。有效的乡村治理就是鼓励和引导农民积极参与乡村建设，让农民成为发自内心的自我约束、自我教

育、自我管理、自觉担当乡村公序良俗的维护者和倡导者。

其次，特色小镇建设可以为乡村治理提供良好的社会秩序。特色小镇是农业农村改革的试验平台，是乡村治理改革举措先行先试的试验田，为破除制约农业农村发展和乡村振兴的体制机制障碍探路，为乡村治理乃至乡村振兴积累经验、提供动力。因此，特色小镇建设从规划设计到推进发展，从治理主体到治理模式，通过治理手段科学，方法得当，群策群力，措施优选，提高良治善管水平，推进传统农村生产生活方式逐渐融入现代治理因素，构建乡村治理良好的社会秩序，形成共建共治共享的乡村治理格局，提高乡村振兴的制度化水平。

（五）注重农民增收致富，建设共同富裕型特色小镇，推动城乡共同富裕

首先，促进农民增收是乡村振兴的最终落脚点，也是缩小城乡收入差距的主要途径。以建设特色小镇为载体，采取"特色小镇+"的模式，导入发展特色产业及项目，引导乡村一二三产业融合发展，有效挖掘开发地方特色资源，提供更多就业创业机会，带动千家万户共同参与生产，为促进农民持续稳定收入提供更加宽广的途径，为促进乡村振兴夯实物质基础。

其次，以建设特色小镇作为资源转化的媒介桥梁，把转化乡村闲置资源价值、生态价值、人文价值作为促进农民增收、共享增收成果、缩小城乡差距的突破口，充分挖掘农村闲置资源价值，盘活利用农村闲置优势资源，对闲置资源统一量化入股、统一运营管理，塑造生态田园化、产业融合化、风貌地域化、配套一体化、治理现代化的乡村振兴新形态，开创城乡共建共享增收致富模式，打造共享致富乡村。

东北边境地区乡村振兴的若干思考

赵光远[*]

摘　要： 边境地区乡村振兴具有一定特殊性。本文基于笔者对东北地区边境乡村的实地调研，结合第七次人口普查有关趋势，总结了东北地区边境乡村振兴面临的中长期困境和若干重大问题，提出了"重塑乡村发展理念""着力五个突破""坚持有序推进"等思路与建议。

关键词： 边境地区　乡村振兴　东北地区

　　边境地区乡村振兴受到国防安全需要、民族团结和谐、基础设施不足、青年人口流失、生态环境建设等因素影响，一直是乡村振兴工作的难点和重点之一。然而，通过知网进行篇名搜索，系统研究东北边境地区乡村振兴的文献还不多。为此，笔者 2021 年 7 月有幸参与中国社会科学院国情调研吉林基地在吉林省、辽宁省有关边境地区的实地调研，感触颇多。东北边境地区乡村生产力得到跃升、生产关系加速调整的同时，其潜在危机和若干重大现实问题也

---

　　* 赵光远，吉林省社会科学院农村发展研究所副所长、研究员，主要研究方向为科技创新、区域发展。

值得认真梳理和深入思考，这对于东北振兴和全国社会主义现代化新征程建设具有重要意义。

一 东北边境地区乡村振兴需看到"四个现实"

（一）居民收入提升是现实，农民收入偏低更是现实

从黑河、佳木斯、伊春、延边、白山、通化、丹东 7 个边境地区的农村居民收入变化情况看，"十三五"期间农村居民人均收入年均增长分别为 8.4%、7.9%、7.7%、8.7%、7.4%、7.5%、8.1%；截至 2020 年，这 7 个地区农村居民人均收入相当于城市居民人均收入的比例分别是 59.1%、62.6%、64.7%、47.1%、48.6%、49.4%、57.0%，农村居民人均收入最高的是佳木斯，达到了19196 元，最低的是白山市，只有 12993 元。

（二）财政收入下降是现实，财政负担加大更是现实

从黑河、佳木斯、伊春、延边、白山、通化、丹东 7 个边境地区的地方财政收入变化情况看，2020 年比 2015 年下降了 17.6%，2020 年这 7 个地市的地方财政自给率分别只有 16.6%、13.6%、7.7%、15.2%、11.5%、15.9%、25.3%，平均自给率只有 15.1%。收入下降、自给率不足、依赖转移支付，财政负担相对加大，是边境地区的重要现实。

（三）绿色低碳发展是现实，非农产业不足更是现实

黑河、佳木斯、伊春、延边、白山、通化、丹东 7 个边境地区地处小兴安岭、长白山等山区和三江平原地区，绿色低碳发展任重道远，处理好生态建设和经济发展之间的关系十分重要，这 7 个地区非农产业相对不足，2020 年非农产业比重分别为 55.1%、51.5%、60.6%、90.9%、87.4%、87.5%、79.6%，非农产业比重均低于全国 92.3% 的平均水平，特别是黑龙江省有关地市，第一产业比重仍接近 50%。

（四）基础设施改进是现实，新型基建不足更是现实

高速公路、机场等基础设施建设促进了边境地区的互联互通，这是基础设施改进的主要特征。但与时代要求相比，边境地区在科教基础设施、信息基础设施、融合基础设施方面的谋划和推进均不足，除丹东、延边、佳木斯外，黑河、伊春、白山、通化四市还没有实现高铁连通也是事实。

二 东北边境地区乡村振兴需认清中长期困境

调研显示，"五化五难"困境短期难以突破，是制约东北边境地区乡村振兴的中长期问题。

（一）"五化"困境

"五化"困境即人口流失化、干部老龄化、经济边缘化、发展资源化、路径单一化。人口流失化方面，全国第七次人口普查数据显示，辽吉黑三省沿边城市人口均呈现流失态势，10 年间流失 386.2 万人。干部老龄化方面，调研显示沿边村庄基层干部平均年龄在 50 岁以上。经济边缘化方面，辽宁省丹东市 GDP 占全省的比重 10 年间下降近 1 个百分点，吉林省沿边城市 GDP 占比 10 年间下降了 2.6 个百分点。发展资源化方面，多数沿边城市仍在走资源化发展之路，如白山等地的矿泉水、硅藻土、人参等资源开发，鸡西、双鸭山等地的石墨等资源开发等。路径单一化方面，产业依赖招商引资、财政依赖转移支付现象极为突出，沿边地区内生发展动力培育方面极为不足。

（二）"五难"困境

"五难"困境即人才留住难、资金融通难、成果转化难、理念突破难、资源整合难。"五化"困境与要素加快流动大背景相结合，沿边地区正在"五难"困境中越陷越深。人才留住难方面，由于经济边缘化、发展资源化、路径单

一化等特征，沿边地区很难真正吸引人才，目前有些地方靠编制吸引人才的举措也受制于编制数量，带动效应极为有限。在人才留住难的情况下，资金融通难、成果转化难、理念突破难、资源整合难也必然从偶然变为必然。特别是沿边地区政府部门基于国防、政治、民族等工作需要，沿边地区基层干部（特别是科级以下干部）交流互动难、外出学习难，加剧了理念突破难问题，本地活力受到制约，沿边地区中长期发展亟须引起重视。

三　东北边境地区乡村振兴亟须关注四个现实问题

"五化五难"困境与边境乡村现实情况、国内外经济政治形势变化等相结合，有四个重大现实问题亟待关注。

（一）"一空三边"的特色典型问题

"一空三边"型村庄即空心村、边境村、边远村、边缘村问题，这在边境地区具有典型性。空心村问题、边境村问题已经得到了国家各级政府的重视，但是边远村和边缘村问题需得到进一步关注。边远村是指沿边市县中距离县城驻地超过50公里以上的村庄，粗略估算东北地区边境地带近30个县级行政单元中这样的村屯还有数百个，这些地区的要素商品流动、自然灾害防范等亟须得到关注，同时这些村屯也可作为边境地区防卫的第一层次战略纵深。边缘村是指沿边市县中的人均收入刚刚超过贫困线的村屯，这些村屯仍处于可能返贫的边缘状态，按每个县存在5个左右边缘村估算，这样的村屯东北地区边境地带也有上百个。总体上看，"一空三边"型村庄发展事关边境安全和人民福祉，是边境乡村振兴中的战略性问题。

（二）"一流三融"的要素汇聚问题

"一流三融"即边境乡村的客流强化、城乡融合、资金融通、资源融汇，要素汇聚是实现乡村振兴的基础。为适应流量经济时代发展规律，在电子商务取得阶段性成就的基础上，边境乡村宜采取客流带货流方式提升产品和服务品牌的影响力，然而很多村庄特别是边远村在交通基础设施等方面存在的不足正在制约客流量的提升。边境地区城乡融合问题也很显著，由于人口流失、经济规模小等，沿边地区大多数县城的经济辐射半径在10公里以下，很难带动全域的城乡融合发展。同样受制于客流和城乡融合因素，边境地区大多数乡村的资金融通、资源融汇问题也非常突出。

（三）"一建三生"的基础保障问题

"一建三生"即边境乡村的基础设施建设和生产、生活、生态"三生"保障设施建设问题，这是承载生产生活的载体，是边境乡村振兴的保障。基础设施建设前文已有涉及，还有农田水利基础设施、人居环境基础设施、能源电网基础设施、信息网络基础设施等建设仍然不足，新型基础设施水平在90%的沿边县区处于较低层次，几乎在所有的沿边乡村处于空白状态。基础设施薄弱，正在增加边境乡村发展的不确定性，弱化边境乡村的国防功能，制约城乡融合等对边境乡村的带动性。当前，加快边境乡村特别是边远村、边缘村的基础设施建设极为必要。

（四）"一创三营"的模式突破问题

"一创三营"即边境乡村的创意化提升和村庄运营、产品运营、品牌运营等事关加快发展的重点问题，这是提升边境乡村振兴效率和效益的必然路径。市场经济下的边境乡村发展必须重视创意的提升和品牌的培育。边境乡村文化价值独特，突出文化赋能和创意提升是边境乡村加快振兴的重要手段。但是由于人才问题以及乡村振兴资金使用约束，边境乡村创意提升极为有限，很多还是保留原有风貌。同时由于乡村特色和乡村创意的不足，边境乡村特色文化很难和特色产品有机衔接并形成边境乡村特有品牌。这导致了在村庄运营、产品运营和品牌运营方面，边境乡村仍处于待开发阶段，制约了边境乡村居民收入的提升。

四 东北边境地区乡村振兴需重塑乡村发展理念

边境乡村要加速振兴,必须切实领会好从脱贫攻坚到乡村振兴的重大转变,必须研究乡村振兴工作中的新规律、新模式。边境乡村振兴在总体思路和指导思想上要重视从攻坚性向战略性的转变、从示范性到全局性的转变、从外生性向内生性的转变、从干部带到能人领的转变的理念变迁,要适应乡村振兴向乡振村兴转变、城乡融合向城融乡合转变、产业兴旺向产兴业旺转变、生态宜居向生宜态居转变的规律调整。

(一)四个理念转变

从脱贫攻坚到乡村振兴,特别是在两者的过渡期,要深刻认识乡村振兴的战略意义、全局属性、内生特点和人本性质,要着力推动从攻坚性向战略性的转变、从示范性到全局性的转变、从外生性向内生性的转变、从干部带到能人领的转变。推动从攻坚性向战略性的转变,要更加重视环境性变量、保障性措施以及基础性制度的设计和运用;推动从示范性到全局性的转变,要更加重视系统性发展、协同性推进以及关联性因素的监测和控制;推动从外生性向内生性的转变,要更加重视引入类主体本地化、培育类主体开放化、资源性要素流动化以及城乡之间的融合和共生;推动从干部带到能人领的转变,要更加重视乡村内部人才的深度挖掘、乡村教育科技的精准推进和引入性人才的根植带动作用的发挥。

(二)四个规律调整

从脱贫攻坚到乡村振兴,关键是从行政性的扶贫工作转向自发性的振兴发展,要更加重视相关工作与经济社会发展运行规律的结合,要更加重视乡与村、城与乡、产与业、生与态的关系。要推动乡村振兴向乡振村兴转变,更加重视乡(镇)的引领带动作用,把乡镇打造成乡村全面振兴的关键枢纽;要推动城乡融合向城融乡合转变，发挥城市在经济社会工作中的核心作用和主导作用，深化城市改革融化自身边界，引导乡村按市场规律融入新型城乡经济体系；要推动产业兴旺向产兴业旺转变，明确生产规模和产业形态之间的关系，把整合产业资源、做大产业规模放在首位，走出一条规模化带动品牌化、产业特色化引领业态多元化的乡村振兴之路；要推动生态宜居向生宜态居转变，努力使乡村生活更加适宜、营商成本变得更低，重视"三生"环境同步改善，努力让各种业态留在乡村创造更大价值。

五　东北边境地区乡村振兴需着力"五个突破"

边境乡村要加速振兴，必须坚持服务国家战略，有效借助外部力量。我们的研究认为，部委直接帮扶、加强生态补偿、强化军民融合、推进科教固边、实施流量兴边可以作为边境乡村振兴的重要突破口。

（一）开展部委帮扶，更好服务国家战略

东北边境地区乡村振兴，特别是"一空三边"型村庄的振兴发展以及"一建三生"等问题的解决，仅靠地方力量难以取得重大突破，为此，建议在东北地区"五个安全"框架下，基于国家战略目标需要，采取国家各部委协同帮扶方式进行推进。如农业农村部着力帮助发展特色农业，住建部着力推动乡镇发展和生活、生产类基础设施建设，交通运输部着力帮助解决边远村交通设施问题，生态环境部着力帮助解决村庄人居环境和环保基础设施建设等问题。部委帮扶更有利于贯彻国家发展理念、落实国家沿边政策，让边境乡村振兴更好地融入全国统一大市场体系并更好地服务于我国经济社会发展。

（二）加强生态补偿，更好强化绿色优势

东北边境地区乡村多处于兴安岭山地、长白山山地和黑龙江、乌苏里江、图们江、鸭绿江一带，具有较好的自然生态，同时也面临较大的生态保护压

力。为此，建议采用省部会商、联合投入方式，按照国内各省区市中最高（或较高）补偿标准加大对边境地区森林、湿地、水流等生态补偿力度，通过补偿力度的提高吸引人才和劳动力向边境地区回流。统筹生态补偿、边民补助、农业补贴等各种政策，全面增加边境乡村居民的人均政策性收入。

（三）深化军民融合，更好推进富民兴边

东北边境地区乡村发展要着力构建特色经济循环体系，促成边境地区形成商品要素微循环。为此，要大力推进军民融合、军地协同，鼓励边境驻军在粮食、蔬菜以及劳务采购方面向边境乡村倾斜，支持边境驻军以劳动帮扶等方式参与边境乡村基础设施以及教育、卫生、文化等公共服务建设。支持边境驻军帮助边境乡村开展国防、应急等方面专业训练。

（四）推进科教固边，更好留住人口人才

东北边境地区乡村最缺少的是科教资源，同时优势科教资源也是最有利于留住人才的，为此，要推动科研教育机构在固边兴边中发挥更大作用。根据东北边境地区多山多水的特点，引导并支持农业、生态、水利、林业相关专业科研机构和高等院校到边境乡村设立分支机构以及相关专业实训基地。支持具有较高办学水平的义务教育、基础教育、职业教育机构到边境乡村进行帮扶。支持初高中、高等院校到边境乡村开展专题的夏令营等活动。支持老年大学以及其他社会办学机构在边境乡镇开展相关工作。

（五）探索流量兴村，更好促进持续发展

东北边境地区乡村必须主动适应流量经济时代新特征和市场经济竞争主属性。为此，要推动边境乡村知流量、有流量、旺流量。知流量方面，农业农村部门、人力资源部门要加大对边境乡村中青年人员流量经济相关业务培训力度，认识到流量经济不只是电商带货，还包括开放经济、商务服务等内容。有流量方面，要加强农村信息网络、交通网络等基础设施建设，推动省内旅游服

务机构、旅游培训机构对乡村进行帮扶，打造一批特色性、流量型的乡村商品。旺流量方面，要引进一批战略性投资者和战略性精英人才，参与边境乡村经济发展，不断借用外力把边境乡村流量越做越大。

六　东北边境乡村振兴需坚持有序推进

边境乡村要加速振兴，必须要明确当前定位，区分不同阶段，要从"十个明确"入手，组织力量制定边境乡村振兴规划并予以推进。

一是明确发展目标。如边境乡村近期（2025年之前）目标是增加边境居民收入，中期（2026~2030年）目标是增强乡村振兴信心，远期（2031~2035年）目标是通过流量经济提升乡村活力。

二是明确发展方向。边境乡村近期要优化农业，发展林下经济和水产等特色农业；中期要强化农旅文旅边旅融合，推进特色旅游业；远期要激活生态价值，用好碳汇，发展绿色生态服务产业。

三是明确阶段重点。边境乡村近期要整合资源，特别是推动所有可利用的人力资源为我所用；中期要在体制机制方面做出突破，更多发挥军民融合机制带动作用，打造军民融合绿色示范区；远期要推进试点示范，在国家沿边地区开发开放、沿边地区融入全国统一大市场体系、沿边地区率先实现"碳中和"等战略任务中进行布局和试点示范。

四是明确发展路径。边境乡村近期要聚力强点，推动脱贫攻坚思维向乡村振兴思维转变，打造一批边境乡村率先振兴示范点；中期要强调以点带面，加强率先振兴村对周边村的辐射带动作用或合并整合能力；远期要强调全域提升，形成具有边境地区特色的乡村振兴风景线。

五是明确政府作用。边境乡村近期仍要政府主导，通过政府的主观能动性主导乡村项目、基础设施建设，增强多领域保障作用；中期要强化政府引导功能，积极鼓励市场力量参与和个人力量适度参与；远期要强化政府保障作用，营造市场化法治化营商环境，增强乡村振兴内在动力。

六是明确民间作用。边境乡村建设要重视民间力量参与。分阶段看，近期要强调积极合作和有限参与，以降低民间力量可能带来的各种风险；中期要强调能人引领，让一批具有一定抗风险能力的市场经济主体和企业家发挥作用；远期在引进新资源、新资金、新流量的基础上要开展创新创业，打造一批边境乡村特色创业基地。

七是明确融合发展。边境乡村要重视融合发展，让外部力量发挥更大效益。分阶段看，近期要以做大产业规模、推进集体经济改革、推动实体业态融合为主；中期要加强数据服务乡村能力，依托数字经济，开展数字乡村建设试点，大力推进数字促融合；远期要推动实体经济和数字经济资本化进程和股份制改革，形成新型资本（集体资本、政府授信资本等）引领融合的发展模式。

八是明确乡村治理。加强乡村治理是保障边境地区长治久安的必然选择。分阶段看，近期要实施党领法治，全面加强党的领导作用，进一步强化基层党组织功能，进一步强化边境乡村振兴和边境安全的关系，进一步构建更加适用于边境乡村的特色法律体系；中期要强调能人共治，积极推动乡村能人参与村委会，按照责权对等原则，参与村庄建设各种事项；远期要强化智慧自治，突出乡村治理与数字乡村、智慧乡村相统一。

九是明确新的逻辑。清晰的发展逻辑是推动边境乡村振兴的基础。基于前述四个规律调整的认识，建议近期要全力夯实边境乡村发展基础，扶贫资金、乡村振兴资金要重点向基础设施和公共服务倾斜；中期要努力促进乡村共振，明确乡这一级别的基础性和关键性作用，强化乡的节点功能，实施乡振村兴战略；远期要进一步加快城市（城镇）经济改革，加强城镇乡村统一市场体系建设，构建城乡共荣发展新模式。

十是明确项目方向。边境乡村振兴离不开项目谋划和实施。分阶段看，近期要以扶贫富民项目为主，持续增加边境乡村居民收入和集体收入，中期则要谋划和推进对全省乃至东北具有示范意义的项目，远期的边境乡村建设项目则要重点服务国家战略，特别是习近平总书记对东北地区提出的"五大安全"战略。

粮食安全

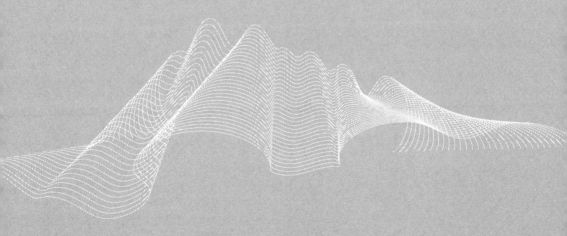

食物消费升级及其对保障国家粮食安全的新要求

李国祥[*]

摘　要：近年来社会上质疑中国粮食连年丰收和总产量不断创历史新高与粮食
进口规模不断扩大之间的矛盾。为了克服单纯地从粮食供给端来观察
和判断中国粮食安全状况，本文着重从经济发展特定阶段分析居民食
物消费升级的收敛性与饱和性，提出升级粮食安全理念和从消费端保
障国家粮食安全新途径。比较 2013 年以来中国城镇居民和农村居民
的收入、消费支出和食品消费支出差距，发现城镇居民和农村居民人
均食品消费支出的比率最小，2019 年已经降至 1.7。不仅如此，近年
来中国城镇居民和农村居民人均食品消费差距加快缩小，表现在居民
家庭恩格尔系数、人均粮食消费量和肉类消费量等多个方面，最突出
的表现是城镇居民与农村居民人均猪肉消费量基本相同。各地经济发
展已经让居民食物消费的收敛性显现，最终必将带来食物消费的饱和
性。从全国整体上看，中国居民食物消费升级可能已经进入中后期，
粮食等供给压力将不断缓解。

* 李国祥，中国社会科学院农村发展研究所食物经济研究室主任、研究员，主要研究方向为粮食
安全。

关键词： 食物消费　粮食安全　消费支出

一　引言

2021年，中国粮食总产量达68285万吨，比2020年增加1336万吨，增长2.0%。粮食总产量自2015年以来连续7年超过6.5亿吨，2021年粮食总产量创历史新高。从增产幅度来看，在历史上，年度增产超过1000万吨的情形，并不多见。粮食总产量迈上6.5亿吨的2015~2021年，年度粮食增产超过1000万吨的仅有2015年和2021年。

如果从学术的视角来探讨中国粮食总产量连续7年保持在6.5亿吨以上水平并年度增产超过1000万吨或者不断地创历史新高的经济意义，那么我们应该怎么回答？特别地，在粮食连年丰收和增产的情况下，中国粮食进口规模为什么还不断扩大，中国部分品种的粮食价格为什么还出现明显上涨？尤其难以理解的是，近些年来个别地方竟然因新冠肺炎疫情和其他一些突发事件还出现部分居民和市场主体抢粮的情形？

2021年，中国粮食进口量达到16454万吨，同比增长18.1%。粮食进口规模继续扩大，主要是玉米等粗粮进口规模较大且高速增长。全年进口玉米2835万吨，同比增长152.2%；进口高粱942万吨，同比增长95.8%；进口大麦1248万吨，同比增长54.5%。2021年玉米、高粱和大麦进口量合计超过5000万吨，达5025万吨。同时，2021年中国进口小麦977万吨，同比增长16.6%；进口稻谷及大米496万吨，同比增长68.7%。大豆进口近1亿吨，数量略有减少。2021年，进口大豆9652万吨，同比减少3.8%。怎样解读中国粮食总产量创历史新高和粮食进口量处于历史高位并存的现象？难道是国内粮食产量数据不实？

近年来，中国粮食连年丰收和增产以及粮食等农产品进口规模不断扩大的同时，国内还动用了大量粮食储备，粮食等农产品供给明显增加，但是，粮食等农产品价格却出现明显上涨态势，特别是自 2020 年以来中国玉米和小麦价格涨幅较大，与国际市场玉米和小麦价格上涨同时发生。对此现象，社会上出现了不同解释。有的认为是资本炒作，有的认为是发生了极端灾害天气，有的认为是自媒体误导，有的认为是新冠肺炎疫情在全球传播，甚至还有人认为中国相关主管部门发布的粮食生产等形势和数据与现实不符。

笔者认为中国粮食连年丰收并总产量不断创历史新高，同时出现粮食进口规模扩大和部分粮食价格上涨，甚至出现粮食市场抢粮这一极不正常的情形，并非因为中国粮食统计数据严重失真。中国粮食总产量达到 6.5 亿吨（1.3万亿斤）以上也不是没有经济意义，至少显示中国粮食生产能力稳定地达到 6.5 亿吨以上的水平，并且迈上 7 亿吨的基础初步形成。当然，未来如何选择更好的粮食指标来全面反映国内粮食安全状况，特别是国内粮食生产方面的指标可以与粮食进口规模稳定甚至缩小，以及粮食价格稳定和不会出现极端的抢粮现象更好地对应，是需要深入研究的。考虑到一个国家和地区的粮食安全状况的影响因素较多而复杂，本文不打算全面分析国内粮食总产量创历史新高与国家粮食安全状况之间的关系，而是从居民食物消费升级的需求端来探讨中国粮食安全的深远含意。

二　新时代城乡居民食物消费升级的分析

食物消费不断升级，是人类发展的必然结果，受到学术研究的关注。食物经济研究领域，普遍关注到随着经济发展，居民人均食物消费支出增长，而食物消费支出所占比重下降；人均口粮消费趋于减少，而人均肉蛋奶等则趋于增加；口粮消费总量趋于减少，而饲料粮消耗趋于增加；单调的和占用过多个人时间的备餐就餐方式趋于减少，而饮食多样化及快餐方式趋于增加；无标识的普通农产品及食品消费趋于减少，而绿色有机食物消费趋于增加；粗放过量的食物消费趋于减少，而可持续的食物消费趋于增加。

随着经济发展，居民对某类食物消费量的增减，总体上会带来食物结构性变化，呈现收敛性和饱和性。收敛性，是指经济发展带来居民食物消费数量、质量和结构等的趋同性。饱和性，是指经济发展带来居民食物消费升级，最终出现居民食物消费数量和结构等的稳定状态，即在统计上呈现经济发展水平对居民食物消费基本不产生影响。

反映食物消费升级的指标有很多。其中，城乡居民人均食物消费支出差距加快缩小应是重要的指标表现之一。进入新时代，城镇居民人均食物消费趋于饱和相对明显，而农村居民人均食物消费升级相对明显，出现农村居民人均食物消费支出快速增长、城乡居民人均食物消费支出差距缩小等态势。农村居民食物消费升级加快，除了与城镇居民食物消费所处阶段不同有关外，也与农村居民收入增长相对较快等有关。农村居民食物消费升级及其所处阶段的变化，对中国粮食安全会产生深远影响。

（一）城乡居民人均食品消费支出差距加快缩小

自 2013 年以来，城乡居民人均食品消费支出差距较小，且缩小速度快，一个突出表现是按当年价格计算的城镇和农村居民人均食品消费支出名义增长速度存在差异，且农村居民人均食品消费支出较上年名义增长速度普遍比城镇居民快。由于新口径原因，2013 年城乡居民食品消费支出因没有可比基期而无法计算增长速度。

2014~2019 年，城镇居民人均食品消费支出较上年名义增长速度为 -1.8%~7.7%（见表 1），而农村居民人均食品消费支出较上年名义增长速度为 2.8%~8.6%。无论是最低名义增长速度，还是最高名义增长速度，农村居民人均食品消费支出名义增长速度都高于城镇居民。特别地，2018 年城镇居民人均食品消费支出还出现了由上年的 4713.8 元下降到 4630.9 元，名义下降 1.8%。

2014~2019 年，农村居民人均食品消费支出名义增长速度高于城镇居民

0.9~6.0 个百分点。其中，2014 年城镇居民和农村居民人均食品消费支出较上年名义增长速度分别为 7.7% 和 8.6%，农村居民人均食品消费支出名义增速比城镇居民高出 0.9 个百分点。2018 年，城镇居民和农村居民人均食品消费支出较上年名义增长速度分别为 -1.8% 和 4.2%，农村居民人均食品消费支出名义增速比城镇居民高出 6.0 个百分点。2019 年，城镇居民和农村居民人均食品消费支出较上年名义增长速度分别为 4.1% 和 7.4%，农村居民人均食品消费支出名义增速比城镇居民仍然高出 3.3 个百分点。

表1　城乡居民人均食品消费支出及其名义增长率和差距变化情况

年份	人均食品消费支出（元）		人均食品消费支出名义增长率（%）		城乡居民人均食品消费支出比率增量
	城镇	农村	城镇	农村	
2013	3865.5	2003.2	—	—	—
2014	4163.5	2175.9	7.7	8.6	−0.02
2015	4361.5	2332.2	4.8	7.2	−0.04
2016	4639.8	2509.2	6.4	7.6	−0.02
2017	4713.8	2579.9	1.6	2.8	−0.02
2018	4630.9	2687.1	−1.8	4.2	−0.11
2019	4818.5	2884.7	4.1	7.4	−0.05

资料来源：2014~2020年《中国统计年鉴》、2019~2020年《中国住户调查年鉴》。

（二）城乡居民人均食品消费支出差距相对较小

与城乡居民收入和消费支出差距相比，城乡居民人均食品消费支出差距明显较小。中国经济发展进程中，城乡居民收入和消费存在明显差距。比较而言，中国农村居民人均可支配收入和消费水平相对较低。2019 年，农村居民人均食品消费支出 2884.7 元，城乡居民人均食品消费支出比率为 1.67，比城乡居民人均消费支出比率低 0.44，比城乡居民人均可支配收入比率低 0.97。比较而言，城乡居民人均食品消费支出相对差距最小。

从城乡居民收入和消费支出差距缩小速度来看，城乡居民人均食品消费差距缩小速度比城乡居民人均可支配收入差距缩小速度快。2013~2019年，城乡居民人均食品消费支出比率由 1.93 下降到 1.67，累计下降 0.26；城乡居民人均消费支出比率由 2.47 下降到 2.11，累计下降 0.36；城乡居民人均可支配收入比率由 2.81 下降到 2.64，累计下降 0.17。综合来看，农村居民收入增加后，会增加食品消费支出的绝对额，而用于食品消费支出的绝对额没有其他支出大。

表2 按当年价格计算的城乡居民人均消费支出和可支配收入比率情况

年份	城乡居民人均食品消费支出比率	城乡居民人均消费支出			城乡居民人均可支配收入		
		农村（元）	城镇（元）	城乡比率	农村（元）	城镇（元）	城乡比率
2013	1.93	13220.4	18487.5	2.47	18310.8	26467.0	2.81
2014	1.91	14491.4	19968.1	2.38	20167.1	28843.9	2.75
2015	1.87	15712.4	21392.4	2.32	21966.2	31194.8	2.73
2016	1.85	17110.7	23078.9	2.28	23821.0	33616.2	2.72
2017	1.83	18322.1	24445.0	2.23	25973.8	36396.2	2.71
2018	1.72	19853.1	26112.3	2.15	28228.0	39250.8	2.69
2019	1.67	21558.9	28063.4	2.11	30732.8	42358.8	2.64

资料来源：2014~2020年《中国统计年鉴》、2019~2020年《中国住户调查年鉴》。

（三）城乡居民人均食品消费支出结构性变动趋于收敛

无论是城镇居民，还是农村居民，恩格尔系数和食品消费支出在全部消费支出中所占比重的一致性都呈现出下降趋势，但不同年份下降幅度存在一定差异，而饮食服务支出占消费支出的比重总体上呈现不断上升趋势。一般地，将城镇居民和农村居民食品消费支出结构性变化的一致性称为居民食品消费的收敛。根据食物消费理论，不仅是中国的城镇居民或者农村居民，而且其他国家居民，随着收入增加（无论其食物消费偏好差异或者地域差异等），食物消费支出结构性变化都具有收敛性。

恩格尔系数下降是反映居民食品消费升级的一个重要指标。2013~2019 年，

城镇居民家庭恩格尔系数从 30.1% 下降到 27.6%（见表3），累计下降 2.5 个
百分点；农村居民家庭恩格尔系数从 34.1% 下降到 30.0%，累计下降 4.1 个
百分点。农村居民与城镇居民相比，2013~2019 年，农村居民家庭恩格尔系
数下降幅度更大，这从一个侧面反映农村居民在这一期间食物消费升级步伐
相对更快。

表3　城乡居民食品消费支出结构

单位：%

年份	恩格尔系数		食品消费支出占消费支出的比重		饮食服务支出占消费支出的比重	
	城镇	农村	城镇	农村	城镇	农村
2013	30.1	34.1	20.9	26.8	6.0	2.4
2014	30.0	33.6	20.9	26.0	5.9	2.5
2015	29.7	33.0	20.4	25.3	6.1	2.7
2016	29.3	32.2	20.1	24.8	6.1	2.6
2017	28.6	31.2	19.3	23.6	6.3	2.8
2018	27.7	30.1	17.7	22.2	7.0	3.3
2019	27.6	30.0	17.2	21.6	7.5	3.7

资料来源：2014~2020年《中国统计年鉴》、2019~2020年《中国住户调查年鉴》。

比较而言，2013~2018 年，受食品消费价格涨幅相对较小等因素影响，城
镇居民和农村居民恩格尔系数下降幅度较大，而 2019 年因食品消费价格上
涨幅度较大，城镇居民和农村居民恩格尔系数下降幅度较前几年明显偏小。
2013~2018 年，城镇居民和农村居民食品消费价格同比上涨率都在 5% 以内，
这一期间，城镇居民家庭恩格尔系数年度下降幅度为 0.1~0.9 个百分点，农村
居民家庭恩格尔系数年度下降幅度为 0.5~1.1 个百分点。2019 年，城镇居民和
农村居民食品消费价格分别较上年上涨 8.8% 和 10.3%，结果是城镇居民与农
村居民家庭恩格尔系数较上年均下降 0.1 个百分点。

城乡居民食品烟酒中，食品消费支出所占比重大。无论是城镇居民
还是农村居民，随着收入增长，其食品消费支出所占比重整体上呈现出

下降态势。2013~2019 年，城镇居民人均食品消费支出占消费支出的比重由 20.9% 下降到 17.2%，累计下降 3.7 个百分点，年均下降约 0.5 个百分点；农村居民人均食品消费支出占消费支出的比重由 26.8% 下降到 21.6%，累计下降 5.2 个百分点，年均下降约 0.7 个百分点。进入新时代，一方面，农村居民人均食品消费支出所占比重仍然明显高于城镇居民；另一方面，农村居民人均食品消费支出所占比重下降幅度比城镇居民更大。

与城乡居民家庭恩格尔系数和食品消费支出所占比重呈现下降趋势不同，城镇居民和农村居民饮食服务支出所占比重整体上呈现上升趋势。2013~2019 年，城镇居民人均饮食服务支出在全部消费支出中所占比重由 6.0% 上升到 7.5%，累计上升 1.5 个百分点，年均上升 0.2 个百分点；农村居民人均饮食服务支出在全部消费支出中所占比重由 2.4% 上升到 3.7%，累计上升 1.3 个百分点，年均上升约 0.2 个百分点。进入新时代，农村居民人均饮食服务支出所占比重呈现上升趋势。但是，一方面农村居民人均饮食服务支出所占比重低于城镇居民，另一方面更为重要的特征是，农村居民人均饮食服务支出增加的速度仍然低于城镇居民，这从一个侧面表明农村居民食物消费升级所处阶段与城镇居民不同，农村居民人均饮食服务支出并没有进入加快缩小阶段。

（四）城乡居民人均粮食和肉类消费量差异不断缩小

居民食物消费升级，不仅表现在通过货币反映的人均食品消费支出上，而且也反映在人均对食品的消费量变化上。能够反映居民食物消费升级和生活水平提高的两个代表性指标分别是居民人均粮食消费量和肉类消费量。随着经济发展，居民生活水平提高，居民人均粮食消费量一般都会经历从递增到递减的变化过程，直到饱和区间，而居民人均肉类消费量一般都呈现不断增加态势，直到饱和区间。无论是居民人均粮食消费量还是人均肉类消费量，当进入饱和区间，就会基本稳定，即经济发展和收入增长对居民人均粮食和肉类消费量影响趋于零。

根据国家统计局制定的 2013 年住户调查新口径，居民消费的粮食包括谷物、薯类和豆类，与粮食产量口径一致；居民消费的肉类专指畜肉类，主要包括猪肉，还包括牛肉和羊肉，不包括禽肉。2013~2020 年，随着居民收入增长，无论是城镇居民还是农村居民，人均粮食消费量都趋于减少，而人均肉类消费量都不断增加。

考虑到居民人均消费的粮食主要是谷物，且居民人均消费的薯类和豆类数量年际变化不明显，因此这里选择居民人均谷物消费量来观察其长期变化趋势。2013~2019 年，我国城镇居民人均谷物消费量由 110.6 公斤下降到98.5 公斤，累计下降 10.9%；农村居民人均谷物消费量由 169.8 公斤下降到142.6 公斤，累计下降 16.0%。2020 年，估计受猪肉价格过度上涨影响，出现人均猪肉消费量减少而人均谷物消费增加的情形。2020 年，城镇居民人均谷物消费量为 107.3 公斤，同比增加 8.8 公斤，但这一年的城镇居民人均谷物消费绝对量比 2013 年仍然低 3.3 公斤；农村居民人均谷物消费量为 155.0公斤，同比增加 12.4 公斤，但这一年的农村居民人均谷物消费量比 2013 年仍然低 14.8 公斤，表明城镇居民和农村居民人均谷物消费量在受经济发展长期影响的同时还受特定食品价格等短期影响，但人均谷物消费量趋于下降的态势不会改变。

与人均谷物消费量变化趋势不同，无论是城镇居民还是农村居民，人均畜肉（统计上为肉类）和禽肉（统计上为禽类）消费量都呈现增加态势。2013~2016 年，城镇居民人均畜肉和禽肉消费量由 36.6 公斤增加到 39.2 公斤，累计增加 2.6 公斤；2017 年，城镇居民人均畜肉和禽肉消费量同比略有下降，减少 0.3 公斤，为 38.9 公斤，主要原因估计与 2016~2017 年肉类价格出现明显波动有关。同样的原因，2019 年和 2020 年城镇居民人均畜肉和禽肉消费量较 2018 年均有所减少。尽管如此，仍然没有改变 2013~2020 年城镇居民人均畜肉和禽肉消费量增加的趋势。2020 年，城镇居民人均畜肉和禽肉消费量为40.4 公斤，比 2013 年增加 3.8 公斤。

表4　城乡居民人均谷物与畜肉和禽类消费量比较

单位：公斤

年份	人均谷物消费量		人均畜肉和禽肉消费量		人均畜肉消费量	
	城镇	农村	城镇	农村	城镇	农村
2013	110.6	169.8	36.6	28.6	28.5	22.4
2014	106.5	159.1	37.5	29.2	28.4	22.5
2015	101.6	150.2	38.3	30.2	28.9	23.1
2016	100.5	147.1	39.2	30.6	29.0	22.7
2017	98.6	144.8	38.9	31.5	29.2	23.6
2018	98.8	137.9	41.0	35.5	31.2	27.5
2019	98.5	142.6	40.1	34.7	28.7	24.7
2020	107.3	155.0	40.4	33.8	27.4	21.4

注：本表中畜肉对应国家统计局口径的肉类，禽肉对应国家统计局口径的禽类。
资料来源：2021年《中国统计年鉴》、2019~2020年《中国住户调查年鉴》。

农村居民人均畜肉和禽肉消费量变化趋势与城镇居民大致一致，仅仅是个别年份有所差异。2013~2018年，农村居民人均畜肉和禽肉消费量是逐年增加的，由28.6公斤增加到35.5公斤，累计增加6.9公斤。2019年和2020年农村居民人均畜肉和禽肉消费量分别为34.7公斤和33.8公斤，原因是猪肉价格大幅上涨等。尽管如此，2020年农村居民人均畜肉和禽肉消费量仍然比2013年增加了5.2公斤。

从以猪肉为主的人均畜肉消费量来观察，更易发现城镇居民和农村居民人均畜肉消费量长期受收入增长影响而短期受价格波动影响的特点。2013~2018年，城镇居民人均畜肉消费量由28.5公斤增加到31.2公斤，累计增加2.7公斤；农村居民人均畜肉消费量由22.4公斤增加到27.5公斤，累计增加5.1公斤。其中，个别年份城镇居民或者农村居民人均畜肉消费量同比出现减少，这与价格波动有一定关系。2019年和2020年，受非洲猪瘟疫情等影响，猪肉市场价格剧烈上涨，导致城镇居民和农村居民人均畜肉消费量明显减少。

（五）城乡居民粮食肉类消费此长彼消关系与经济发展水平无关

中国城乡居民食品消费（包括食品消费结构）与经济发展水平之间是什么关系？是否存在经济发展水平对居民食品消费影响程度不断降低且越来越不显著的现象？下面根据国家统计局发布的分省份居民人均粮食肉类消费量数据来计算粮食消费比，并将其与经济发展水平和居民食品消费价格指数进行回归，观察居民食品消费与经济发展水平之间的统计现象。

将某省份的居民粮食肉类消费比率表示为 F_i，i 代表省份，G_i 表示 i 省份的人均地区生产总值水平，P_i 表示 i 省份的居民食品消费价格指数或者居民特定食品消费价格指数。

假定 t 年份的居民粮食肉类消费比率指标（F_i）受经济发展水平（G_i）和居民或者特定食品消费价格指数（P_i）影响：

$$F_i^t = \beta_0 + \beta_1 \ln G_i^t + \beta_2 \ln P_i^t$$

分别按年计算 2015~2020 年 31 个省份居民的人均粮食消费量与人均肉类消费量比率（以居民人均肉类消费量为 1，简称为"人均粮食肉类消费比"）的算术平均数、人均粮食肉类消费比的标准差，并以人均粮食肉类消费比为被解释变量，以当年价格计算的人均地区生产总值、粮食消费价格指数（上年 =100）和畜肉消费价格指数（上年 =100）为解释变量，进行多元回归，结果如表 5 所示。

表5　分省份人均消费粮食肉类比率的回归系数及其检验值概率情况

年份	算术平均数	标准差	相关系数（F概率）	β_0（t概率）	β_1（t概率）	β_2（t概率）	β_3（t概率）
2015	5.66	1.82	0.61（0.00）	−153.10（0.54）	−1.97（0.01）	65.05（0.23）	−26.02（0.02）
2016	5.59	1.88	0.54（0.03）	311.30（0.08）	−2.52（0.00）	−46.63（0.15）	−13.48（0.19）

续表

年份	算术平均数	标准差	相关系数（F概率）	β_0（t概率）	β_1（t概率）	β_2（t概率）	β_3（t概率）
2017	5.47	1.96	0.52（0.03）	−539.09（0.21）	−2.56（0.00）	69.75（0.21）	9.13（0.41）
2018	4.84	1.62	0.45（0.11）	93.81（0.57）	−1.75（0.03）	−24.89（0.47）	9.86（0.22）
2019	5.28	1.60	0.50（0.05）	−26.45（0.89）	−1.91（0.01）	12.86（0.73）	−1.33（0.80）
2020	6.04	1.80	0.56（0.02）	−11.47（0.94）	−2.67（0.00）	12.92（0.70）	−2.56（0.63）

资料来源：2016~2021年《中国统计年鉴》。

观察表5，不难发现：随着各省份经济发展，居民人均粮食肉类消费比总体上呈现先下降再上升的过程，而且居民人均粮食肉类消费比的标准差大体上呈现缩小态势；各省份的人均粮食肉类消费比可以在一定程度上稳定地由人均地区生产总值来解释，且经济发展水平提高对居民人均粮食肉类消费比的影响明显，在统计上具有1%和5%的显著意义，但是不同年份的经济发展水平对居民人均粮食肉类消费比的影响程度并没有呈现一致性变化趋势。这可能表明，在居民食品消费价格普遍稳定的情况下，经济发展会带来各地居民人均粮食肉类消费比的下降；中国居民食品消费结构也呈现加快升级态势。按照居民食物消费升级的一般规律，可以预见中国经济发展最终会带来居民食品消费结构的收敛与饱和。

居民人均粮食肉类消费比不断下降的同时，其标准差的变化方向出现差异，意味着各地居民人均粮食肉类消费比尚未呈现收敛态势，这与其他反映居民食物消费升级的指标存在差异。按算术平均数计算，31个省份居民人均粮食肉类消费比由2015年的5.66下降到2018年的4.84，这一期间居民人均粮食肉类消费比标准差异变化不是很大，为1.62~1.96，既不是一致性的上升，也不是一致性的下降。

2019年和2020年，主要受猪肉消费价格上涨幅度较大影响，31个省份居民人均粮食肉类消费比的算术平均数不降反升，分别为5.28和6.04；分省份居民人均粮食肉类消费比的标准差分别为1.60和1.80，呈现为基本稳定的态势。这表明随着各地经济发展，居民食品消费结构没有呈现收敛性。

相比居民人均粮食消费量和人均肉类消费量的收敛性来说，现阶段中国居民的人均食品消费结构收敛具有滞后性。

经济发展水平、粮食消费价格指数和畜肉消费价格指数与居民人均粮食肉类消费比之间的相关系数及其F检验值的概率值表明，各地居民人均粮食肉类消费比可以稳定地由经济发展水平和粮食及畜肉消费价格指数来部分地解释。各地居民人均粮食肉类消费比与地区生产总值水平和粮食及畜肉消费价格指数的相关系数为0.45~0.61，相对比较稳定，且统计上基本具有1%或者5%的显著意义，只有2018年例外。2018年，各省份居民人均粮食肉类消费比与经济发展水平和粮食及畜肉消费价格指数的相关系数为0.45，相对较低，且统计上显著意义不明显。这一结果表明，分省份的居民人均粮食肉类消费比除受经济发展水平和粮食及畜肉消费价格指数波动影响外，还受到其他因素影响，但是，不同年份居民人均粮食肉类消费比受人均地区生产总值和粮食及畜肉消费价格指数的影响总体上相对稳定。

观察分省份居民人均粮食肉类消费比与人均地区生产总值之间的回归系数及其t检验值的概率值，不难发现居民人均粮食肉类消费比的变化与人均地区生产总值的变化之间呈负向关系，且总体上二者关系大体稳定。2015年、2018年和2019年，居民人均粮食肉类消费比与人均地区生产总值之间的回归系数分别为−1.97、−1.75和−1.91，普遍大于−2，统计上显著水平1%或者5%，表明居民人均粮食肉类消费比的下降幅度受经济发展水平影响较明显且稳定。2016年、2017年和2020年，居民人均粮食肉类消费比与人均地区生产总值之间的回归系数分别为−2.52、−2.56和−2.67，统计上显著水平都是1%，与其他年份相比，表明人均粮食肉类消费比的变动幅度受经济发展水平的影响减弱，这可能与猪肉消费波动幅度较大有关。

综合来看，中国居民人均粮食肉类消费比随着人均地区生产总值的增加而下降，且经济发展水平越高，将更加稳定地导致居民人均粮食肉类消费比的下降。居民食物消费升级也包含居民食品消费结构升级，居民食物消费结构升级受经济发展水平的影响似乎相对稳定。考虑到现阶段居民人均粮食消费量受经济发展水平明显影响而居民人均肉类消费量则不明显地受到经济发展水平影响，大致可以判断：居民食品消费结构的饱和状态可能先于特定食品人均消费量的饱和状态出现。但是，居民家庭恩格尔系数的饱和状态的收敛性可能更加明显，而居民人均不同食品消费比的饱和状态的收敛性相对不明显，这可能与各地居民食品消费习惯存在较大差异有关。

三 居民食物消费升级对保障国家粮食安全提出的新要求

中国居民食物消费升级到最后阶段，居民对不同食物及其结构的人均消费量将趋于稳定，这对中国保障居民食物消费和端牢中国人饭碗创造了新途径。长期以来，中国保障粮食安全着重从生产端施策，成效有目共睹，但始终无法解决过度波动难题，时多时少反复出现。前几年粮食要去库存，近年粮食供求又转向偏紧。2020年猪肉供求严重偏紧，而2021年猪肉出现阶段性过剩。政策上从消费环节保障了中国居民食物消费，有助于解决盲目生产难题，提高公共支出效能。

人们食物消费升级，表现在不断更新的饮食观念和食物消费行为的文明进步上。从"有什么吃什么"到"想吃什么就吃什么"，再到"怎么吃得健康就吃什么"，反映了粮食供给能力和保障水平在不同阶段的演进。在眼前粮食供给总量问题尚未完全解决之前，供给结构问题较难成为主要矛盾，现粮食供给阶段只能解决人们的温饱问题。脱贫攻坚全面胜利，小康社会全面建成，标志着中国从根本上解决了温饱问题。尽管温饱问题不太可能成为全面建设社会主义现代化新征程上的突出问题，但确保任何人不发生温饱问题是中国粮食安全的底线。

要高度重视公共政策在消费领域对特殊群体和脆弱群体粮食安全的保障。由重生产领域兼顾流通领域向生产、流通和消费领域并重转变。在居民食物消费趋于饱和的状态下，人均主要食物消费量基本稳定。考虑到公共政策要确保零饥饿和全民健康营养，应直接通过政府采购，将基本食物提供给特殊群体和脆弱群体，一方面，实现全面小康社会中不愁吃的目标；另一方面，有助于粮食等主要农产品的生产稳定和结构优化。否则，粮食等市场价格剧烈波动问题较难找到有效的解决途径，时而伤害生产者时而伤害特殊群体和脆弱群体的粮食安全困境较难被突破。粮食等主要农产品供求关系紧张的时候，市场价格过度上涨，财政对粮食等支持力度加大，可能引发新一轮的粮食等生产能力阶段性过剩，再次出现价格过度下跌和低迷，挫伤粮食等生产者的积极性。当粮食等出现阶段性过剩，政策上又可能出现结构调整，结果又会引发另一周期的市场供求关系紧张和价格暴涨，带来新的粮食安全风险。整合最低生活保障，甚至将农民特殊群体和社会其他脆弱群体的养老保障等考虑在内，从流通流域由财政提供健康营养食物，是中国经济发展到一定阶段后和居民食物消费升级接近饱和后保障粮食安全的新理念新举措，是经济成本较低和社会效益极其明显的有效政策。

要加快立法，将现有的农业法、农产品质量安全法、食品安全法相关内容与正在制定的粮食安全保障法，整合成食物安全保障法。要大力发展现代农业生产，增加食物进口来源，为居民提供种类更加丰富和营养更加均衡以及有害物质不超限的食物。要探索出台新的食物安全保障政策措施，为特殊群体、脆弱群体和需要帮扶个体购买食物提供支付支持和营养配给支持。要加强科技创新，加强食物营养和安全系统化研究，更新或者提出国民食物营养和安全指南，按照指南编制农业及食物生产规划，优化配置农业资源，合理布局农业生产。

要满足所有居民基本营养和健康且有活力的生活的合理结构的食物需要。从保障对象来看，要保障所有居民，这是全面小康社会的基本标志，不可或缺。从保障的食物来看，要由以稻米和麦面为主向可提供基本营养和健康生活的食物转变。从保障的途径来看，绝大多数居民通过市场力量来满足自身的食物需要，少数居民需要通过政府扶助和救助等方式满足基本营养和健康生活的食物需要。

实施藏粮于地战略，必须坚持最严格的耕地保护制度，强化耕地数量保护。严守18亿亩耕地红线，遏制耕地"非农化"、防止"非粮化"。严守耕地总量不减少，农地农用相关法律法规执法力度只能加强而不能削弱，粮食安全党政同责考核只能强化和完善而不能"走过场"和搞形式主义。除此之外，还必须从占用耕地的源头上加强控制和疏导。为了从长效机制上守住耕地红线，应界定好城镇建设用地边界，不能无限扩张，约束住城镇政府用地需求；为了满足农业农村发展合理的用地需求，要在深化农村集体建设用地制度改革上做足文章，盘活农村土地资源，适度满足农民用地需求。严管和疏导有机结合，从根本上杜绝大棚房和在耕地上建房等事件反复出现。

藏粮于技，关键要提高农业科技和物质装备现代化水平。做好种质资源普查工作，建设多层次多元化种子库体系，夯实国家级种子库在种质资源保护和利用中的基础地位。加强良种技术攻关和种源"卡脖子"技术联合攻关，有序推进生物育种产业化应用。强化高端智能、丘陵山区农机装备研发创新，促进农业物质装备制造升级。持续推进农业绿色转型发展，支持研发推广高效肥料和药物，促进化肥农药减量化施用的同时提高农业质量效益和竞争力。

中美经贸摩擦，中国对进口美国大豆进行反制，对国内影响不明显，而对美国影响则十分明显，为中国在解决经贸摩擦谈判增添了"砝码"，积极意义将不断显现。展望未来，虽然中美双方签订了第一阶段协议，中美经贸摩擦有望缓解，中国将会大幅度扩大美国农产品进口，但是2018年发生的中美经贸摩擦再次警示：确保国内产能的同时必须增加进口来源。受到资源条件等限制，也是为了适应中美经贸关系大局，中国在特定阶段大幅度扩大美国农产品进口是必须的。但是，千万不能过度依赖少数国家来保障中国人的饭碗。大豆等农产品进口来源多元化，有助于分散风险，更好地保障国家粮食安全和食物安全。

论粮食安全的风险与底线

胡冰川 *

摘　要：粮食安全底线更倾向于生理概念，而粮食安全风险则更倾向于利益概念。粮食安全属于现代概念，其演变反映了社会的发展进步。对粮食安全风险的识别应从食物消费属性出发，明确其内在演化机制。对于农业生产发展对粮食安全产生的影响，需要理性看待。当前条件下，应对粮食安全风险，确保现有粮食库存保持在必要水平是行之有效的底线。

关键词：粮食安全　食物消费　安全风险　政策底线

2022 年中央"一号文件"提出"牢牢守住保障国家粮食安全和不发生规模性返贫两条底线"，从全局工作来看，粮食安全需要的是底线思维。与此同时，从决策和社会关注来看，粮食安全往往需要的是风险思维。关于粮食安全的风险与底线，实际是两个层面的问题。显然，粮食安全底线更倾向于生理概念，而粮食安全风险则更倾向于利益概念，对此需要进行识别和解释。正因为如此，

---

*　胡冰川，中国社会科学院农村发展研究所研究员，主要研究方向为农产品市场与贸易。

本文从三个方面来进行讨论：一是粮食安全的概念和范围，二是粮食安全的风险与底线的认知差异，三是中国粮食安全的现状及未来发展。本文并非对文本概念进行考据，而是对一段时期以来关于粮食安全的社会讨论进行必要回应。

一　粮食安全的基本认识

长期以来，关于粮食安全的国际共识与国内认识是不同的。粮食安全在国际上的概念意指人们所摄取食物与营养的可获得性，由于国际国内面临的环境不同，粮食在中国的概念往往被特定为谷物，其安全概念在很大程度上特指储备水平。因此，粮食安全在中国的概念特指谷物库存，这既有复杂的历史背景也有特定的技术因素。[①] 就概念来看，在当前条件下已经得到了完善，尽管谷物库存仍然是粮食安全的重要指标，但是粮食安全的内容得到了更多的充实。习近平总书记在 2022 年 3 月 6 日参加政协农业界、社会福利和社会保障界委员联组会时指出"要树立大食物观"。其实，在 2017 年中央农村工作会议时，习近平总书记就指出，"老百姓的食物需求更加多样化了，这就要求我们转变观念，树立大农业观、大食物观，向耕地草原森林海洋、向植物动物微生物要热量、要蛋白，全方位多途径开发食物资源"。

在当前条件下，国际国内的粮食安全概念具备一致性，而这种一致性显然是现代概念，其基于食物营养水平（或者可见预期）在一定程度上可以满足人类发展需要，或者人类改造自然能力达到一定水平。按照人类生理需求来看，大致包括三个阶段。

第一阶段从人类诞生到新大陆发现，这一时期人类食物营养摄入增长十分有限，食物营养只能满足基本生理代谢和代际繁衍需要。任何农业技术发展与资源扩展带来的收获增长最终都会被人口增长所吸收。布罗代尔认为"无论何时何地，不限于十五至十八世纪那个时期，每当人口增长超过一定的水平，

---

① 厉为民：《世界粮食安全储备》，《世界农业》1986 年第 10 期；钟甫宁：《稳定的政策和统一的市场对我国粮食安全的影响》，《中国农村经济》1995 年第 7 期。

人们就势必更加地依赖植物"。在这一阶段，尽管贸易能够在一定的时空范围内起到平衡作用，但是这种平衡作用并不能改变人与自然之间的紧张关系。马尔萨斯的《人口论》中讨论的正是这种关系。

第二阶段从新大陆发现到人类绿色革命时期，高产作物的引种大幅度地提高了食物产出水平，叠加人类工业化进程，使得先进国家摆脱了食物约束。结果是不仅人口数量大幅增长，人类健康状况也大为改善。能够观察到的是，16~18 世纪英格兰平均预期寿命为 33~40 岁，到 1950 年全球平均预期寿命已经达到 45.7~48 岁。[1] 这一时期，食物获取越来越表现为财富创造和分配，收入水平越高的国家，其食物供应越丰富、人们健康状况越好，这一现象也被描绘成 Preston 曲线。[2] 这一阶段，不仅是农业生产出现了巨大进步，贸易也带来了全球产销分工，进一步促进了农业产出的增长。

第三阶段是人类绿色革命时期至今，随着农业产出水平的快速提高，发达国家的食物营养已经出现了相对过剩，由此也带来了一系列健康问题，大致可以判断的是：现阶段发达国家的食物营养已经达到甚至突破了人类生理需求。这一现象反映出人类在食物营养方面具备完全超越自然约束的能力。也正是因为如此，在 1974 年世界粮食大会上，出现了对"粮食安全"的定义，"在任何时候都能获得充足、营养丰富、多样化、平衡和适度的世界基本粮食供应"。此后，这一概念被多次修改，但都立足于食物生产能力的大幅度提升，其潜台词是人类已经在能力上可以实现零饥饿目标，而目标达成则依赖财富创造与分配。

可以简单概括，粮食安全是一个现代概念，概念的生成反映了人类发展的进步。透过人类历史，现有粮食安全概念，其实质包含两个要素：一是农业生产，二是社会财富创造。在现代社会，这两个要素共同构建了粮食安全的必

---

[1] Galor, O. and Moav, O., "Natural Selection and the Evolution of Life Expectancy," Minerva Center for Economic Growth Paper, 2005: 2-5.

[2] Preston, S. H., "The Changing Relation between Mortality and Level of Economic Development," Population studies, 1975, 29(2): 231-248.

要条件，从实践来看，美国、巴西、澳大利亚等农业禀赋丰富的国家，其粮食安全来自农业生产；而日本、韩国、新加坡等国家的粮食安全则来自当地社会的财富创造。相反，当前仍然面临粮食安全问题的国家不仅无法获得足够的食物营养，同时也不具备社会财富的创造能力。毫无疑问，粮食安全状况改善是人类社会发展的结果，之所以在现阶段成为目标，源于这一目标的可及性。

二 粮食安全的风险特征

在经济学概念上，风险和不确定性是存在明确区分的，判断标准在于是否存在明确概率。[①] 从粮食安全风险成因来看，暂时不必对风险和不确定性进行深入讨论，为了简化问题，不妨按照主体特征进行二分法，可以将粮食安全风险划分为"非人为"和"人为"因素。这两种因素在现实中有太多案例，因此并不难理解，在此需要指出的是粮食安全风险并非单边的，而是双边的，即粮食和农产品增产同样也会导致未来的状态"劣化"，否则仅凭农作物减产和贸易条件恶化作为判断标准是十分武断的。不仅如此，关于粮食援助的悖论问题也需要置于粮食安全风险框架下进行讨论。

即使在现代社会，也很难对粮食安全进行绝对化的定义，而作为粮食安全风险的概念，在本质上属于比较的结果，不妨理解为：一切可以引起现有粮食安全状况"劣化"的可能性。对于"劣化"的衡量，主要存在于社会经济领域，可以直接采用福利效应进行测度。基于此，从现代社会来看，粮食安全风险作为概念，多数时候可以庸俗化为可能的经济损失。当然，其间接影响会波及社会生活其他领域。例如，非洲猪瘟疫情导致生猪存栏量大幅下降，猪肉价格大幅提高，全社会福利出现大量损失[②]，进而引发社会对公共政策（包括环

---

① Knight, F. H., "Risk, Uncertainty and Profit," Houghton Mifflin, 1921.

② 朱增勇、李梦希、孟君丽：《非洲猪瘟对中国生猪市场和产业发展影响的研究》，《价格理论与实践》2019 年第 7 期。

保"一刀切")的批评。再如，新冠肺炎疫情以来，根据联合国粮农组织估计，全球因食物短缺导致的饥饿人口将增加 1 亿人，这对人类总福利带来极大损失，除此之外，也引发了对现有国际食物系统的讨论。[①]

粮食安全风险从概念层面比较容易理解，如果笼统地解释为"经济损失的可能性"，则没有实际意义。为此，有必要从粮食安全风险的概念出发，进行细致刻画，从而形成对概念的识别，从实际需要出发，大致包括以下几个方面：一是粮食消费属性，二是粮食安全风险的阈值区间，三是粮食安全风险的识别条件。

（一）粮食消费属性

从消费理论出发，为了更好地获得商品弹性估计，在实证计算中经常对商品效用进行区分。[②]遵循这一思路，人类食物消费总量可以包含两个部分：一是满足基础代谢所必需的营养，这部分消费是绝对的，或者说完全刚性消费部分；另一部分是超出必需营养的这一部分，属于弹性消费部分。至于满足人类基础代谢对应的食物需求，更多的是生理和健康问题，但是从人类绿色革命以来，大体可以认为这部分需求是基本得到满足的，毕竟人类预期寿命和健康状况都在大幅度提高；现在的问题在于，超出必需营养的弹性消费部分是否真实存在，如果真实存在，那么和刚性消费部分是什么关系？

上述食物营养是一个总和的抽象概念，如果对应到具体食物消费当中，从各国食物消费发展来看，都经历了从植物性食物到动物性食物的升级、从一元消费向多元消费的升级。在食物总体概念里将消费人为划分为必要消费和非必要消费可以在现实中找到对应，即植物性食物，特别是大田种植的作物都属

① Udmale, P., Pal, I., Szabo, S., Pramanik, M. and Large, A., "Global Food Security in the Context of COVID-19: A Scenario-based Exploratory Analysis," *Progress in Disaster Science*, 2020 (7): 100120.

② Cranfield, J., Hertel, T. and Preckel, P., "A Modified, Implicit, Directly Additive Demand System," *Applied Economics*, 2005 (42): 143-155;Rimmer, M. and Powell, A., "An Implicitly Directly Additive Demand System: Estimates for Australia," 1992.

于必要消费，因为这类商品在市场交易中始终显示出明显的价格刚性；而水产、水果等高经济价值农产品对于多数国家显示出较强的价格弹性。这就意味着，食物价格弹性本身是价格的函数，即价格越高的食物，其弹性就越强。食物需求的可分性表现为品种的可分性。

再进一步地，如果说大田作物都属于必要消费，产出主要满足刚性消费，那么也是不充分的。同样地，对大田作物产出（如谷物）而言，仍然存在必要消费弹性，这个弹性是通过间接方式产生的。一种是食物之间相互替代的交叉弹性，另一种则来自食物链的转化，显然肉类弹性高于谷物，当肉类价格变化对需求产生影响时，会对饲料产生间接影响，又会通过生产传导到口粮，所以对于谷物产出来说，可以认为其整体属性是刚性产品，但是仍然具备一定的弹性空间。为了便于理解，仍然沿袭食物消费的可分性，在直观上不妨认为谷物有90%是刚性消费[①]，有10%是弹性消费；同理可知，水产有10%是刚性消费，而90%是弹性消费。

对于食物消费属性来说，尽管需求可分性是通过品种可分性来实现的，但是在具体品种上的表现并不是绝对的，谷物需求仍然可以存在一定的弹性，而高价值食物也可以存在一定的刚性。

（二）食物消费的阈值区间

如果食物消费属性是既定的，那么在单位价格条件下，消费量就是既定的，只要生产力允许，经过市场的简单博弈，产出必然与消费量相等从而实现平衡，此时食物消费总量只是一个"点"。显然，在食物消费具备可分性的条件下，在单位价格条件下，消费势必存在上界和下界，即食物消费的阈值区间。从自然属性来看，对于特定食物而言，其下界取决于基础代谢对应的必要需求，上界取决于生理代谢能力，这个区间实际上非常宽广，而且度量尺度属

[①] 仅仅是列举，下同，没有特定含义；具体的消费属性需要研究，至于刚性消费多少、弹性消费多少，也可以从消费人群的比例入手。一个基本事实是，当收入水平相对食物价格越高，食物自身的刚性越大，反之亦然。

于生理学范畴。我们需要讨论的是人类社会在经济条件下的食物消费的阈值区间，这个区间显然比生理区间要小得多，因为涉及食物生产和供给以及市场出清。

考虑在一个封闭经济体系内部，食物供给的唯一来源是食物生产，并且①生产力水平不构成食物消费的约束，即产出弹性是充分的[①]；②产出与消费的平衡依赖市场交换机制。在这种条件下，食物市场（食物消费）的上下界范围取决于食物消费刚性与弹性。当食物消费属性越偏向于刚性时，其上下界越狭窄；当食物消费属性越偏向于弹性时，其上下界就越宽。

之所以如此，对于生产者而言，其产出对应的消费刚性越强，则受到的约束越强，"谷贱伤农"就是这个道理。显然，当消费刚性部分都得到满足时，额外的任何产出增加都会导致亏损，市场出清将止步于消费刚性部分的满足；同样地，从生产者来说，在多次博弈之后，产出注定不会低于消费下界，毕竟任意低于消费下界的产出都将导致价格暴涨和超额利润，进而使得新的生产被释放，从而平衡缺口。因此，刚性食物消费的数量上下界将会在一个十分狭窄的区间，在理论层面应该是无限趋近于消费上限的区间。

同时，对于生产者而言，其产出所对应的消费弹性越强，市场出清的数量下限就越低[②]，毕竟任意数量都可以容易获得对应的市场出清[③]。基于此，可以判断的是：对于消费属性偏向刚性的食物而言，如谷物，其消费区间的上限为刚性满足部分，而下限则距离上限很近，下限范围则取决于消费弹性的大小。在直观上，可以例证的是，谷物消费区间存在于一个狭小的数量范围内；相对地，对水产品而言，其消费区间可以在一个非常宽广的数量范围内。

从事实来看，1998~2003 年，中国人均粮食产量从 412.5 公斤下降到 334.3 公斤，下降了 19%，从而导致 2003 年国内粮食价格暴涨，由此可以大体推断出粮食消费数量的上下限区间范围。相对而言，1978 年以来，人均水果产量

---

① 关于产出弹性和刚性问题，本文不讨论。
② 本质上是弹性越大，市场出清的下限越低、上限越高，即市场出清的区间范围越大。
③ 并非因产出不足而强制出清。

从6.9公斤增长到200公斤，显示出非常宽广的消费空间。因此，从食物来看，其消费属性越偏向于刚性，则通过市场出清的数量上下界范围越窄，而消费属性越趋向于弹性，则市场出清的上下界范围就越宽。进一步地，由于不同食物在属性上的可分性，即便是刚性食物也具备一定的弹性，这就使得这一类食物在消费上限数量的狭窄区间内变化。因此，从社会认识的粮食安全风险正是源于这种狭窄的变化区间。能够看到，在各国粮食政策的实际操作层面，其决策变化的区间也是非常狭小的，例如在2020年新冠肺炎疫情初期，相当数量的国家启动了粮食出口管制政策，但是很快又全部放开。

三　粮食安全的风险识别

仍然从理想条件出发，就粮食安全风险来看，其数量在上下界区间范围内波动应当是可以容忍的，或者说是无须"人为"干预的，即"合理区间"。即便是干预，也是在超出合理区间范围以外才予以实施的一切手段，换而言之，合理区间以外即"风险区间"。当前的问题在于，在现实中如何确定粮食安全的风险区间，即阈值定义，这也是一个具体问题。从实践出发，在一个时空范围内具体设定数量阈值，特别是供给（产量、库存等）下界，早已是通行的做法；不仅如此，在主要发达国家的农业支持政策中，也包含了一定数量的去产能补贴，如休耕补贴等，这实际上也是对产出上界进行一定的干预。尽管实践与理论存在一定差异，但是在方向上是大体吻合的。

为了更好地识别合理区间与风险区间，仍然从现实问题入手，可以讨论的内容在于：在人类社会的自然演化背景下，粮食安全与粮食不安全之间是否存在内在关系。纵观人类发展历程，整体趋势是从粮食不安全走向粮食安全，现在的问题在于，这一过程会否逆转，或者说发展是否存在反噬效应，即从粮食安全走向粮食不安全是否具有一般性？最近几年以来，无论是非洲猪瘟、新冠肺炎疫情还是俄乌局势变化，都使得人类对粮食安全风险敏感程度大幅度提高，但是从社会科学研究来看，讨论超过人类能力范围的短期冲击更多的价值在于提供应对策略，并不具有粮食安全风险的一般意义，除非人类长期处于这种情景之下，正如人类绿色革命之前的发展实践。

从一般性来看，当今存在两个特征性事实：一是农业经营方式的变化，二是农业生产结构的调整。不仅在中国，也是在世界范围内正在发生的：相当数量的农业生产资源快速集中，农业生产大规模化和超大规模化，中小农业生产者（包括传统小农）正在快速地退出农业生产；与此同时，农业产出结构不断优化，单位资源的农业产出价值越来越高，例如蔬菜、水果、花卉等经济作物对传统大田作物的替代作用。正因为如此，也引发了诸多的关注，尤其是对粮食安全带来的潜在威胁，成为争议和批评的焦点。

关于农业生产规模和经营方式与粮食安全的问题，之前的研究已经有了解释，即在粮食生产领域，效率竞争的结果是规模经营[①]，也正是效率竞争促进了效率提升，从而使得粮食安全问题得到解决。因此，需要讨论的重点问题在于农业生产结构调整对粮食安全的影响。实际上，这个问题并不复杂，相对于谷物而言，经济作物的需求弹性更大，这就意味着经济作物的市场出清范围比谷物大得多，显然经济作物产出增长在一定范围内占用了传统谷物的生产资源，但是这种占用不会影响到粮食安全。其原因在于，谷物需求刚性决定了价格对数量的敏感性，一旦危及粮食安全，那么谷物价格的上涨会重新配置农业生产资源，从而增加谷物产出。

再进一步地讨论，一是自发演化的农业生产结构调整，如中国、欧洲国家都历经了从谷物种植向经济作物种植的发展过程，中国明朝"改稻为桑"的政策在当时条件下也是失败的；二是殖民地种植园这样外生的商品农业生产，特别是经济作物生产，其物质基础都存在于已经或接近满足粮食需要了，然后才能通过自主演化或者外生引入更经济的商品农业生产，这一过程是不可逆的。

传统意义上，无论是中国的自由农户，还是欧洲的农场庄园，农业生产

---

① 胡冰川：《全球农产品市场的一般性解释框架》，《世界农业》2020 年第 6 期。

都受到自然条件的约束，从而形成自然经济。在自然经济时代，农业生产资源的专用性是很强的，如果引入交换和价值概念，那么绝大部分农业生产呈现刚性，无论是地块肥力还是种子获得，都是刚性的，例如在传统盐碱地区，除了耐盐碱作物，其他作物是无法生产的，江苏盐城过去是主要的棉花产区，现在也不再种植棉花了。

绿色革命以来，商品农业兴盛，在利润与宏观政策刺激下，农业生产适应自然、改造自然的能力大幅度提高，农业资源的专用性逐步下降，[①] 如果不考虑成本代价的话，在寿光的日光温室里也可以种植香蕉，这就意味着农业生产的弹性得到极大的扩展。当产出弹性扩展时，需求刚性产品，例如谷物的市场失衡将很快会被生产的变化所平衡，而不会出现刚性需求无法被刚性生产满足的情况。农业生产调整，特别是向更高价值方向发展，在自然演化条件下，是满足粮食安全之后的新发展，也是必然结果，并不会对粮食安全产生影响，对此需要予以理性看待。

四　粮食安全底线逻辑

关于粮食安全风险问题，如果在内生演化机制上可以获得明确的话，即粮食安全的自然演化是趋向于保障粮食安全而非损害粮食安全的，那么粮食安全风险因素一方面是外生因素，如自然气候变化、国际政治经济形势变化带来的贸易变化；另一方面是来自系统本身的技术性因素，如价格信息的滞后，信息放大作用导致的资源挤兑。面对和应对这些风险因素，从公共政策出发，实际上主要是施加人为干预，从而降低风险、减少损失，并不是如私人投资一样，善于在风险过程中寻找获利因素，这是两个层面的问题。例如在非洲猪瘟导致国内生猪养殖大幅退坡的背景下，公共政策的目标在于缩短扩产的周期，用相对更低的代价增加供应，这一点与养殖企业的目标只有少部分重合。

----

① 大规模商品农业生产的资产专用性另当别论，此处资产专用性是相对于自然经济时代而言。

　　仍然从需求可分性出发，粮食的刚性需求部分如果承认包含人类生存权这样的天然人权，那么是不具备排他性的，即弱商品属性和强公共属性。正因如此，粮食安全在中国是典型的公共政策。如前所述，从人类社会自然演化来看，粮食安全的自然演化方向是积极的，但是在个别时空条件下，仍然会出现不同程度的意外。实际上，公共政策的目的在于应对个别时空条件下的短期变化，是临时性救济，从而确保社会生活的连续性，因此就存在两个关键变量，一是时空范围，二是应对强度，这也构成了粮食安全的底线逻辑。显然，粮食安全的底线逻辑并不是着眼于长期农业生产和农产品市场问题，而是在特定时空范围内提供必要的食物营养救济，粮食安全的底线与农业发展是需要两个层面的思维。

　　从现有人类社会粮食安全经验来看，最具有粮食安全底线价值的公共政策是粮食储备。实际上，粮食储备也是粮食供应的日常所需，农作物季产年销是自然特征，当前随着开放程度提高、地理来源增加，粮食贸易更加频繁，但无论如何仍然都会存在库存和储备机制，莫过于库存和储备机制的运行方式差异。例如，当前发达国家的年末粮食库存占全年消费比例在持续下降，而中国则保持在一个相对较高的水平，这属于不同的策略。在现有条件下，应对粮食安全风险，从公共政策有效性出发，确保现有粮食库存保持在必要的水平是行之有效的底线。

参考文献

厉为民：《世界粮食安全储备》，《世界农业》1986 年第 10 期。

钟甫宁：《稳定的政策和统一的市场对我国粮食安全的影响》，《中国农村经济》1995 年第 7 期。

Galor, O. and Moav, O., "Natural Selection and the Evolution of Life Expectancy," Minerva Center for Economic Growth Paper, 2005.

Preston, S. H., "The Changing Relation Between Mortality and Level of Economic

Development," *Population Studies*, 1975, 29 (2).

Knight, F. H., "Risk, Uncertainty and Profit," Houghton Mifflin, 1921.

朱增勇、李梦希、孟君丽:《非洲猪瘟对中国生猪市场和产业发展影响的研究》,《价格理论与实践》2019 年第 7 期。

Udmale, P., Pal, I., Szabo, S., Pramanik, M. and Large, A., "Global Food Security in the Context of COVID-19: A Scenario-based Exploratory Analysis," *Progress in Disaster Science*, 2020 (7).

Cranfield, J., Hertel, T. and Preckel, P., "A Modified, Implicit, Directly Additive Demand System," *Applied Economics*, 2005 (42).

Rimmer, M. and Powell, A., "An Implicitly Directly Additive Demand System: Estimates for Australia," 1992.

胡冰川:《全球农产品市场的一般性解释框架》,《世界农业》2020 年第 6 期。

乡村振兴战略背景下的农业发展
与农业支持保护政策研究*

孔令刚　蒋晓岚**

摘　要：从国际农业发展经验来看，世界各国都制定了广泛的农业支持保护
政策。不同国家在不同时期的财政农业投入政策的目标和手段各有特
点，为我们在新时代研究乡村振兴战略背景下完善农业支持保护政策
提供了有益的借鉴。系统梳理我国农业支持保护政策实施效果、存在
的突出问题，坚持把保障国家粮食安全作为发展现代农业的首要任
务，摆在推进乡村产业发展的突出位置抓实抓好，处理好稳定粮食生
产与产业多样化发展的关系，处理好"大国小农"如何实现农业现代
化等问题，建立健全惠及农业与乡村产业发展的体制机制和政策体
系，增加农业发展资金投入，构建新型农业支持保护政策体系等相关
问题还有待深入研究。

---

　*　基金项目：安徽省哲学社会科学规划重大项目"长三角更高质量一体化发展安徽的机遇与优势
研究"（AHSKZD2019D01）。
**　孔令刚，安徽省社会科学院城乡经济研究所所长、研究员，主要研究方向为区域经济、产业经
济；蒋晓岚，安徽省社会科学院当代安徽研究所区域研究室主任、副研究员，主要研究方向为
农村经济、区域创新。

关键词：乡村振兴战略　粮食安全　农业支持保护政策　农业现代化

农业是最早出现的物质生产部门，是人类社会再生产的起点，是人们赖以生存的基础产业。农业的充分发展是促进国民经济增长的基础和前提。实施乡村振兴战略，产业兴旺是重点。推动农业高质量发展又是农村产业兴旺的重中之重。作为"三农"发展的核心支撑，全面提高农业综合生产能力和全要素生产率面临着更加迫切的任务和政策需求。财政支农资金是国家财政对农业的直接分配方式，反映的是工农、城乡之间的财政资源配置状况。农业作为基础产业承载着诸如确保粮食安全、社会稳定、生态安全等重要功能。中国农业正处于人口自然增长减缓、非农就业增加及农业生产结构转型三大历史性变迁的交汇期，也正处在转变发展方式、优化经济结构、转换增长动力的攻关期。我国农业也已步入由传统农业向现代农业跨越的关键时期。同时，现有农业支持保护政策呈现出投入不足、效果不佳和活力欠缺等问题，急需做出相应调整，并建立与完善新型农业支持保护政策体系。

一　乡村振兴战略背景下农业发展需要重点关注的问题

研究农业支持政策不能离开实施乡村振兴战略这个大背景。坚持农业农村优先发展是实施乡村振兴战略的总方针，是解决城乡发展不平衡、农村发展不充分的根本出路，是加快推进农业农村现代化的必然选择。乡村振兴战略是一项系统工程，涉及农业农村内部资源的整合，也离不开外部因素和力量的引导和催化，重点是把现代产业发展理念和组织管理方式引入农业农村，用交叉共融的产业体系改造和提升农业，抓住融合点、贯通融合线、形成融合面、构建融合体，催生一批新产业、新业态、新模式、新主体，激发乡村发展活力，增强发展动能。

（一）在新方位上研究如何提高对"饭碗要牢牢端在自己手中"重要性的认识

粮食安全、食品安全和食物主权是粮食的三大国家安全功能，粮食安全是国家安全的重要基础。粮食战争、货币战争和石油战争一同，被并称为和平时期的三大战争，并在国家间、地区间政治中得到运用。中国农业从战国开始就面临着用较少耕地养活众多人口的艰巨任务。当前，国际环境正在发生深刻而复杂的变化，我国改革发展稳定任务繁重，保障粮食安全面临许多新情况、新问题、新挑战。

习近平总书记多次强调，"保障粮食安全历来是治国安邦的头等大事，中国人的饭碗要牢牢端在自己手中，我们的饭碗应该主要装中国粮。实施藏粮于地、藏粮于技战略，提高粮食产能，确保谷物基本自给、口粮绝对安全"。夯实粮食生产能力基础，抓好粮食生产，稳定粮食和重要农产品产量、保障国家粮食安全和重要农产品有效供给始终是我们的头等大事，是"三农"工作的第一责任。要从"地"和"技"两个方面着手，理顺体制，完善措施。一是要保护耕地。提高基本农田的区位稳定程度、集中连片程度、落地到户程度和信息化程度，建立耕地质量建设与管护的长效机制，实行最严格的耕地保护制度和最严格的节约用地制度，对管护及合理利用基本农田给予财政补贴，以耕地整治和农田水利为重点，确保耕地质量与主要水利设施永续利用，到2020年建成8亿亩高标准农田。二是提升农业技术装备水平。强化现代农业产业技术体系建设，突破制约粮食生产的育种重大关键技术难题，加快粮食生产关键技术集成配套和推广，提高粮食生产重点薄弱环节的机械化水平。三是在调整产业结构时，农业生产以粮食生产为核心，保障农民从事粮食生产的积极性，处理好粮食安全与发展高附加值农产品关系，保证基本的粮食种植面积，集中力量把最基本最重要的稻谷、小麦等口粮保住，切实做到谷物基本自给、口粮绝对安全。在保障数量供给的同时，更加注重粮食产品质量安全。四是丰富政策工具，加大政策实施力度，充分调动地方政府和农民重农抓粮的积极性，真正把粮食安全责任落到实处，构建更高层次、更高质量、更有效率、更可持续的国家粮食安全保障体系。

（二）在新起点上研究如何走出适合国情的现代农业发展道路

实现农业现代化，既要学习国外农业发展的先进经验，又要准确把握我国农业发展的自身特点，走出适合国情的现代农业发展道路。2018 年以来，国际贸易形势复杂多变，国内经济下行压力加大。在农业发展领域，我们同样面临国际与国内两个方向上的挑战。一是农业大而不强，结构性矛盾突出，全球竞争力明显薄弱，如何打造强势农业、提高中国农业全球竞争力。二是我们如何加快补齐农业农村短板、实现四化同步发展。对农业自身发展来讲，还存在生产规模小、分散化经营的特点，难以建立规模优势，不利于农业先进生产技术普及等，这阻碍了农业生产效率的提升与农业生产现代化的实现。如何走出适合国情的现代农业发展道路需要在区域结构、产业结构等方面探索适宜的方向。农业生产方式要通过产业体系、生产体系和经营体系创新，提高土地产出率、资源利用率、劳动生产率。从全国来看，农业产业结构要构建新的农业发展业态，发展新产业新业态，促进粮经饲统筹、种养加一体、农林牧渔结合、一二三产业融合，推动农业产业全面转型升级；农业区域结构要根据资源禀赋和产业基础，突出区域、企业和产品特色，推动农业产业链、供应链、价值链重构升级，推动农业生产向粮食生产功能区、重要农产品生产保护区、特色农产品优势区聚集，强化以信息技术为核心的网络化、智能化、精细化、组织化应用，提升农业生产效率和增值空间，走出一条集约、高效、优质、生态、安全、可持续的现代农业发展道路。

（三）在新站位上研究如何提升对农业的社会价值认同

农业是国民经济的基础产业，农产品是人类生存与发展最重要的物质基础，关系到国计民生。农业社会是工业社会诞生的母体，农业产业是国家工业化最重要的基础产业。农业不仅是农民的生产经营活动，包含了农民的生活方式、文化传承、种族延续、生命价值，以及各种社会关系，而且向全社会提供了巨大的正外部性。在新背景下更要充分认识拓展农业内涵的价值。农业不仅具有生产物质产品的传统功能和经济功能，而且具有生态环境与生态涵养、物种多样性、农民生活及就业与社会保障、社会稳定与社会调节、文化教育、休闲观光、文化传承等多种功能，要通过发挥农业的多功能提升农业发展层次，提升社会对农业价值的认同。一是从长远的现代化目标出发，农业在中国未来经济社会中承担保障高水平的粮食安全、满足对农产品消费升级的需要、支持农民增收和缩小城乡地区收入差距、提升农村社会活力、促进农村生态环境改善推动整体生态文明建设等重要功能；二是从农业产业的吸引力层面来看，实施乡村振兴战略需要培养一大批新型职业农民、农村实用人才带头人，培育发展一批规范经营、有较强引领能力的新型经营主体，创造稳定的就业创业空间，鼓励农民创业创新。提升农业生产标准化、规模化、集约化水平，延长产业链、提升价值链、打通供应链，把涉农二三产业尽可能留在农村，把就业岗位尽可能留给农民，把增值收益尽可能分给农民，培育农业品牌，全面提升农业质量效益竞争力，富裕农民、提高农民、扶持农民，提升农民获得感和幸福感，让农民成为有吸引力的职业，将农业培育成为有奔头的产业。

二 乡村振兴战略背景下的农业现代化

农业农村现代化是实施乡村振兴战略的总目标。为推动农村农业现代化这个总目标的实现，中央从政策设计上提出了以"现代农业产业体系、生产体系、经营体系"三大体系建设为重点的农业农村现代化推进方略。推进乡村振兴战略背景下的农业现代化，有关传统农业、现代农业以及农业现代化等概念的理论及现实基础需要进一步厘清。同时，要深入研究我国小农户在数量上一直处于农业经营主体地位，长期以"大国小农"的农业经营形式存续并发展的国情。在新形势下，把培育适应小农户需求的多元化多层次农业生产性服务组织，将传统农业家庭经营引入现代分工经济，继承和发扬传统农业技术，使之与现代农业技术合理地结合，促进传统小农户向现代小农户转变，实现小农户与现代农业发展有机衔接，推进"大国小农"实现农业现代化，对夯实实施乡村振兴战略的基础更具有现实意义。

（一）传统农业

我国传统农业延续时间十分长久，"大国小农"是我国农业的现实基础。农业生产是经济社会与自然界联系最紧密的产业活动，农业是联结人与自然的关键节点，是传承文化与文明的重要载体，是人类最基本生活必需品的提供者。农业除了食物和纤维生产功能外，还承载有可再生资源管理、生态服务、文化传承、生物多样性等诸多功能，反映在收入多元化、经营多样化等不同侧面，这是我国传统农业产生的根本也是经久不衰的重要原因。传统农业可以说是建立在经验基础上的精耕细作技术系统，是在自然经济条件下，采用以人力、畜力、手工工具、铁器等为主的小农劳动方式，传承世代积累下来的传统经验，自给自足的自然经济居主导地位，是农业发展史上的一个重要阶段。我国传统农业发展过程具有鲜明的特点，表现在：一是在尊重自然、顺应自然的条件下，合理利用自然，发展出与现代农学不同的观念体系和有利于可持续发展的精耕细作的技术体系；二是农业以种植业为主，养殖业为辅，种植业和养殖业相互依存、相互促进，种植业为养殖业提供饲料来源，养殖业为种植业提供大量的有机肥料；三是形成了蕴含科学道理的耕作模式，包括因地制宜、合理耕作，深耕细锄、多耕多锄，积肥造肥、合理用肥，合理轮作、间作套种，以及发展农田水利事业、增加灌溉面积等重要措施。

中国传统农业技术的精华，对世界农业的发展有积极的影响。传统农业当然也存在发展方式粗放、农业生产经营规模小、生产经营组织化程度低、技术装备水平低等问题，在小农生产的基础上如何实现"大国小农"的农业现代化需要深入研究。

（二）现代农业

现代农业是建立在现代自然科学基础上，用现代工业、农业、信息科学、管理技术和人工智能技术装备起来的、生产技术由经验转向科学的集约化农业，是生产区域化、专业化、标准化、品牌化，综合生产率、劳动生产率和资源转化效率高，农产品质量安全可靠的优质高产高效农业，是一二三产业深度融合发展、农民收入稳定增长的多功能农业，是人与自然和谐相处、生态良好、竞争力强的可持续农业。

发展现代农业的方向是产业化。根据发达经济体的发展经验、中国的具体国情以及现实的经济环境，现代农业的发展既要提升产业竞争力，又要包容家庭农户生产的共生性，不排斥小农户的存在，要发挥小农户精耕细作和合理分工的经营优势。现代农业基本特征体现为农业的绿色化、优质化、特色化、品牌化等。为实现现代农业的这些特征，要构建现代农业产业体系、现代农业生产体系和现代农业经营体系。现代农业产业体系的主要特征是市场化、融合化、高级化，现代农业生产体系的主要特征是科技化、机械化、绿色化，现代农业经营体系的主要特征是集约化、社会化、组织化。

（三）农业现代化

农业现代化是中国国家整体现代化的重要组成部分，也是多年来的农业政策一直追求达到的核心目标。农业现代化是从传统农业向现代农业转化、农业产业不断升级优化、农业集约化水平和产业竞争力不断提升的过程。在这个动态发展过程中，农业生产与工业化高度融合，通过农业科技创新，促进劳动过程机械化、农业技术集成化、生产经营信息化、生产管理智能化，农业经营方式由小农经济转变为专业化、社会化、市场化、产业化的农业组织形式，实现农产品生产、加工、流通、销售一体化和农村产业结构的优化。农业现代化有几个明显的标志，一是用现代的物质技术装备农业，农业良种化、水利化、机械化、信息化等，农业供给能力稳定提高；二是农业生产有规模效益；三是国家对农业的支持政策体系完善，有一整套贯穿产前产中产后全过程的专业化、社会化的服务体系；四是农业劳动生产率不断提高，使其逐步接近非农产业劳动生产率水平。

农业现代化是世界农业发展趋势。从全球范围看，发达国家已于20世纪的六七十年代全面实现了农业现代化。农业现代化是未来农业发展的主要方向，而我国农业正处在传统农业向现代化农业过渡阶段，目前还属于初级发展农业国家。依靠农业现代化，促进传统农业转型升级，符合经济社会发展的客观趋势，是世界农业发展的一般规律。

实现农业现代化必须推动农业发展方式转型。一是在发展模式上，建立农业投入品负面清单管理制度，改变主要依靠化肥、农药等农用化学品支撑产量增长的化学农业模式，充分挖掘和发挥农业的多重功能，发展有机农业、生态农业、休闲农业、观光农业、创意农业和景观农业等绿色农业模式，促进传统农业的绿色化改造和绿色转型，核心是采用现代科学技术和经营管理方法，促进农业发展由过度依赖资源消耗向追求绿色生态可持续转变，发展"农业+"智能化、"农业+"工业和"农业+"文化，促进传统农业加快向现代农业转变；二是在生产方式上，从根本上改变主要依靠提高土地产出率的做法，全面激活劳动力、土地、资本、科技创新等要素，不断提高资源利用率、劳动生产率和科技进步率，根据市场需求以及农业增效、农民增收、农村增绿的需要，促进农业产业结构的升级和农业发展层次的提升，依靠提高全要素生产率来增强农业国际竞争力，使农业真正成为一个具有较高经济效益和市场竞争力的产业。

（四）"大国小农"如何实现农业现代化

促进小农户融入现代农业发展轨道，在小农生产的基础上实现中国特色的农业现代化是乡村振兴战略背景下推动农业现代化必须考虑的重大问题。我国是以小农户为主要农业经营主体的国家，小农户不仅是农业经济的基本单元，具有合理分工、精耕细作等诸多优势，也是传统农耕文明的重要载体。小农户是以家庭经营为特征，主要开展农业生产活动并以此维持家庭生产生活，生产手段传统，经营规模小、投入产出小、所获收益小的农业微观经营主体。目前，尽管有超过2.8亿农村劳动力外出务工，土地流转比例超过1/3，但我国仍然有 2.07 亿户农户，其中规模经营农户仅有 398 万户，仍然有 71.4% 的耕地由小农户经营，主要农产品由小农户来提供，小农经济的基本格局没有发生根本变化。

历经数千年的历史变迁，小农户依然在数量上处于农业经营的主体地位且长盛不衰，在相当长的时期内，在我国农业经营中小规模的兼业农户仍然会占大多数，小农生产也仍将是我国农业的主要经营方式与农业发展的重要组织资源。所以，小农户与现代农业的有机衔接不仅包括小农户与新型农业经营主体的对接，还应包括小农户与现代农业技术的对接，以及小农户与国家农业治理目标（如国家在农业可持续发展、食品安全等方面的目标）的对接。

一方面要继续发挥传统小农精耕细作在促进社会稳定、提供就业机会、发展特色种植养殖业、增强生态可持续性以及传承农耕文明与美丽乡村建设等方面的特殊作用；另一方面，要强化农业生产性服务平台建设，通过经营方式转型和扩展农业经营中迂回交易与分工深化的空间，鼓励农户参与社会分工，将传统农业家庭经营引入现代分工经济。如在农业生产环节，引入整地、育苗、栽插、病虫害防治、收割等专业化服务；在农业经营环节，引入代耕代种、联耕联种、土地托管、经理人代营等专业化服务。鼓励小农户按照现代农业方式从事生产经营，与互联网实现有效对接发展订单农业，使用现代技术和现代装备；同时，推动农业布局优化。在区域层面，调整与优化沿纬度的农业时空布局，促进农业生产性服务的跨区作业外包。在县域层面，要推动形成优势农产品的集群布局与区域专业化，并且鼓励有长期稳定务农意愿的小农户稳步扩大规模，培育一批规模适度、生产集约、管理先进、效益明显的农户式家庭农场。激发小农户积极性、主动性、创造性，使小农户成为发展现代农业的积极力量和有效参与者，培育核心农户和职业农民，促进传统小农户向现代小农户转变，让小农户共享改革发展成果，实现小农户与现代农业发展有机衔接，走"劳动密集型＋技术密集型"的农业现代化路线，推进农业现代化。

我国农业正处于传统农业向现代农业转型过程之中，发展程度呈橄榄形分布：部分地区、部分行业呈现现代农业雏形，占全国比重较小；大部分地区现代农业元素与传统农业元素并存，前者替代后者的速度随着科技进步而不断加快；部分地区仍处于以传统农业为主导的阶段，主要分布在贫困、边远和交通不便地区。不同区域在经济以及科技水平上的差异使农业经济发展也存在较大的不同，这就需要调动社会各方面的力量共同为农业发展提供助力。

三　乡村振兴战略背景下支持农业发展的政策目标

科学确定财政支农政策中长期目标，不仅是完善财政支农投入机制的前提，也是完善财政支农投入机制的基础，它可以增强财政支农政策目标性，提升政策的前瞻性。不同的发展阶段，财政支农的政策目标也不相同。从国情和各地实际出发，财政政策要保障农业农村优先发展，支农政策目标也应该有阶段性优先顺序和重点领域。在强化保障粮食安全、农民持续增收、农业可持续发展和农业高质量发展等农业发展多元目标取向基础上，乡村振兴战略背景下支持农业发展的政策目标要突出以下几点。

（一）确保粮食安全和农产品有效供给

粮食安全目标是农业支持政策的首要目标。粮食是农业的重中之重，是大国重器。推动农业生产健康稳定增长，保证农产品的质量和安全，为人们提供优质健康的食物，是农业发展的底线目标。历史和现实都表明，粮食安全尤其是口粮安全问题一直是我国社会稳定发展的重大问题。因此，确保国家粮食战略安全依然应该是财政支农政策目标的必选。一是必须牢牢把握粮食安全尤其是口粮安全这个立国立民之根本，坚持谷物基本自给、口粮绝对安全的基本方针，必须毫不放松抓好粮食生产，实现年稳定在 6 亿吨以上的粮食总量目标。二是通过政策引导，更加强化粮食安全的责任意识和目标考核。要确保死守 18.65 亿亩耕地红线，确保粮食播种面积长期稳定在 16.5 亿亩以上，划定并确保永久基本农田保护面积不少于 15.46 亿亩，确保真正建成 10 亿亩的高标准农田并有所扩大，确保以粮食安全为核心的主要农产品有效供给，为国民经济健康可持续发展提供坚实保障。三是加大对粮食主产区的利益补偿力度。建立中央与地方之间的纵向转移支付机制和粮食主产区与主销区之间的横向转移支付机制。加大中央财政对粮食主产区的补偿力度，加大对粮食主产区农业基础设施建设的扶持力度，包括高标准农田、粮食主产区粮食流通储备体系建设等，增强粮食主产区持续发展的基础。促进粮食等重要农产品产区，在稳定产量的同时，积极树立优质产区品牌形象，提高产品竞争力和扩大市场容量，推动粮食等重要农产品品牌建设和产品效益的协调统一。设立粮食补贴基金，依据粮食主产区粮食调出量，把吸纳主销区粮食补贴资金转移到粮食主产区的农民手中，缩小主产区与主销区农民收入差距。

（二）全面提高农业综合生产能力和全要素生产率

财政支农的重点和方向需要从单纯数量增长向数量质量安全并重转变，由数量支持或增产目标向质量和品种目标转变，提高农业的国际竞争力。一是鼓励选用科学合理的方式来推动农业经济发展，优化农业产业体系、生产体系、经营体系，提高资源利用率、劳动生产率、土地产出率，发展现代农业。二是扶持具有国际竞争优势的优质农产品生产，从战略性主导产业、区域性特色优势产业和地方性特色产品等方面推进农业结构战略性调整，从功能链条、空间布局等方面进一步优化农业产业体系、优化农业产业结构和产品结构，促进紧缺和绿色优质农产品生产，保障城乡居民对农产品的多元化需求，加快发展特色优势产业，提高农业发展质量。

（三）建立以绿色生态为导向的农业支持体系

优先建立农业绿色发展支持体系，构建以绿色生态为导向的符合世贸规则的财政支农政策体系。一是扩大"绿箱"政策支持覆盖面，增加农业生产性直接补贴，减少对农产品的流通补贴。二是优化"黄箱"政策支持结构，将财政支农资金向粮食等主要农产品的重点产业、重点区域和重点环节进行倾斜，进一步提高对粮食主产区粮食综合生产补贴标准，增强财政支农效果。三是建立支持推动农业休养生息的财政支农政策。以农业发展和环境要求相匹配的绿色发展为目标，推进农业发展过程的绿色化、生态化、清洁化。把现代先进的科学技术融入农业绿色发展，完善绿色发展管控体系，增加支持绿色发展的扶持政策。推广深耕深松、保护性耕作、秸秆还田、增施有机肥、种植绿肥等土壤改良方式，支持休耕轮作、耕地保护与质量提升，支持水资源空间格局优化、水土流失治理，支持开展重金属污染耕地修复，支持推广应用秸秆还田腐熟、施用生物有机肥等土壤有机质提升措施，提升农业资源的循环利用率，推动农业绿色发展。

（四）优化重要农产品进出口全球布局

推动农产品进出口贸易健康发展，一是支农政策调整要在确保国内粮食等重要农产品供给安全的前提下进行，对于我国具有特色优势、高附加值农产品出口的加大支持力度。二是鼓励支持适度进口国内紧缺农产品，以满足国内市场需求，缓解国内土地、资源和环境压力，为农业休养生息创造条件。随着我国改革发展面临的外部环境的不确定性和风险因素不断累积，而农业又是受贸易摩擦影响较为突出的领域之一，应对外部环境的不确定性影响，也将是我国农业长期发展中面临的又一新的重大课题。

（五）突出农民增收目标

一是加大对农业农村公共产品的财政投入，减轻农民负担，以实现农民收入的持续增长。二是发展现代高效农业、农产品加工业和农村新兴服务业，为农民持续稳定增收提供坚实的农村产业支撑，改变高度依赖农民外出打工的工资性收入的城市导向型增收模式，依靠农村产业振兴和各种资源激活，逐步建立持续稳定、多渠道的农村导向型农民增收模式，同时改革农产品价格的形成机制，建立优质优价的价格机制，依靠市场导向的价格形成机制来引导广大农户、家庭农场、农民合作社、农业产业化龙头企业等主体行为，进一步增加农民经营性收入。三是提高农业科技三项费用支出比例，增加对农业技术推广和技能培训的支出，通过更有效的财政支农制度安排，完善农民培训体系，增加对农民的"人力资本"投资，培养现代化职业农民，提升农业从业者的身份认同感，使农民群众在共享发展中有更多获得感。四是延伸农业产业链。引入新技术、新业态，释放农业多重功能，发展现代农产品加工业，培育休闲农业与互联网农业等多种农业产业形态，构建一二三产业交叉融合的现代产业体系，促进农民充分就业，提高农业综合效益，让普通农户参与全产业链价值链利益分配。五是培育新型农业经营主体，抓好家庭农场和农民合作社两类新型农业经营主体，发展多种类型的产业联合体，探索多种形式的新型主体与农户的利益联结机制。六是实现小农户与现代农业的有机衔接。高度重视我国"大国小农"的基本国情，发展多种形式的新型经营主体，创新多元化的利益联结机制，把小农生产引入现代农业发展轨道，实现小农户的全面发展，形成稳定的收入增长机制。

四　乡村振兴战略背景下构建农业支持保护政策体系的着力点

中国农业发展已经进入一个重要的战略和政策转型期。随着中国农业发展的主要矛盾由总量不足转变为结构性矛盾，农业发展将进入全面转型升级的新阶段。发展阶段的转变要求农业支持保护政策亟须从过去主要依靠化学农业支撑产量增长的增产导向型政策，转变为以农业增效、农民增收、农村增绿，保障农产品质量和安全为核心目标，以绿色农业为支撑、追求质量和效率的质效导向型政策。目前在支持农业发展方面依然存在投入总量规模不足、投入结构需优化、投资效率需提高等问题。推动农业支持保护制度的完善，需要强化政府行为导向，在财政税收、金融信贷、农业保险、基础设施建设、市场营销、公共服务等农业投入政策上要有新思路、新举措，构建有中国特色的农业支持保护政策体系。

（一）构建农业农村优先发展的长效机制

实施乡村振兴战略的关键是建立健全城乡融合发展体制机制和政策体系。

坚持农业农村优先发展要着眼于促进各类资源要素向农业农村倾斜，调整政策思路和政府行为，构建农业农村优先发展的长效机制。健全农业投入稳定增长机制，确保农业投入持续增加，是强化农业基础、建设现代农业的迫切需要。2019年中央"一号文件"要求，"按照增加总量、优化存量、提高效能的原则，强化高质量绿色发展导向，加快构建新型农业补贴政策体系"。构建新型农业补贴政策体系需要政府财政投入的引导激励，实现城乡公平发展，实现农业农村优先发展，更需要创新财政撬动金融支农政策，引入现代治理理念和管理方式，汇聚全社会力量，激活主体、激活要素、激活市场，激发广大农民的内生活力，增强社会资本和金融资本等投资动力，培育乡村经济社会持久发展的旺盛生命力。

（二）财政支农政策导向要从增产转向提质

新时期更大规模财政支农资金投入对财政支农管理的科学化、精细化提出了更高的要求。把增量公共资源优先向农业和农村倾斜，公共财政投入要优先保障农业农村发展，这在新时期依然必须要坚持。但政策支持导向要从增产转向提质，向以绿色农业为支撑、追求质量和效率的质效导向型农业政策转变，推动质量兴农、绿色兴农、品牌强农，从制约农业可持续发展的重点领域和关键环节入手。其中加快完善以绿色生态为导向的农业补贴制度更加急迫、更加必要。要把推进农业绿色发展作为农业补贴制度改革的"风向标"和政策实施的"导航仪"，建立健全耕地、草原、渔业水域等重点农业生态系统的绿色生态补贴政策体系，逐步建立补贴发放与绿色发展责任挂钩的机制；建立耕地休耕轮作补贴制度；大力推进畜禽粪污资源化、农作物秸秆综合利用、地膜回收利用；完善农业科技支持政策，健全农业绿色发展的创新驱动机制，增强农业绿色发展的后劲。支持发展优势特色品牌农产品和标准化订单生产经营。虽然长期制约中国农业发展的总量不足的矛盾得到缓解，但是农业竞争力较低、效益较差、质量不高以及农民增收难等各种深层次的结构性矛盾上升为主要矛盾。从发达国家20年来农业支持政策演变的总体趋势看，我国农业支持政策应更多地在一般公共服务、资源环境保护等方面加大力度，更多地发挥市场机制的作用，从增产导向型向质效导向型和竞争力导向型转变，以提高农业可持续发展能力和市场竞争力。

（三）健全适合农业特点的金融体系

实施乡村振兴战略，补齐"三农"短板需要大量的金融社会资本支持，同时也必将开启巨大的投资市场，蕴藏巨大商机。加强涉农金融产品创新，增加对重点领域的信贷投入，推动金融资源更多向农村倾斜。扩大农业保险覆盖面，增加保险品种，提高风险保障水平。要强化金融服务方式创新，充分运用信贷保险等市场化工具，调动金融社会资本向农业农村倾斜。构建政府财政资金和政策性信贷资金合力支农的工作机制，激活财政政策"以小博大"的乘数效应，实现财政与货币政策在"三农"领域的协调配合。发展普惠金融，除了政府的转移支付外，农村普惠金融需要进一步降低农村居民获取信贷资源的门槛，通过促进农村地区资本的形成来缩小城乡收入差距。普惠金融要重点支持新型农业经营主体和小微企业发展，解决适度规模新型经营主体面临的贷款难、贷款贵、保险少等难题，加快建立覆盖主要农业县的农业信贷担保服务网络，全面开展以适度规模经营新型经营主体为重点的信贷担保服务。扩大农业大灾保险试点，开展价格保险、收入保险试点，加快出台优势特色农产品农业保险中央财政奖补政策，研究组建专业的农业再保险公司；全面推进新型农业经营主体信息直报系统应用，点对点对接信贷保险、补贴培训等服务。应鼓励社会资本和金融机构单独或联合政府组建乡村振兴投资基金、产业投资基金，盘活农业农村资产资源，推动农村集体资产资本化、农民权益股权化，共同投资农村产业融合、乡村公共服务和农村社区建设，建立一批农业产业强镇。在农业领域积极探索、推广政府与社会资本合作示范模式，建立可持续的投入运营机制。

参考文献

陈秧分、王国刚、孙炜琳：《乡村振兴战略中的农业地位与农业发展》，《农业经济问题》2018 年第 1 期。

刘振伟:《建立稳定的乡村振兴投入增长机制》,《农业经济问题》2019 年第 5 期。

黄宗智、彭玉生:《三大历史性变迁的交汇与中国小规模农业的前景》,《中国社会科学》2007 年第 4 期。

韩长赋:《大力推进质量兴农绿色兴农　加快实现农业高质量发展》,《农民日报》2018 年 2 月 27 日。

张红宇:《坚定不移推进农业农村优先发展》,《人民日报》2019 年 3 月 15 日。

张红宇、张海阳、李伟毅、李冠佑:《中国特色农业现代化:目标定位与改革创新》,《中国农村经济》2015 年第 1 期。

《国家粮食和物资储备局:解决好吃饭问题始终是治国理政的头等大事》,中国青年网,2019 年 10 月 16 日。

彭道涛:《小农户对接农业现代化的现实困境与对策研究》,《现代农业研究》2019 年第 9 期。

周立、王彩虹、方平:《供给侧改革中农业多功能性、农业 4.0 与生态农业发展创新》,《新疆师范大学学报》(哲学社会科学版) 2018 年第 1 期。

房艳刚、刘继生:《基于多功能理论的中国乡村发展多元化探讨——超越"现代化"发展范式》,《地理学报》2015 年第 2 期。

严火其:《中国传统农业的特点及其现代价值》,《中国农史》2015 年第 4 期。

张良悦:《推进小农户和现代农业发展有机衔接》,《河南日报》2019 年 3 月 2 日。

曾福生、卓乐:《实施乡村振兴战略的路径选择》,《农业现代化研究》2018 年第 5 期。

夏柱智:《农业治理和农业现代化:中国经验的阐释》,《政治学研究》2018 年第 5 期。

郭爱君、陶银海:《新型城镇化与农业现代化协调发展的实证研究》,《西北大学学报》(哲学社会科学版) 2016 年第 6 期。

杜鹰:《小农生产与农业现代化》,《中国农村经济》2018 年第 10 期。

He C., "New Opportunities for Modern Agriculture-Overview of China Modernization Report 2012: A Study of Agricultural Modernization," *Modernization Science Newsletter*, 2012 (4).

蔡淑芳、许标文、郑回勇:《农业现代化与农业内部就业——基于 2014 年全国数据的实证分析》,《中国农学通报》2016 年第 34 期。

石霞、芦千文:《如何理解"实现小农户和现代农业发展有机衔接"》,《学习时报》2018 年 3 月 18 日。

陈义媛:《小农户与现代农业有机衔接的实践探索——黑龙江国有农场土地经营经验的启示》,《北京社会科学》2019 年第 9 期。

蒋永穆、卢洋、张晓磊:《新中国成立 70 年来中国特色农业现代化内涵演进特征探析》,《当代经济研究》2019 年第 8 期。

蓝海涛、王为农、涂圣伟、张义博:《"十三五"时期我国现代农业发展趋势、思路及任务》,《经济研究参考》2016 年第 27 期。

王钊、曾令果:《新中国 70 年农业农村改革进程回顾、核心问题与未来展望》,《改革》2019 年第 9 期。

魏后凯:《中国农业发展的结构性矛盾及其政策转型》,《中国农村经济》2017 年第 5 期。

苏明、张岩松、张立承、王明昊、周东海:《持续加大公共财政对"三农"的投入力度》,《农民日报》2013 年 9 月 17 日。

徐泽宇、栾敬东:《多层次农业保险体系构建的路径与瓶颈——来自安徽省的经验》,《学术界》2020 年第 12 期。

叶兴庆:《我国农业支持政策转型:从增产导向到竞争力导向》,《改革》2017 年第 3 期。

蒋岳祥、付涛:《农村普惠金融对产品创新的影响研究——基于调节城乡收入差距的作用途径》,《浙江大学学报》(人文社会科学版)2020 年第 5 期。

新发展阶段种粮主体耕地利用行为变迁应对策略

虞　洪　田媛媛[*]

虞　洪　田媛媛[*]

摘　要： 在新发展阶段，耕地对于种粮主体而言，呈现出耕地收入来源占比大幅下降、劳动力资源配置大幅下降、多元流转规模大幅提升的特征。本文对四川、江苏、安徽、河北和广东五省的普通种粮农户、种粮大户、粮食生产经营合作社进行问卷调查，共获取有效问卷1173份，通过问卷分析发现，种粮主体耕地利用行为呈现出"非农化"现象严重、"非粮化"趋势加剧、"撂荒性"行为增加、"机械化"水平提高的变迁趋势，而且不同种粮主体的行为变迁存在一定的差异性，因此，基于提高基础性粮食安全保障能力，提出加强耕地用途管制、规范耕地流转行为、统筹利用撂荒耕地和支持耕地保护行为四大应对策略。

关键词： 耕地利用　行为变迁　粮食安全　种粮主体

---

* 虞洪，四川省社会科学院农村发展研究所副所长、研究员，主要研究方向为粮食安全、农村经济；田媛媛，四川省社会科学院研究生，主要研究方向为农村发展。

土地是人类赖以生存和发展的物质基础，而耕地是粮食生产的基础和主要载体，虽然现在出现了无土栽培技术、盐碱地水稻种植技术等，但不可否认的是，耕地仍然是生产粮食的命根子。在新发展阶段，耕地利用行为呈现出明显的阶段特征，而且种粮主体其行为呈现出一系列的变化趋势和差异，把握这些特征、趋势和差异并采取针对性强的应对策略，对于增强粮食安全保障能力具有极为重要的现实意义。

一 耕地利用行为特征

"劳动是财富之父，土地是财富之母"，这实际上就把耕地与种粮主体的耕地利用联系在一起，而且其中土地制度也是影响耕地利用效率的重要因素。众所周知，家庭联产承包责任制在很大程度上调动了农民的生产积极性，有研究指出，1978~1984 年，全国农业总产值中有 46.89% 的增长直接来自家庭联产承包责任制改革。[①] 但是，随着经济社会的发展，家庭联产承包责任制下的生产潜能激发趋于弱化，尤其是随着大量农村劳动力外出务工，经济社会环境和农村人地关系发生了极大的变化，呈现出"两降两升"的特征。

（一）耕地收入来源占比大幅下降

对于农民而言，耕地主要的功能是生产功能，是农民维持生计的主要来源，既为农民生活提供基本的粮食等农产品，又为农民其他需求提供基本的收入来源支撑。从农村居民人均可支配收入的四大收入来源来看，经营性净收入的比重持续降低（见图 1），2015 年经营性净收入跌下农村居民人均可支配收入中第一收入来源的位置，工资性收入取而代之，到 2019 年，经营性净收入占农村居民人均可支配收入的比重降低到 35.97%，与 2013 年相比占比下降

---

① 林毅夫：《制度、技术与中国农业发展》，格致出版社、上海三联书店、上海人民出版社，2014。

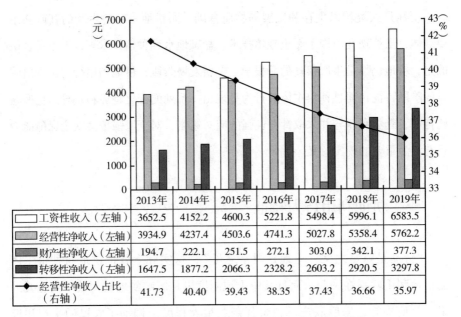

	2013年	2014年	2015年	2016年	2017年	2018年	2019年
工资性收入（左轴）	3652.5	4152.2	4600.3	5221.8	5498.4	5996.1	6583.5
经营性净收入（左轴）	3934.9	4237.4	4503.6	4741.3	5027.8	5358.4	5762.2
财产性净收入（左轴）	194.7	222.1	251.5	272.1	303.0	342.1	377.3
转移性净收入（左轴）	1647.5	1877.2	2066.3	2328.2	2603.2	2920.5	3297.8
经营性净收入占比（右轴）	41.73	40.40	39.43	38.35	37.43	36.66	35.97

图1　2013~2019年全国农村居民人均可支配收入结构

资料来源：《中国统计年鉴2020》。

5.76 个百分点。

　　从问卷调查结果来看，普通种粮农户的粮食生产收入占家庭总收入的比重在 50% 以下的达到 74.58%，其中占比在 10% 以下的就达到 31.94%，这意味着近三分之一的普通种粮农户 90% 以上的收入来源于粮食生产之外；普通种粮农户中粮食生产收入占家庭务农收入的比重在 50% 以下的仍达到 63.52%，其中占比在 10% 以下的达到 19.6%，这不仅表明粮食生产收入在务农收入中的比重低，反映出粮食生产地位下降、粮食"副业化"问题，而且也表明非农收入占有很高的比重，耕地的生活保障功能已经极大的弱化。种粮大户的粮食生产收入在家庭务农收入和家庭可支配收入中的占比达到 50% 以上，分别为 72.23% 和 69.74%，而且两者相差不大，这表明种粮大户主要的收入来源于粮食生产，与小农户形成鲜明的对比，而且种粮大户的非农收入占比较低，这也是其"职业化"发展的重要经济基础。

（二）耕地劳动力资源配置大幅下降

在耕地上的劳动力配置情况是耕地利用的重要行为之一。由于我国人均耕地少，仅靠自有的承包地，即便在精耕细作的情况下，虽然可以解决温饱问题，但很难解决致富问题。因此，改革开放以来，外出务工劳动力持续增加，2019年达到29077万人（见图2），占全部劳动力的比重达到29.4%，逐步打破了家庭联产承包责任制下人地关系固化、户籍管理制度下人户关系一致的格局。全国第七次人口普查数据显示，全国人口中，人户分离人口①超过4.9亿人，与2010年第六次全国人口普查相比，增加超过2.3亿人，增长88.52%。

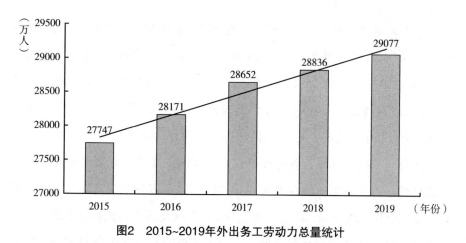

图2　2015~2019年外出务工劳动力总量统计

资料来源：国家统计局、中商产业研究院整理。

从就业的角度看，一方面，全国乡村就业人口在乡村人口中的占比持续降低，从1978年的82.1%下降到2019年的39.4%，下降了42.7个百分点；另一方面，乡村就业人口中第一产业就业人口占比持续下降，从1978年的92.4%下降到2019年的58.5%，下降了33.9个百分点。因此，从就业的角度来看，以耕地为主要载体的第一产业就业人口大幅减少，但同期耕地数量增长了

---

①　人户分离人口是指居住地与户口登记地所在的乡镇街道不一致且离开户口登记地半年以上的人口。

35.7%，这表明单位土地面积配置的劳动力大幅减少。

耕地利用中劳动力配置大幅下降的主要原因有：一是随着技术的进步，劳动生产率不断提高，尤其是改变了过去"肩挑背磨"的传统生产方式，按照原有的人地比例，只能造成劳动力"隐形失业"；二是普通种粮农户不仅人均耕地少，而且耕地产出少，农户只能以"以脚投票"的方式脱离耕地，通过非农收入满足家庭生计需要；三是随着农村劳动力从过剩到结构性短缺转变，劳动力成本上升，为了降低耕地的耕作成本，种粮主体趋于采用劳动力减量化的耕种方式和技术措施。

（三）耕地多元流转规模大幅提升

随着人地关系的调整，传统的人地矛盾趋于转变，主要矛盾从人多地少转为人地分离、谁来种地。从全国来看，到 2018 年，全国家庭承包土地流转面积超过 5.3 亿亩，比 2014 年增加 1.27 亿亩，比 2004 年增加 4.72 亿亩。耕地的多元流转改变了人地关系，让人地配置更加合理，但值得注意的是，在土地流转的过程中，出现了更为严重的耕地"非粮化"问题。

问卷调查结果显示，普通种粮农户的耕地主要是以直接出租的形式进行流转的，占比达到流转总面积的 63.74%。之所以将土地流转出去，是多种因素综合作用的结果，由于"缺乏劳动力"被动将土地流转出去的农户占比为 20.88%，由于"种地效益低"而做出选择的农户占比为 31.87%，出于"土地流转收益高"和"有利于进城务工"的考虑的农户占比分别为 10.99%和 14.29%。而未将土地流转出去的农户中，选择"种地收益可观"的仅占4.58%，是所有选项中占比最低的，"自己能够耕种""不愿意离开家乡"的占比分别达到 43.77%和 13.87%，"没有外出务工能力""担心流转后失去生活保障"的占比分别为 10.81%和 6.49%（见表 1）。这表明，即便在种地效益不可观的情况下，大多数农户仍然基于深深的乡土情怀、对土地的感情而选择尽己所能地进行耕种，这也体现出农民的质朴性。从多元化的流转原因可以看出，大部分农户将承包土地流转出去是基于家庭生计考虑而做出的必然选择。

表1　农户土地流转原因调查统计

选项	是否流转	原因*						
	是	缺乏劳动力	种地效益低	土地流转收益高	有利于进城务工	其他		
选择值	91	19	29	10	13	20		
占比（%）	16.52	20.88	31.87	10.99	14.29	21.98		
选项	否	自己能够耕种	没有外出务工能力	不愿意离开家乡	种地收益可观	土地无人来流转或价格低而不愿意流转	担心流转后失去生活保障	其他
选择值	460	344	85	109	36	102	51	59
占比（%）	83.48	43.77	10.81	13.87	4.58	12.98	6.49	7.51

注："*"将土地流转出去的原因为单选，未将土地流转出去的原因为多选。

　　值得注意的是，承包地的确权颁证以及流转制度的健全，也在改变人地关系、提高土地耕作效率的同时，增强了土地的财产功能，让承包经营的耕地成为农民财产性收入的重要来源之一，更加重要的是，土地流转前后的收入对比表明，将土地流转出去之后，超过一半的农户家庭收入有不同程度的增加，其中大幅增加的占16.48%，小幅增加的占35.16%（见图3）。因此，耕地的流转，除了小部分采用代耕等形式免费由邻里耕种外，对大多数普通种粮农户而言具有双重的增收效应。

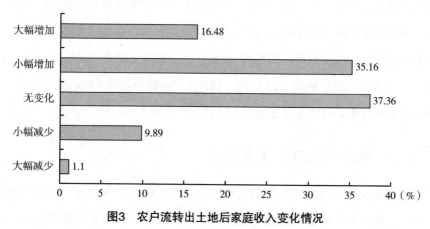

图3　农户流转出土地后家庭收入变化情况

二 耕地利用行为变迁分析

耕地是最重要的生产资料，耕地利用行为不仅与经济社会结构、劳动力就业结构密切相关，而且与土地用途管制、政策导向紧密相关，近年来，耕地抛荒、"非粮化"甚至"非农化"现象明显，虽然有占补平衡政策，但数量平衡而质量不平衡现象突出，种粮主体的耕地利用行为也随之发生变化，对保障粮食安全形成挑战。针对这些问题，为了改变不合理的耕地利用行为，2020年以来，陆续出台了《国务院办公厅关于坚决制止耕地"非农化"行为的通知》《国务院办公厅关于防止耕地"非粮化"稳定粮食生产的意见》《农业农村部关于统筹利用撂荒地促进农业生产发展的指导意见》等一系列文件。

（一）耕地"非农化"现象严重

虽然新修订的《中华人民共和国土地管理法》为加强土地用途管制尤其是耕地中的基本农田和永久基本农田管理提供了法律依据，但是在利益的驱动下，耕地用途被调整的现象时有发生。虽然工业化和城市化进程，必然有部分耕地需要调整为建设用地，但基础设施建设中超标准绿化造林、市场主体违反规划开展非农建设、农户乱占耕地建设等现象突出，而且作为落实藏粮于地战略、确保耕地保护红线的耕地占补平衡制度在执行中也存在四大特征，导致该项制度的实施效果受到严重的影响。《第三次全国国土调查主要数据公报》显示，10年来全国耕地减少1.13亿亩，而且在实施耕地占补平衡制度的情况下，耕地净流向林地、园地面积分别为1.12亿亩和0.63亿亩。

（二）耕地"非粮化"趋势加剧

土地曾经是农民赖以生存的基本生产资料，在"温饱问题"尚未解决的时期，土地的重要功能就是生产粮食等农产品，为人民群众提供食物来源，因此，为了能够"填饱肚子"，绝大多数的农户首选种植粮食作物，既能够满足自身家庭生活所需，又能通过出售增加家庭收入。1978 年，全国粮食播种面积占农作物播种面积的比重为 80.34%，2009 年已经下降到 70% 以下，仅占 69.75%，《全国农村经营管理统计资料》显示，2010~2015 年流转农地中用于种植粮食作物的面积低于 60%。[①] 这表明，越来越多的耕地用于种植非粮食作物，耕地"非粮化"现象趋于加剧。已有研究成果表明，相对于普通种粮农户而言，新型农业经营主体容易出现较强的"非粮化"倾向。针对普通种粮农户的问卷调查结果也显示，一方面，自己在耕种的耕地中，一部分耕地已经"非粮化"，其中用于种植粮食作物的占比为 78.7%，用于种植经济作物的占比为 12.83%，还有 1.74% 的耕地用于养殖业；另一方面，流转后的耕地用途中用于种植粮食作物的占比仅为 65.93%，用于种植经济作物的占比为 17.58%，还有 5.49% 的耕地用于养殖业（见表 2）。

表2　普通种粮农户耕地用途

单位：%

项目	种植粮食作物	种植经济作物	发展养殖业	其他
目前耕地用途	78.7	12.83	1.74	6.74
流转后用途	65.93	17.58	5.49	10.99

耕地"非粮化"现象严重且日益加剧的原因众多，但最为重要的三大影响因素如下。

1. 种粮生产绝对效益持续下滑

《全国农产品成本收益资料汇编 2014》和《全国农产品成本收益资料汇编 2020》的相关数据显示，粮食生产绝对效益下滑，且 2016 年以来连续为负，这是造成耕地"非粮化"最为重要的因素。

三种主要粮食作物的亩平成本收益情况显示，从 2008 年到 2019 年，每亩总成本从 562.42 元上升到 1108.9 元，但同期每亩产值从 748.81 元仅上升到

---

① 〔法〕费尔南·布罗代尔著《十五至十八世纪的物质文明、经济和资本主义》，顾良、施康强译，商务印书馆，2018。

1078.38 元，这意味着每亩净利润从 186.39 元下降到了 –30.52 元。从成本利润率来看，从 2008 年的 33.14% 下降到了 2019 年的 –2.75%，而且总体呈下滑趋势（见图 4），这意味着投入成本增加而利润水平下降，粮食生产的绝对效益不断降低。

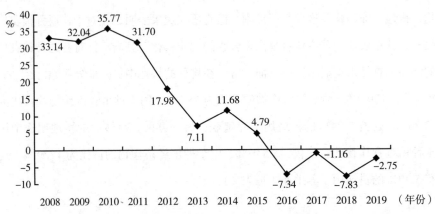

图4　2008~2019年中国水稻、小麦和玉米三大主粮成本利润率变化情况

2. 农产品需求多元化驱动

城乡居民人口结构变化和收入水平提高引起农产品消费出现结构性变化，全国居民人均主要食品消费量中，粮食直接消费减少而肉蛋奶菜等消费增加。一方面，以原粮为主的粮食消费量总体减少，从 2013 年的 148.7 千克下降到 2019 年的 130.1 千克，减少 18.6 千克，降幅为 12.51%；粮食中谷物的人均消费量从 2013 年的 138.9 千克下降到 2019 年的 117.9 千克，减少 21 千克，降幅为 15.12%，谷物的减少表现得更为明显。这表明，虽然粮食是生活必需品，但在解决基本的温饱问题之后，需求的收入弹性为负值。因此，不难预测，随着收入水平的进一步提高，原粮的消费将进一步减少。另一方面，肉蛋奶菜等消费水平提高，从 2013 年到 2019 年，蔬菜及食用菌的人均消费量从 97.5 千克提高到 98.6 千克，肉类消费量从 25.6 千克提高到 26.9 千克，禽类消费从 7.2 千克提高到 10.8 千克，水产品消费从 10.4 千克提高到 13.6 千克，蛋类消费从 8.2 千克提高到 10.7 千克，奶类消费从 11.7 千克提高到 12.5 千克。可以说，

多元的农产品消费需求在很大程度上拉动了供给的改变，为了满足除粮食外其他主要农产品消费需求的增加，用于种粮的耕地趋于减少。

表3 全国居民人均主要粮食消费量

单位：千克

指标	2013年	2014年	2015年	2016年	2017年	2018年	2019年
粮食	148.7	141	134.5	132.8	130.2	127.2	130.1
谷物	138.9	131.4	124.3	122	119.6	116.3	117.9
蔬菜及食用菌	97.5	96.9	97.8	100.1	99.2	96.1	98.6
肉类	25.6	25.6	26.2	26.1	26.7	29.5	26.9
禽类	7.2	8	8.4	9.1	8.9	9	10.8
水产品	10.4	10.8	11.2	11.4	11.5	11.4	13.6
蛋类	8.2	8.6	9.5	9.7	10	9.7	10.7
奶类	11.7	12.6	12.1	12	12.1	12.2	12.5

3. 政府粮食生产引导不力

耕地"非粮化"既有农户及其他市场主体经济利益驱动的因素，也有政府导向的作用。粮食是具有公共产品属性的特殊产品，对于种粮主体而言，粮食的比较效益低而导致种粮的积极性低，对于地方政府而言，抓粮的积极性也低，即便是在实行粮食安全省长责任制的背景下，很多地方对于抓粮食生产也是"说起来重要，做起来不重要"，口头说得多，而发自内心的落实少，因为粮食生产对GDP的贡献小、对财政收入的贡献小，并且推进粮食生产还需要大量的基础设施建设和激励粮食生产的配套经费，对于地方政府而言是"亏本买卖"，此外，粮食的增收效应不强，因此，在某种程度上，地方政府与农户及其他市场主体实际上是形成了一种"非粮化"的"默契"，地方政府不仅长期以来对耕地的农业用途管控在实际工作中几乎处于缺位的状态，而且大力倡导发展特色产业尤其是非粮产业，在脱贫攻坚、乡村振兴中一些地方甚至将调整产业结构、推动产业振兴片面地理解为"去粮化"，导致大量种植粮食的耕地用于种植蔬菜、水果、茶叶甚至花卉苗木。

（三）耕地"撂荒性"行为增加

在人类历史的长河中，农民一直都对土地十分珍惜，甚至一些王朝的更替直接与土地制度有关。即便是新中国成立以后，农民是打心底里将土地作为"命根子"，在"交足国家的，留足集体的，剩下都是自己的"的时代，在承包耕地要交公粮、农税、提留的时候，农民对耕地极为珍惜。自 2006 年 1 月 1 日全面免除农业税起至今，已经十多年时间，虽然免除农业税减轻了农民的负担，但也让农民对承包耕地的"责任意识"淡化，在实地调研中，一些农民认为"土地是我的，我想种就种，不想种就不种"，甚至说"我愿意抛荒，谁也管不着"。实际上，2003 年 3 月 1 日起施行的《中华人民共和国农村土地承包法》第十八条承包方承担的义务中，不仅明确规定"维持土地的农业用途，未经依法批准不得用于非农建设"，而且要"依法保护和合理利用土地，不得给土地造成永久性损害"。所以，农民对承包的耕地是有责任、有义务的，如果"责任意识"持续淡化将蕴含极大的危害。

曾经，不仅没有抛荒，而且是积极主动、想方设法开荒甚至是"毁林造田""围湖造田"。虽然我们既要坚守耕地红线，也要坚守生态红线，国家甚至推进退耕还林政策、轮作休耕制度，但是，必须有效遏制耕地撂荒行为。撂荒行为既包括显性撂荒，也包括隐性撂荒。显性撂荒包括季节性撂荒和常年性撂荒。季节性撂荒虽然减少了农作物播种面积，但是合理的季节性撂荒对于降低耕地利用强度、促进地力恢复有益处，尤其是对于开发利用强度过高且较为贫瘠的耕地而言，让耕地休养生息有利于可持续发展，但值得注意的是，目前很多季节性撂荒并不是出于恢复地力的考虑，而是由于投入产出不成比例，耕地经营者出于短期经济利益考虑而做出的选择。常年性撂荒不仅减少了农作物播种面积，甚至是杂草丛生、基础设施损毁，从"熟田熟土"沦为实际上的"荒山荒地"，从根本上降低了耕地的生产能力。隐性撂荒主要是指粗放式耕种，采取"种懒庄稼"的方式导致耕地资源浪费、利用效率降低。

在承包地持有成本为"零"甚至还能领取补贴的情况下，加上生计来源从耕地转移到非农产业，一些农户对耕地不仅不珍惜，而且对撂荒的不利影响选择性忽视。在农村劳动力结构性短缺、部分耕地基础条件差、农业比较效益下降等多重因素的叠加作用下，虽然部分"老农民"仍然对土地具有很深的感情，但仍然导致耕地撂荒现象呈增加态势。尤其是在产业发展基础差、外出劳动力多、基础设施薄弱的地区撂荒现象较为严重。

虽然关于抛荒缺乏官方的数据，但从问卷调查结果来看，受访的普通种粮农户近四年耕地抛荒情况中选择"无抛荒"的占比为63.88%，其中抛荒面积增加的占比为9.62%。虽然从表面上看，抛荒面积增加的占比不高，但综合分析抛荒情况，有三点值得注意：一是存在不同程度抛荒的比例达到36.12%，也就是超过1/3的耕地存在抛荒现象，这个已经是相当高的水平了；二是经常持续的抛荒尤其是常年性抛荒，已经呈现出一定程度的固化现象，问卷调查结果显示，抛荒面积"基本不变"的占比为21.78%；三是受访的普通种粮农户中抛荒面积增加的较抛荒面积减少的高出4.9个百分点（见图5），这意味着如果不采取有效的措施，即使按照目前的趋势，抛荒面积仍将大概率趋于增加。

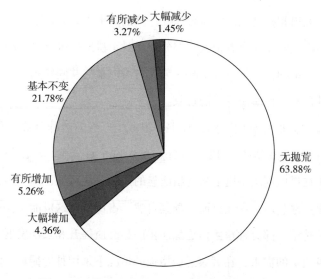

图5 受访的普通种粮农户近四年耕地抛荒情况

三 耕地利用行为差异分析

在分析耕地利用行为变迁的基础上，为了能够采取更有效的针对性措施，进一步对不同种粮主体的耕地利用行为差异进行深入分析。

（一）耕地利用态度差异

不同的种粮主体，由于耕地的产权归属、经营规模及经营模式的不同，对耕地利用态度存在一定程度的差异。从总体来看，三大种粮对耕地的利用态度以"想方设法多生产"为主，占比达 40.24%，但是普通种粮农户与新型种粮主体之间也存在一些差异。

一是在"想方设法多生产"的选择中，种粮大户和粮食生产经营合作社明显高于普通种粮农户，分别高出 10.56 个百分点和 6.4 个百分点。这主要是由于种粮大户和粮食生产经营合作社主要耕种的土地是流转而来的，在既定的流转费用下，充分利用耕地有利于增加产出，进而提高利润水平。

二是在"顺其自然"的选择中，普通种粮农户的占比达到 29.76%，且明显高于种粮大户和粮食生产经营合作社，分别高出 19.13 个百分点和 16.1 个百分点。这实际上就反映出有很大一部分农户对于耕地持可有可无的态度，在持有耕地没有成本的情况下，加上缺乏劳动力等因素的共同作用，从而形成了较大规模顺其自然"种懒庄稼"的现象。

三是在"保护性利用"的选择中，粮食生产经营合作社高于种粮大户和普通种粮农户，分别高出 1.12 个百分点和 9.69 个百分点。对比分析发现，三大种粮主体在耕地利用态度上呈现出明显的两极分化特征，即"想方设法多生产"和"保护性利用"占比高而"顺其自然"占比低。这可能主要是由于随着消费需求的转型，部分种粮主体更加注重产品品质提升和长期发展，而部分农户基于自身消费的需求，在健康意识增强的情况下采用种养循环、农药化肥减量化等措施。

表4　种粮主体耕地利用态度

项目	普通种粮农户		种粮大户		粮食生产经营合作社		三大主体合计	
	频次	占比(%)	频次	占比(%)	频次	占比(%)	频次	占比(%)
想方设法多生产	194	35.21	211	45.77	67	41.61	472	40.24
顺其自然	164	29.76	49	10.63	22	13.66	235	20.03
保护性利用	193	35.03	201	43.60	72	44.72	466	39.73

（二）耕地流转行为差异

从普通种粮农户来看，不同的农户存在不同的耕地流转行为，至少可以分为三类：一是551个普通种粮农户的有效问卷中，有91个农户选择将耕地流转出去，占比16.52%，这表明，一部分农户选择"用脚投票"，采用将土地流转出去的方式来改变生计来源，这部分农户实际上就是前文提到的退出型小农。二是有460个农户未选择将土地流转出去，占比为83.48%，这部分小农的土地可能是自己在耕种，也有可能流转不出去而抛荒。三是部分农户还流转了别人的耕地，551个样本中有150个样本表明流入了耕地，这部分小农可能是兼业型小农，也有可能是发展型小农，但流入耕地中主要不是因为种地效益高，而是因为流入的土地耕作条件好。实际上，正是耕地流转的差异化取向，促进了不同的农户分化，可以说，土地资源配置方式的改变是农户分化的重要因素。

（三）耕地流转形式差异

耕地流转包括邻里交换、代种、出租、入股等多重形式，其中，虽然以租赁为主，受访对象中以出租形式将耕地流转出去的占比达到63.74%，以出租形式将耕地流转进来的占比达到64%，两者比较接近，这表明，出租是最主要的耕地流转方式。但是，耕地流转出去中采用"邻里交换、代耕"方式

的占 13.19%，而流转进耕地的采用"邻里交换、代耕"方式的占 26%，后者
几乎是前者的 2 倍，这也表明，虽然在农户耕地流进与流出中，均有免费的方
式，但采用这种免费方式更多的流转对象是本地的农户尤其是普通种粮农户，
这个通过流入耕地最主要的原因可以得要印证：普通种粮农户流入耕地中选择
了无流转费用的占比为 9.41%，而种粮大户流入耕地中选择了无流转费用的占
比仅为 3.53%。值得关注的是，将耕地流转的形式中，有 8.79% 的受访对象选
择的是"成立土地股份合作社"，这表明，通过股份合作的形式将耕地集中经
营已经得到部分农户的认可，虽然尚未成为主流，但这可能是未来耕地流转中
非常重要的方式之一。

四 种粮主体耕地利用行为优化策略

耕地是粮食生产的基础和主要载体，耕地利用行为的变迁，总体上对藏
粮于地战略形成了很大的挑战，增加了保障粮食安全的难度，随着国家一些政
策效果的显现，耕地利用行为可能得到一定程度的扭转。但是必须引起高度重
视的是，虽然"非农化"问题通过加强用途管制可能具有较好的效果，但仍然
难以避免耕地净减少的局面，相对而言，在粮食价格难以大幅提升、生产成本
持续上涨的情况下，防止耕地"非粮化"和撂荒可能是更为艰难的任务。可喜
的是，对耕地利用行为差异的分析发现，部分主体的耕地保护性利用行为、部
分省区市的耕地规范性流转行为等可能为扭转现有的变迁方向提供有效的政策
指引，尤其是在基本完成承包地确权颁证和农村集体产权制度改革的背景下，
将通过强化承包地的"产权"属性和集体经济组织的土地所有权"主体"地位
而改变耕地用途管控虚置、管理主体缺失的尴尬局面。因此，在新发展阶段复
杂的国际形势和疫情影响的不确定性环境下，需要采取有力措施优化种粮主体
的耕地利用行为，充分发挥向好性因素的积极作用，通过政策措施提高粮食的
长远生产能力。

耕地是粮食生产的基础和主要载体，但根据前文分析显示，耕地保护压

力不断加大。为了保障粮食的基本生产能力，2020 年以来连续出台了《国务院办公厅关于坚决制止耕地"非农化"行为的通知》《国务院办公厅关于防止耕地"非粮化"稳定粮食生产的意见》《农业农村部关于统筹利用撂荒地促进农业生产发展的指导意见》等政策文件，共同指向强化耕地用途管制、稳定粮食生产能力。尤其是在耕地"非粮化""非农化"加剧、土地抛荒等现象增加的背景下，采取有力措施，优化种粮主体的耕地利用行为，对于贯彻落实耕地保护底线、稳定粮食生产能力具有极为重要的作用。

（一）加强耕地用途管制

围绕藏粮于地战略，国家出台了一系列的政策措施，但是，在实践中仍然存在"有法不依""执法不严"的情况，不仅在耕地流转中受逐利倾向的影响耕地的功能发生很大的变化，"非粮化""非农化"严重而导致粮食播种面积减少，而且因农村劳动力日益短缺而出现"种懒庄稼"等隐性撂荒和季节性撂荒、常年性撂荒等，减少了耕地的实际生产能力。国土三调数据显示，与二调数据相比，耕地净流向林地、园地分别为 1.12 亿亩和 0.63 亿亩，这表明耕地用途管制还需要进一步加强。

1. 严格落实耕地用途管制政策

加强耕地保护重要性宣传，充分认识实行最严格耕地保护制度的重要性，严格落实耕地保护主体责任，坚决制止耕地"非农化"行为，有效防止耕地"非粮化"行为，对于种粮主体而言，重点是要贯彻落实耕地分类保护与利用政策。同时，以粮食生产功能区为重点加强耕地用途监管，引导种粮主体积极开展粮食生产，科学发展稻鱼、稻虾、稻蟹等综合立体种养模式，防止种粮主体挖塘养鱼、非法取土等破坏耕作层的行为和占用基本农田从事林果业等改变耕地用途的行为。

2. 优化集体经济组织土地所有权能实现机制

农村土地集体所有制是开展农村土地经营的根本前提。农村集体经济组织土地所有权的不健全将会影响农村集体对流转土地进行投资改造，以及提高农地的使用价值，因此，必须实现农村集体经济组织的土地所有权能，以有效加强耕地用途管制。一是要明确农村土地所有权主体。根据《土地管理法》规定，农村集体土地所有权主体是集体经济组织，在明确土地集体所有的前提下，保留了农户的耕地承包权，在能够保障农户收益权的同时，有利于促进集体经济组织和农户对补充耕地的数量监督与加强其对新增耕地的后期利用维护和监管。二是强化集体对耕地的管理和保护责任，将集体经济组织作为耕地利用的重要监管主体，降低各级政府部门监管压力，提高耕地利用行为的监管效率。

3. 加强农田水利基础设施建设

良好的基础设施对于降低粮食生产成本和增强旱灾、水灾等风险抵抗能力具有重要作用。粮食主产区具有粮食总产占比大、粮食增产贡献大和粮食商品化高等特征，是保障粮食安全的重点区域，但是粮食主产区的经济条件一般而言相对较差，因此基础设施更为落后，迫切需要加强。因此，对于粮食产业发展重点区域和重点主体，探索采用项目建设报批制度，在政府发布的支持目录和范围内，根据实际自行提出综合性、系统化支持需求，再由相关部门会商审批，减少自上而下式项目安排导致的"无效供给"。要针对目前粮食生产劳动力成本占比高、上升快的实际，以粮食主产区为重点，在加强粮食基础设施建设、提高粮食产能过程中，集成农业、水利、交通、国土等部门的项目和资金资源打捆建设，结合农村产权制度改革，以土地整理为载体，促进"瘦土"变"沃土"、"小田"变"大田"，配套建设沟渠、机耕道等设施，为提高机械化作业能力奠定基础。在基础设施建设过程中，要优化建管模式，推广小型基础设施村民自建机制，采用村民自建的方式将资金集中用于耕作道路、沟渠以及田型调整、土壤改良等小型公共基础设施建设，增强种粮主体的参与性和基础设施建设的瞄准性，既从根本上提高产能，又增强粮食经营主体的参与积极性，还能让农户从中获取劳务收入。

（二）规范耕地流转行为

虽然耕地是实现粮食适度规模经营、提高粮食生产经营效率的重要途径，但是通过前文分析发现，在耕地流转中的"非农化""非粮化"行为更为严重。因此，一方面要推动土地流转，引导发展多种形式的粮食适度规模经营；另一方面要规范土地流转，有效防止耕地在流转中改变用途。

1. 增强土地流出方耕地保护意识

农村土地确权颁证工作的完成为明确产权关系、保护合法权益奠定了坚实的基础。但是，调研发现，许多土地承包者在土地流转中主要关心的是土地流转的收益，而对土地流转后的用途漠不关心，甚至在明知道流入方将改变用途的情况下，只要获得了自认为"合理"的价格就选择性地"视而不见"。因此，在确权办证的基础上，要进一步增强土地承包者的产权意识和耕地保护意识。

2. 规范土地承包经营权流转市场

各地要依托在农村产权制度改革中建立起来的农村产权交易市场，强化土地承包经营权流转服务功能，通过搭建承包经营土地流转服务信息平台，及时发布土地流转信息、指导价格、支持政策等，降低流转主体交易成本，并有效防止价格"虚高"或"虚低"。尤其是要分类制定土地流转指导价，对于流转耕地从事粮食生产的，要与从事蔬菜等经济作物生产的严格区分，防止流转价格过高而抑制种粮主体流转土地的意愿。同时，要规范流转程序和流转合同，土地流转须经所在集体经济组织（发包方）同意，并在流转合同中明确流转地块信息、流转形式、流转期限、流转费用、流转用途及流转双方的权利义务，尤其是要通过流转用途的约定为防止耕地"非农化""非粮化"提供合同依据，并通过违约责任条款、履约保险等方式提高流入方的违约成本，从而推动农村土地规范流转、合理使用。

3. 压实土地流转监管责任

除继续强化行政性约束之外，更重要的是应切实加强耕地用途管制，建立和完善工商企业租赁农户承包地的准入制度、监管制度和风险防范机制，防止土地利用过度"非农化"和"非粮化"。同时结合农村集体产权制度改革和粮食综合补贴政策优化，以集体经济组织为主体强化土地流转监管，并探索建立耕地抛荒的有效约束机制和耕地"非农化"和"非粮化"管控机制,采取及时有效的措施强化集体经济组织作为所有权证主体的监管权力。

(三)统筹利用撂荒耕地

由于耕地规模有限、农业比较效益低,耕地撂荒对于承包经营主体来说可能是理性的决策行为,但是个体理性往往导致集体非理性,大面积的撂荒无疑将影响全社会的农产品生产能力,尤其是降低粮食的生产能力。为了有效遏制耕地撂荒现象,2021 年出台的《农业农村部关于统筹利用撂荒地促进农业生产发展的指导意见》从坚持分类指导、强化政策扶持、加快设施建设、规范土地流转、加强指导服务、加强宣传引导等方面提出了具体的指导意见。本课题在前文分析撂荒现象及其原因的基础上,提出尤其要针对撂荒的主要原因进行分类施策,包括以下三个方面的利用路径。

1. 调整利用

对于丘陵、山区立地条件差尤其是坡度大、土质差的撂荒耕地,要在大粮食观的指导下,统筹农林牧等多产业发展,并兼顾土地的产品功能和生态功能,合理调整土地性质和耕地用途,充分发挥其比较优势。对于具备粮食发展条件的,优先发展粮食产业,对于不适宜发展粮食或者条件太差、发展粮食亩产水平太低的,要充分结合立地条件、气候特征和产业优势,因地制宜发展特色水果、中药材、种草养畜产业,从而有效利用光热水土等资源提供多元化的农产品、林产品和畜产品,满足日益多元化的食物消费需求。

2. 流转利用

对于因缺乏劳动力或拥有更好的非农就业渠道而形成土地撂荒的,要充分结合"三权分置"改革,引导承包户通过邻里代耕、托管、出租、入股等多种形式盘活土地经营权。通过前文分析,虽然各地均存在一定的邻里代耕现象,但邻里代耕的一般是耕作条件好、交通便利的土地,而耕作条件、交通条件较差的耕地则仍然处于撂荒状态。因此,通过邻里代耕的形式破解土地撂荒现象具有很大的局限性。一方面,要充分发挥集体经济组织的统筹功能,结合集体经济发展壮大，引导村民将承包耕地自愿有偿退还村集体或者是通过入股、托管等方式交由村集体经济组织统一经营。调研发现，各地已经开展了多种形式的探索和实践，但受制于集体经济组织实力有限、分散腾退撂荒耕地难以规模化利用等因素，尚未形成大范围、大规模的盘活利用。因此，要结合农村集体产权制度改革，增强集体经济发展实力，创新集体统筹利用模式，并协同推进土地综合等项目，增强集体经济组织统筹利用撂荒耕地的能力。另一方面，要针对因缺乏劳动力而形成的季节性撂荒等现象，大力引进新型粮食经营主体，既要通过出租等方式形成规模经济提高耕地利用效率，更要通过服务托管、保底分红等方式参与产业发展，分享产业发展效益。

3. 改造利用

对于土壤质量好但因交通、水利条件差等原因而撂荒，并且种粮主体不愿流转或者难以通过流转直接利用的，要统筹加强农田水利基础设施建设。一方面要充分发挥集体经济组织的统筹功能，对回收的撂荒地进行改造、整理后再开展粮食生产。另一方面要重点针对新型种粮主体流转撂荒地自行改造利用的，加强沟渠、道路等基础设施尤其是高标准农田建设等项目支持，有条件的地区可根据种粮主体发展粮食产业的实际需求"量身定制"基础设施建设支持项目，通过因地制宜、供需结合的撂荒耕地改造提高耕地的综合生产能力和整体利用效率。

（四）支持耕地保护行为

根据前文分析发现，虽然部分种粮主体的耕地保护意识有所提升，但是，从总体来看，除"顺其自然"的利用之外，选择"保护性利用"的种粮主体占比依然低于选择"想方设法多生产"的占比。耕地保护利用不仅有利于种粮主体提高粮食品质、形成可持续生产能力而获利，而且有利于改善土壤质量、增进农产品质量安全等形成正外部性，但其为保护利用而支付的成本往往难以通过自身的生产经营获得完全的覆盖。因此，需要对种粮主体的耕地保护利用行为加以支持。

1. 建立耕地保护金制度

在各地探索试点的基础上，在国家层面建立耕地保护金制度，在将农作物良种补贴、种粮农民直接补贴和农资综合补贴合并为农业支持保护补贴的基础上，调整补贴对象，推动从补贴耕地承包者向补贴耕地经营者转变，达到真正支持保护农业尤其是粮食产业的目的。同时，在现有补贴的基础上，增加耕地保护补贴，在每年的新增建设用地有偿使用费和土地出让收益中提取一部分作为专项资金用于耕地保护，而且鉴于粮食主产区基本农田、永久基本农田占比高而建设用地指标少、价值相对较低但耕地保护规模大、压力大的实际，要建立全国统筹机制，从而促进耕地保护制度更加公平。

2. 健全粮食生产补贴机制

健全粮食生产补贴机制，对于流转耕地开展粮食适度规模经营的，在已有的稻谷、小麦生产者补贴和农机购置补贴等基础上，针对种粮主体面临的困难和条件，积极推进完全成本保险、粮食价格指数保险报废补贴和土地轮作休耕补贴，为种粮主体的合理耕地利用行为提供更为完善的补贴机制。鼓励各地针对稻田的水源保护功能和气候调节等生态价值，开展"稻田生态补偿"等探索实践，按照水稻实际种植面积进行补贴，建立起按照水稻种植面积"多种多补，少种少补，不种不补"和补贴对象"谁种补谁"的补贴实施机制，对生产主体进行直接补贴，对提供稻田独特生态价值的种粮主体给予更具针对性的补偿激励，有效弥补"市场失灵"。

3. 强化保护利用行为激励

在国家实行粮食保护价收购、粮食难以实现优质优价等因素的综合作用下，多数种粮主体重数量而轻质量，虽然近年来全国粮食持续增产，但这是建立在农药、化肥等生产要素大量投入的基础上的。虽然农药、化肥零增长行动成效已经显现，但是从总体来看，农药、化肥的利用效率仍然很低，还有很大的提升空间。尤其是在农村劳动力结构性短缺、劳动力成本不断提高的背景下，有机肥使用减少、化肥和农药施用居高位，需要进一步强化有机肥替代化肥、秸秆还田、绿色防控技术推广，对种粮主体增施有机肥、改良土壤、使用病虫害生物防治药物和物理防控设备等行为进行补贴，激励种粮主体强化耕地保护利用行为。

参考文献

林毅夫：《制度、技术与中国农业发展》，格致出版社、上海三联书店、上海人民出版社，2014。

罗必良、张露、仇童伟：《小农的种粮逻辑——40年来中国农业种植结构的转变与未来策略》，《南方经济》2018年第8期。

姜长云：《农户分化对粮食生产和种植行为选择的影响及政策思考》，《理论探讨》2015年第1期。

产业发展

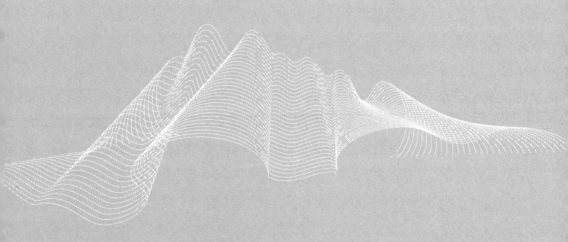

现代农业产业园与合作农户利益联结机制研究

——以甘肃省定西市为例

王建兵　柴喜梅*

摘　要：现代农业产业园在积极探索农业产业化整个过程中以及提高当地农户营收中起到积极作用，而明晰园区内龙头企业和农户间的利益联结机制是深入开展农业产业化营运的关键。本文通过调查定西市现代农业产业园的发展状况，园内"龙头企业"对于农户的带动作用，从企业和农户的发展角度，梳理产业园利益联结机制的现状，针对存在的问题提出相应的建议。

关键词：利益联结机制　现代农业产业园　龙头企业　合作农户　定西市

一　引言

　　现代农业产业园是三产融合发展的平台，延伸了三产、增加了就业和带动了增收。[①] 作为一种应重点培育的新型经营主体，现代农业产业园是各个利

---

　*　王建兵，甘肃省社会科学院农村发展研究所所长，研究员，甘肃农业大学博士研究生导师，研究方向为农业与农村发展；柴喜梅，甘肃农业大学财经学院硕士研究生，研究方向为农业与农村发展。

　①　张利庠、罗千峰、王艺诺：《乡村产业振兴实施路径研究——以山东益客现代农业产业园为例》，《教学与研究》2019 年第 1 期。

益主体共同作用的结果，因此满足主体利益诉求是其稳定发展的保障。[①]农户作为现代农业产业园发展的核心，同时也是其最主要的服务对象，在其中扮演着参与者的角色。[②]1957 年，Davis 和 Goldberg 在其著作中明确了"农业一体化"概念，[③]开启了农业产业化研究的篇章，随着农业一体化概念的不断深入，相关理论逐渐传入其他发达国家和地区（英国、日本、欧盟等）。日本学者千叶典 2009 年在其发表的文章中指出，全球农业产业已经进入产业化时代，从农业的经贸关系等角度来说，最终促成农业产业化的国际化进程。[④]Cook 和 SKyuta 在 2011 年从经济学的角度对农业产业化进行了分析，提出了实现农业产业化的方案和出路。[⑤]

对于我国而言，关于在农业产业化过程中具有促进作用的现代农业产业园，最早是在 2016 年 12 月的中央农村工作会议上提出的。2017 年中央"一号文件"指出，产业园以规模化基地为基石，在龙头企业的带动下聚集现代生产要素。王树进等指出现代农业产业园是以农业产业为主导，通过龙头企业带头引领，聚集人才、资金、土地等资源要素，集农业生产、农产品加工、现代数字化物流、农业技术研发、全面服务于一体的全产业链综合性平台。[⑥]目前，学界对现代农业产业园的定义尚未统一，对于利益联结的研究最早从农业产业化相关主体入手，即相应主体间的利益关系，并且相关主体是利益共同体，需要共享利益，更为关键的是能够共担风险。利益联结的构建是一项复杂多样的系统性工程，[⑦]有利有弊，应该根据需求组合要素。对于利益联结机制的研究，学者们围绕概念界定从不同层面进行了讨论，随着研究不断深入，利益联结机

---

① 张利庠、罗千峰、王艺诺：《乡村产业振兴实施路径研究——以山东益客现代农业产业园为例》，《教学与研究》2019 年第 1 期。
② 周月康：《滏东现代农业产业园核心利益主体研究》，河北工程大学硕士学位论文，2020。
③ 姜长云：《新时代创新完善农户利益联结机制研究》，《社会科学战线》2019 年第 7 期，第 44~53 页。
④ 蒋一卉：《一五二团酿酒葡萄产业化发展模式研究》，石河子大学学位论文，2017。
⑤ 陈雪：《农业龙头企业与农户利益联结的博弈分析》，东北财经大学学位论文，2017。
⑥ 王树进、王丽娟：《现代农业产业园区运行模式选择地区差异——基于绩效的考量》，《科技与经济》2013 年第 1 期。
⑦ 黄梦思、孙剑：《"农业龙头企业＋农户"模式的关系风险与交易治理》，《华南农业大学学报》（社会科学版）2018 年第 1 期。

制从松散型向紧密型演化。[①] 因此，探析农户在产业园中的利益联结机制，对于找寻增收、平衡风险的路径具有现实与理论意义。

二 基于农户视角的现代农业产业园与农户利益联结机制分析

定西市国家现代农业产业园以马铃薯和蔬菜为两大支柱产业，已成规模。2019 年末，全市种植面积达 52.19 千公顷，与 2015 年相比，增加了 11.95 千公顷。本研究对农户采用问卷调查方法，对园区内龙头企业和专业合作组织进行访谈调查。

（一）产业组织模式现状

在马铃薯和蔬菜产业化经营早期，种植户大多以散户形式存在，在与企业交易的过程中都是基于极其简洁的买卖合同，基本不签订购销合同，这种情况存在很大的不稳定性，随着产业的快速发展，这种初期的合作模式逐渐被淘汰。目前，定西市的合作模式是以"园区＋企业＋联合社＋基地（合作社）＋农户"作为导向，农户和龙头企业会签订相应的合同，该合同约定了原材料的交易数量、质量和价格等内容，农户所提供的原材料的相关指标能符合合同要求的，则龙头企业就按照合同约定对农户的原材料进行收购，两个主体之间建立起商品的契约合同。由此可以看出，商品契约型模式联结了多个利益主体，包括龙头企业、联合社、合作社、基地和农户。

（二）利益联结机制的选择与发展——基于农户的调查

通过对定西市的安定区和临洮县农户发放问卷了解当地利益联结机制现状，共发放问卷 200 份，回收 180 份，剔除无效问卷后，有效问卷

---

① 周月康：《滏东现代农业产业园核心利益主体研究》，河北工程大学硕士学位论文，2020。

160 份。

1. 农户基本情况

（1）农户文化程度

调查发现绝大多数农户是初中文化水平，拥有初中及以上学历的农户占54.4%。调查结果表明，具有较高文化水平的农户对于市场信息比较关注，从而能通过寻求比较优良的品种或者经营模式，获得更好的收益，而文化程度不高的农户大多没有主见。随着时代的进步和发展，农村一家之主的旧观念也发生改变，决策权并不完全掌握在家长手里，而会更多地征求家庭其他成员尤其是女主人的意见。

（2）农户年龄

户主年龄以 41~60 岁居多，占 63.7%，26 岁以下的最少，仅占 1.3%。

（3）劳动力分布

从劳动力数量来看，家里拥有两个劳动力的占 41.9%，家庭成员外出务工比例高，种植农户主要是年龄较大的人。劳动力数量和家庭成员数量也是影响农户决策的主要因素，每户劳动力以 2~3 人为主，占 79.4%。

（4）生产专业化

经调查发现，影响农户决策的另一个因素是生产专业化。农户的经营效率大幅度提高，甚至有一部分农户采用集约化生产方式。农户生产单一产品所带来的收入占其收入一半以上的比例达到 55.6%，该类产品占整个地域总收入一半以上的比例也达到了 49.4%，同时农产品转化成商品的转化率达到 50%，甚至 82.8%。从这些统计数据可以看出，随着市场经济的不断发展，农户能理性地对市场形势做出分析，并对效益和规模优势格外重视。

2. 农户产业化利益联结机制的选择

（1）农户参与产业化的原因与绩效分析

从调查结果可知，产业化经营中最优先考虑的因素是经济因素，其次考虑的是农产品的销路。此外，社区或者邻里的文化氛围也会对农户的参与度造成影响，其重要原因就是受从众心理影响。农户参与产业化经营后取得了非常显著的效益，从调查结果来看，关键是对产品价格有一定的维持稳定功能，赞成这个观点的农户占1/3。同时，产业化经营有助于产品质量的提高，因为产业化经营对于产品生产流程有严格要求，农户必须按照要求执行，才更有利于合作的长久，进而获得更加稳定的收益。

农户参与产业化经营后，一定程度上降低了生产资料的购入价格，同时提高了销售价格，扩大了销售渠道，节约了销售成本，最终取得比较明显的效益。因此，农户生产的农产品一半以上销售给龙头企业的占49.4%。另外，还有23.1%的农户只销售生产的产品的1/4给企业。

（2）农户参与产业园区利益机制的选择

调查结果显示，农户比较偏向于合作式联结机制，占56.3%，在利益分配时，选择这种机制的农户比例更是高达58.8%，另外青睐股份式和合同式联结模式的农户占34.3%，而选择买断式的农户只占9.4%。

（3）农户与产业园区合作的利益保障机制

调查发现，农户和企业采取的合作方式多是靠双方共同协商，占比76.3%，同时，农户还具有很强的自主性，其中由自己做主的农户占18.7%。龙头企业和农户之间的合作内容主要有质量标准、收购日期和收购价格，占比分别为48.7%、15.6%、19.4%。关于贷款支付形式，农户已经达成了一致的观点，即赞同现金交割为最佳，当然最理想的形式是农户先获得部分定金，这部分资金既能用于生产开支，又是一剂"定心丸"，使农户利益得到保障。但是农户对于扣款方式都不是很能接受，认为自身利益受到了损害。

（4）农户与产业园区合作的利益约束机制

在企业和农户合作过程中，为了使合作关系更加持久稳固，且尽最大可能地保证农户和企业的利益，相关的约束机制不可或缺。从农户违约情形来分析，其违约率明显比企业高得多，两者差距为33.1%。农户违约的主要诱因是市场价比合同收购价更高，因此会违约，这种情况占比70.6%；其次是质量和数量达不到合同要求，分别占比7.5%和13.1%。

对于违约现象的处理，大多数农户会采取双方共同协商的解决方式，该比例为 39.4%，另外有 32.5% 的农户会选择诉诸法律，两者相加达到了 71.9%，这个数据表明农户的法制意识、维权意识不断增强。一部分农户会选择沉默，因为诉讼费用高、手续烦琐，增加交易成本。

3. 农户利益联结机制选择的影响因素

（1）市场价格与农户产业化利益联结机制的选择

对于信息不对称所带来的危害表现在市场价格上，因为市场竞争存在无序的情况，价格的集中生成机制需要一定时间，这会造成价格信息系统性失真，其影响非常大，持续时间也较长。造成信息不对称的根本原因是小农户所拥有的商品数量相对较少，搜寻信息滞后，信息成本较高。

从调查结果来看，当市场价格出现大幅波动时，农户更趋向于买断式的联结机制，占比为 71.7%，因为农户在市场信息收集上花费很小。当市场价格相对稳定时，农户对半紧密型联结模式比较看好，其次是合同式和合作式联结模式，均占 1/3。当市场价格表现非常稳定时，农户偏向于紧密型联结模式即股份式联结模式。

（2）农产品目标销售市场与农户产业化利益联结机制的选择

从调查结果来看，产品所设定的目标销售市场和利益机制紧密相关，当产品销售以本地市场为主时，农户更青睐合作式联结模式，占比高达 73.6%。而当产品销售以国外市场为主时，农户会更倾向于紧密型联结模式，常见的是股份式联结模式，其中最主要的原因是国外市场对产品质量有更加严苛的要求，农户只有选择和企业紧密联合，才能有效提高产品质量。

（3）农产品商品化率与农户产业化利益联结机制的选择

农户生产越来越趋向于规模化和集约化，这对于农业产业化的实现具有积极意义。从调查结果分析，当所拥有农产品的商品化率低于 15% 时，农户更加青睐买断式联结模式，占比高达 76.1%。当商品化率大于 50% 时，农户喜欢紧密型联结模式，如合同式和合作式。当商品化率大于 75% 时，农户更多的是选择合同式和合作式，比例为 75.4%，选择买断式的比例为 13.2%，而选取股份式的比例为 11.3%。

三 现代农业产业园利益联结机制的调查

下文以定西市国家现代农业产业园为研究对象，选取园区内具有代表性的龙头企业即三家企业和一个乡镇为案例，对定西市农业产业园与农户利益联结机制进行探讨。

（一）基本状况

安定区国家现代农业产业园的总体布局是"一园三区"，规划范围为香泉、巉口、凤翔、鲁家沟、高峰，面积114.8万亩，辐射安定区19个乡镇306个村，总面积545.81万亩。产业园自2019年成功创建以来，以财政资金入股分红，2019~2020年为1197户贫困户和238个贫困村分红542万元，农民人均可支配收入达到1.2万元。同时，新型经营主体推动建立"龙头企业＋联合社＋合作社＋种植户"等经营模式，带动近10万户农户参与马铃薯生产。

临洮县国家现代农业产业园的规划面积为13.3万亩，包括太石、新添、辛店、中铺、八里铺、洮阳6个乡镇，耕地面积9.7万亩，农村人口4.89万人。园区布局为"一心三区"，各类经营主体301家，临洮县积极创新模式，以党建引领蔬菜产业，"党建＋协会＋龙头企业＋基地＋合作社＋农户"的模式使得龙头企业与合作社实现资源共享和产销对接，同时，合作社积极吸纳会员，提倡与农户互利共赢。

（二）个案分析

1. A 公司与种植户的利益联结

A公司是一家国家级农业产业化重点龙头企业，占地面积860000平方米，一直致力于完善供应链金融体系，破解产业链上各主体的融资难题。采取"龙头企业＋联合社＋合作社＋基地＋农户"模式，企业主导、联合社引领、合作社组织、农户生产，建立高海拔无污染优质原料基地20万亩，按照每斤不低于 0.45 元的价格与农户签订订单收购协议，既保障企业加工原料，又保障农户产业收益，打造分工协作、风险共担、利益共享的全产业链命运共同体。该龙头企业与种植户利益联结方式是普遍存在的订单收购模式，实行固定的最低价来保障农户利益，但企业的利益无法得到有效保障。

究其原因，马铃薯的市场价格波动较大，园内龙头企业规模普遍较小，无法承担价格较大波动带来的风险。同时，公司注重提升"福景堂"淀粉的市场知名度和占有率，与康师傅、双汇等国内 138 家食品领军企业有长期稳定的合作关系，对于原材料质量要求较为严格，在订单收购模式下，企业会为农户制定相应的农产品质量收购标准，对于达标产品进行收购。而农户在收购标准下，有时会因气候、灾害等因素而无法完全保证农产品质量，在这种情况下，企业的可收购数量不足，会对企业的利益产生一定的不利影响。

2. B 公司与种植户的利益联结

B 公司采用"订单农业"模式，走"公司＋新型经营主体＋基地＋农户"的路子。公司助力精准扶贫，与当地合作社和种植大户签订马铃薯原料收购合同，优先代购代销贫困户的马铃薯，按合同价收购农产品，较市场价格多向农户支付 960 万元。每年土地流转自建基地 12000 余亩，向农户支付土地租金 660 万元，提供贫困户固定就业岗位 10 人以上，人均增收 3 万元，扶贫成效显著。

对于公司与农户的合同式联结模式，由于部分农户对农业收入的认知不足，尚未认识到马铃薯的高附加值，也没有将农业作为脱贫产业予以重视，不愿加大投入、与企业进行长期合作，而是继续选择以前自给自足的精耕细作方式。对于企业而言，农户这种不成熟的认知会影响企业原材料的来源与质量保证，对于双方来说都是不利的。近些年来，随着"三权制度"的相应改革，农户流转土地给企业，获得土地租金，企业扩大自建基地的规模，双方利益状况有较大的改善，但是也会出现由于农户土地质量差，企业选择将土地退还给农户的情况。农户基于个体力量薄弱的考虑，会选择加入组织能力较强的合作社组织，但是合作组织由于缺乏人才，很难同企业展开对等谈判，农户利益不能完全得到保障。

3. C 农场与种植户的利益联结

C 农场位于新添镇孙家村，一期 800 亩已具现代农业规模，配备以色列水肥一体化滴灌设备，与 2 个村委会和 50 户未脱贫户签订了入股经营协议，吸纳周边剩余劳动力 100 多人务工，村委会每年获得土地流转固定收益 80 万元，未脱贫户每户每年可获得分红收入 3000 元。公司按一定标准实行配股分红，对贫困户"包地分红"，对流转土地一亩按 400~600 元付租，雇工报酬以男性劳动力 130 元 / 天、女性劳动力 110~120 元 / 天来支付。为降低风险，企业会选择多品种种植，为收购原材料订立一定标准，农户的原材料只有达到标准才能被收购。

对于农户而言，企业进行散户收购模式，会对原材料的质量要求比较高，未能达到标准的蔬菜难以找到销路，利益损失较大。对于企业而言，对贫困户实行的"包地分红"制度会损害企业的利益，农户原材料质量风险较大。利益联结机制的背后是农户文化和素质的制约，农户对龙头企业带动脱贫等的不正确认知，会挫伤企业发挥带动作用的积极性。

4. 扶贫产业园与种植户的利益联结

D 镇建成了占地 560 亩的种薯扶贫产业园，引导当地搬迁农户租赁种植大棚、务工或将土地流转给新型经营主体，采取"企业建基地，合作社带农户，科研单位供技术"的模式，拓宽搬迁农户增收渠道。其中，搬迁贫困户的土地入股收入按人均 5.5 亩、每亩 120 元的价格流转给合作社，每年户均收入 2640 元。产业园注入易地扶贫搬迁产业培育资金 2000 万元，按照不低于折股量化股金 8% 的比例进行分红，村集体、农户收益份额比为 3 : 7，搬迁户每户年分红 3040 元，村集体每年得到社区化管理费用 5 万元。产业园常年用工 160 人左右，按月平均收入 2000 元左右计算，人均年可获得劳务收入 2.4 万元。另外，在马铃薯原种集中上市期间会临时增聘 50 人左右，按 3 个月计算，人均可获得收入 6000 元。有劳动、经营能力的搬迁户，可以租赁大棚创业，已有 33 户搬迁户租赁大棚，每年可获得经营性收入 3 万元左右。对于务工人员及时开展技术培训，让贫困农户真正掌握一门技术，成为勤劳致富的"土专家"。D镇以搬迁贫困户为对象，积极与合作社合作，流转土地，入驻企业也发挥了带动扶贫作用，农户增收效果明显。

四　现代农业产业园与农户利益联结机制存在的问题

（一）利益联结机制产业基础薄弱

利益创造是构建整个农业产业化机制的关键，在目前国内农户加企业的经营模式下，企业是创造利益的主体，一个区域如果进行农产品产业化的龙头企业资金和技术实力比较雄厚、对周围的农户具有较强的吸引力和带动力，就能够为整个共同体创造更大的利益。龙头企业的发展状况，直接决定其与农民组成的共同体是否获利。如果进行产业化的龙头企业自身发展规模较小，无法带动周围农户，以股份制形式构建联合组织基本上无法实现。由于定西市地处西部贫困地区，农业基础条件欠发达，龙头企业在农产品精深加工环节技术力量相对薄弱、科技研发水平有待提升、品牌建设与推广力度不够、数字化建设有待加强，整个企业的资金运营状况欠佳。

（二）利益联结机制主体地位不对等

在市场信息不对称情况下，农户在农业产业化过程中往往处于不利地位，而企业在整个交易活动中占据相对主导地位。企业掌握的市场信息比较充分、能够进行大规模集成化生产，在经济实力上比较雄厚、内部组织程度较高，并且龙头企业在市场交易中具有较强的谈判能力。农户作为自然人，经济实力比较薄弱，再加上信息比较闭塞，无法及时获得信息，能调度的资源也相当有限，在市场交易中的谈判能力不足。

（三）利益联结机制约束力不强

一方面，当农户与龙头企业目标发生冲突时，因为合作双方的合约不规范，甚至大多是口头协定，条款设计的严谨程度不够，对履行的期限、双方履行合同的方式或者相关的地点都未予以明确，违约行为的出现是不可避免的。另一方面，农产品的价格波动比较大，企业和农户都希望利益最大化，如果市场价格和企业收购价格相差不大，两者的合作关系还能维持，一旦市场价格和企业收购价格差距较大，农户必然会选择违约，或市场价格低于企业收购价格，一些规模较小的企业就会选择违约，从而降低损失。长此以往，双方的违约行为都被默认，这加大了双方合作失败的风险。

（四）利益联结机制规范性不足

农户和龙头企业是不同的经济体，相同点在于追求利益最大化，当两者利益产生矛盾时，农业合作组织是解决矛盾的主要机构。目前定西市农业合作组织内部的运营机制不规范、组织结构不健全，缺乏具有经验的管理人员。同时，农业合作组织规模小，绝大多数情况下合作社成员不超过百户，带动农民生产的作用十分有限。

五 完善龙头企业与农户利益联结机制的建议

（一）发展壮大产业园中的龙头企业

建立一批技术先进、创新实力强、规模大、收益好的龙头企业。通过完善市场竞争机制，树立标杆企业，提升产业的影响力和竞争力。企业要重视建立科研基地，不断加大科技研发投入，发展全产业链，实现从种子到餐桌的一条龙服务。将建立知名品牌作为企业发展目标，同时结合企业自身特点，时刻关注整个市场需求，严格控制产品质量关。

（二）积极培育新型专业农户

农业产业化需要广大农户的积极参与，农户要不断提升自身文化素质，努力成为新时代新型职业农民。在龙头企业和广大农户之间建立利益联结时，起决定性作用的是农户所具有的意识、文化水平及合作精神。因此要通过各种手段、渠道，对广大农户进行教育，提升其综合素质，懂得创新、懂得管理、懂得经营其所生产的农产品，成为一名合格的新时代农民。要加强农村职业教育工作，从整体上提升农户的知识水平。政府、企业和社会要针对文化水平较低的区域进行文化普及、农业技术推广和培训，帮助农户提升生产水平和相关管理技能。

（三）建立信用约束机制

广大农户和龙头企业开展长期合作的前提是双方都要遵守合约，并认真履行契约。首先，建立第三方组织，为农户与企业提供服务的同时规范双方的行为。其次，构建自我履行约定的信誉机制，从法律上和道德文化上给予双方约束，拥有好的信誉就意味着能够获得更丰富的资源和合作机会。最后，在建立信誉机制的同时，要加强企业和农户之间的有效沟通，企业要积极向合作农户宣传先进技术和管理经验，并及时告知农户双方在合作中所获得的进步以及下一步目标，从而建立良好的信任机制。农户和企业之间还可以进一步商讨双方的利益分配机制，促成长期的、永久的、制度化、人性化的合作。

（四）重点发挥合作组织的作用

农民合作组织能起到桥梁作用，能够连接企业和广大农户，因此，政府应当积极鼓励广大农户参与相关的农民合作组织，使农户实现联合，并且发展成整个行业的主体。同时应当根据当地农产品发展状况，因地制宜地组织农户加入合作社，并针对农业组织制定一定的优惠政策，帮助其建立合理的运营管理机构，通过制度化管理促进整个组织不断发展壮大，成为真正的农民组织。

（五）政策优化园区运行环境

园区对龙头企业和农户关心的农产品市场价格、市场需求量、影响农产品生产的生产资料、气象等信息及时进行更新，以便做好风险管理控制，同时建立风险补贴基金，将相关风险降低到最小。对于资金问题，政府应当提供多种配套资金和优惠政策，降低资本风险，充分发挥农村金融在农民合作组织中的重要作用。政府应当结合实际情况建立相关土地流转机制，通过政策鼓励具有条件的农户进行土地有偿转让，进一步促进农业产业化的健康发展。

参考文献

张利庠、罗千峰、王艺诺：《乡村产业振兴实施路径研究——以山东益客现代农业产业园为例》，《教学与研究》2019 年第 1 期。

周月康：《滏东现代农业产业园核心利益主体研究》，河北工程大学硕士学位论文，2020。

姜长云：《新时代创新完善农户利益联结机制研究》，《社会科学战线》2019 年第 7 期，第 44~53 页。

王树进、王丽娟：《现代农业产业园区运行模式选择地区差异——基于绩效的考量》《科技与经济》2013 年第 1 期。

李和平、张晓晓：《农户视角下现代农业产业园利益联结机制探析》，《农村经济》2019 年第 7 期。

黄梦思、孙剑：《"农业龙头企业＋农户"模式的关系风险与交易治理》，《华南农业大学学报》（社会科学版）2018 年第 1 期。

王建华、李清盈、乔磊：《不同类型利益联结机制下的中小稻米加工企业发展模式研究——以江苏省兴化市粮食市场为例》，《农村经济》2014 年第 11 期。

王文、吕军、杨晓文、周至柔、常志光：《现代农业产业园建设模式与关键技术研究》，《中国农机化学报》2020 年第 12 期。

罗其友、刘子萱、高明杰、刘洋、杨亚东：《现代农业园区发展机制探析》，《中国农业资源与区划》2020 年第 7 期。

高明杰：《国家现代马铃薯产业园建设刍议》，载《马铃薯产业与健康消费（2019）》，内部资料，2019 年 5 月 26 日。

王乐君、寇广增、王斯烈：《构建新型农业经营主体与小农户利益联结机制》，《中国农业大学学报》（社会科学版）2019 年第 2 期。

肖琴、罗其友：《国家现代农业产业园建设现状、问题与对策》，《中国农业资源与区划》2019 年第 11 期。

张衡：《呼和浩特市农业龙头企业与合作农户利益联结机制研究》，西北农林科技大学硕士学位论文，2017。

古川、曾福生：《产业扶贫中利益联结机制的构建——以湖南省宜章县的"四跟四走"经验为例》，《农村经济》2017 年第 8 期。

陈学法、王传彬：《论企业与农户间利益联结机制的变迁》，《理论探讨》2010 年第 1 期。

姜睿清、黄新建、谢菲：《为什么农民无法从"公司＋农户"中受益》，《中国农业大学学报》（社会科学版）2013 年第 3 期。

李豫新、付金存：《区域农业产业化发展评估指标体系的构建与应用——基于新疆兵团的实证分析》，《干旱区地理》2012 年第 4 期。

朱满德、江东坡、邹文涛：《贵州省龙头企业与农户利益联结机制探究》，《江苏农业科学》2013 年第 9 期。

雷玉明：《关于龙头企业与农户利益联结机制的研究》，华中农业大学博士学位论文，2006。

农业绿色高质量发展水平评价

——以内蒙古巴彦淖尔为例

史洁琼[*]

摘　要：定量评价农业绿色高质量发展水平是进行农业绿色高质量发展绩效考核、引导地方有序推进农业绿色高质量发展的基础性工作。本文基于农业绿色高质量发展的理论内涵和现有统计数据，构建了一个包括环境友好、资源节约、产出高效、产业融合、生活富裕5个维度18个指标在内的农业绿色高质量发展指标评价体系，据此对2016~2019年巴彦淖尔市农业绿色高质量发展水平做出评价，并将其与全国、内蒙古自治区农业绿色高质量发展水平进行对比。研究发现，与全国和内蒙古自治区相比，巴彦淖尔市农业在环境友好、产出高效、生活富裕三个维度上表现较佳，但在资源节约和产业融合两个维度上表现欠佳，尤其是农药和化肥施用强度依然较高、农产品加工业发展滞后对农业绿色高质量发展造成了不利影响。上述方面应当是巴彦淖尔市未来持续推进农业绿色高质量发展的工作重点和努力方向。

关键词：农业绿色高质量发展　巴彦淖尔　产业融合　资源节约

---

* 史洁琼，中国社会科学院大学应用经济学院硕士研究生，主要研究方向为区域经济发展。

定量评价农业绿色高质量发展水平是进行农业绿色高质量发展绩效考核、引导各地区有序推进农业绿色高质量发展的基础性工作。本文基于农业绿色高质量发展的核心内涵和现有统计数据基础，构建了一个包括环境友好、资源节约、产出高效、产业融合、生活富裕5个维度18个指标在内的农业绿色高质量发展指标评价体系，据此对2016~2019年巴彦淖尔市农业绿色高质量发展水平做出系统评价，并将其与全国、内蒙古自治区农业绿色高质量发展水平进行对比，精准识别巴彦淖尔市农业绿色高质量发展过程中的优势及其短板制约因素，为深入推进巴彦淖尔市农业绿色高质量发展提供指引。

本文主要包括以下四部分内容。首先，介绍农业绿色高质量发展的内涵，为构建农业绿色高质量发展指标评价体系奠定理论基础；其次，阐述农业绿色高质量发展指标评价的重要意义，从指标选取原则、指标设置依据、指标体系构成和计算方法等方面介绍本文所构建的农业绿色高质量发展指标评价体系；再次，利用现有统计数据测算巴彦淖尔市与全国、内蒙古自治区的农业绿色高质量发展水平，并从总体水平和分维度水平两个层次将巴彦淖尔市农业绿色高质量发展水平与全国及内蒙古自治区进行对比，精准识别出巴彦淖尔市农业绿色高质量发展的优势与短板制约因素；最后，对研究结论进行归纳，并就未来深入推进巴彦淖尔市农业绿色高质量发展提出相应政策建议。

一 农业绿色高质量发展的内涵

准确把握农业绿色高质量发展的深刻内涵，是实现农业绿色高质量发展的基础。当前，中国特色社会主义进入新时代，我国社会主要矛盾已经转化为人民日益增长的美好生活需要和不平衡不充分的发展之间的矛盾，我国经济已由高速增长阶段转向高质量发展阶段，而农业正处在转变发展方式、优化产业结构、转换增长动力的攻关期。习近平总书记指出，实施乡村振兴战略，必须深化农业供给侧结构性改革，走质量兴农之路；要坚持节约资源和保护环境的基本国策，推动形成绿色高质量发展方式和生活方式。① 绿色高质量发展是现代农业发展的必然趋势，是农业生态文明建设的重要组成部分，是推进农业供给侧结构性改革的内在要求，是建设社会主义新农村的重要途径，是实现农业可持续发展的必然选择。

深入贯彻落实习近平总书记关于做好"三农"工作、实施乡村振兴战略的重要论述精神，应当按照高质量发展的要求，围绕推进农业由增产导向转向提质导向，大力推进农业绿色化、优质化、特色化、品牌化，加快推动农业发展质量变革、效率变革、动力变革，全面提升农业质量效益和竞争力，为更好满足人民美好生活需要和推进乡村全面振兴提供强有力支撑。对于农业绿色高质量发展，要从环境友好、资源节约、产出高效、产业融合和生活富裕五个方面对其加以理解。

环境友好是农业绿色高质量发展的内在属性。农业和环境最相融，稻田是人工湿地，菜园是人工绿地，果园是人工园地，牧场是人工生态园，都是"生态之肺"。近年来，农业快速发展的同时，生态环境的问题变得日益突出。推进农业绿色高质量发展，就是要加快农业环境突出问题治理，加快推进生态农业建设，培育可持续、可循环的发展模式，重现农业绿色的本色，将农业建设成为美丽中国的生态支撑。

资源节约是农业绿色高质量发展的基本特征。长期以来，我国农业一直处于高投入、高消耗、资源透支、过度开发的发展状态。推进农业绿色高质量发展，就是要依靠科技创新和劳动者素质提升，提高资源利用率，实现农业节本增效、节约增收。

产出高效是农业绿色高质量发展的重要目标。习近平总书记强调，推进农业供给侧结构性改革，要把提高土地产出率、劳动生产率、增加绿色优质农产品供给放在突出位置。当前，农产品供给与城乡居民消费结构快速升级的要求之间存在需求不完全匹配的现象。推进农业绿色高质量发展，就是要提高产

---

① 《关于印发〈国家质量兴农战略规划（2018—2022年）〉的通知》，http://www.moa.gov.cn/nybgb//201902/201905/t20190517_6309469.htm，2019年2月20日。

出效率、增加高质量农产品供给，促进农产品供给由主要满足"量"的需求向更加注重"质"的需求转变。

产业融合是农业绿色高质量发展的重要手段。一二三产业融合发展是促进农业绿色高质量发展、农民增收的重要手段。当前在农村产业融合方面存在第一产业占比较大、二三产业的发展程度尚处于起步或初级阶段等问题。推进农业绿色高质量发展，就是要提高一二三产业融合水平，推动农林牧渔加工业快速发展，提高农业服务业产值占比，实现农林牧渔业产值增加值的快速提升。

生活富裕是农业绿色高质量发展的主要目标。构建农民较快的持续长效增收机制是实现农牧区经济增长、减小城乡居民收入差距的重要抓手。尽管农牧区居民的生活条件相较以前已经有了相当程度的改善，但继续提高农民生活水平将一直是乡村振兴战略中的重要发力点。推进农业绿色高质量发展，就是要提高农村居民收入水平，改善农民群众的衣食住行条件，提升农民群众的生活水平和生活质量。

二 巴彦淖尔市农业绿色高质量发展指标评价体系

内蒙古巴彦淖尔市位于黄河"几"字弯顶端，总面积6.5万平方公里，农业发展历史悠久，"八百里河套米粮川"享誉国内外。优良独特的农业资源，造就了优势突出的特色农业产业，从而产出了优质绿色的农畜产品。近年来，巴彦淖尔市以习近平生态文明思想为指导，以生态治理为基础，以现代农业为特色，以区域公共品牌为助推，生态、农业、品牌"三驾马车"并驾齐驱，努力推进农业绿色高质量发展。在此背景下，本文对巴彦淖尔市农业绿色高质量发展状况做系统、客观的评估，并就其未来发展方向提出相应的政策建议，对巴彦淖尔市进一步推进农业绿色高质量发展具有重要的理论和现实意义。

（一）指标评价的意义

对巴彦淖尔市农业绿色高质量发展水平和进展进行指标评价，至少具有以下意义。

第一，有助于对巴彦淖尔市农业绿色高质量发展现状有清晰的认知。对巴彦淖尔市农业绿色高质量发展水平进行评价，一方面，有助于了解巴彦淖尔的发展现状，为未来制定更有针对性的发展政策提供理论依据；另一方面，有助于了解巴彦淖尔市与全国和内蒙古自治区相比在农业绿色高质量发展方面存在的优势与短板，明确在推进农业绿色高质量发展工作中的成就与不足，明确未来推进农业绿色高质量发展的重点环节和攻坚方向。

第二，有助于及时总结农业绿色高质量发展经验。农业绿色高质量发展符合新时代高质量发展的需要，是一项创新型实践，在推进农业绿色高质量发展的过程中，要因地制宜地寻找符合自身条件的最优发展路径。通过对巴彦淖尔市绿色高质量发展水平的评价及其与全国、内蒙古自治区的比较，有助于发现和总结推进农业绿色高质量发展的先进经验，从而为未来促进农业绿色高质量发展提供决策参考。

（二）指标选取的原则

1. 重要性原则

所选取的指标应具有一定的公认度和权威性，不使用有歧义的指标，重点突出反映农业绿色发展的结果和水平，兼顾发展的措施与过程。在指标数量的选取上，应尽可能满足指标数量的最小性，使指标少而精，但同时又能客观合理地反映农业绿色高质量发展的实际状况。评价指标所需数据应主要来源于公开发布的统计年鉴或部门统计数据，以保证数据来源的权威性，提高评价结果的社会接受度。

2. 系统性原则

所选取的指标首先应能全面、客观地体现巴彦淖尔市农业绿色高质量发展的核心和主要内容，要能从资源、生态、生产和生活等方面全方位反映农业绿色发展的基本特征；同时，指标的选取还应具有一定的针对性，能够瞄准农业绿色高质量发展的核心问题和实际情况，确定关键性和决定性的要素。所有评价指标应构成具有内在逻辑关系的指标体系，体现巴彦淖尔市农业绿色高质量发展的特色，并与国家高质量发展相衔接。

3. 可操作性原则

所选取的指标应满足简便实用的可操作性、可量化性和普遍的适用性和可行性。所选指标要尽量以指标的相对量来衡量，便于横向与纵向的研究分析和进行地区之间的比较，从而扩大指标体系的适用范围。

4. 独立性原则

所选取的指标应具有较强的独立性，相互之间尽量避免交叉重复，提出和减少关联信息，提高农业绿色高质量发展评价精度。

（三）指标体系的构成及解释

绿色高质量发展水平测度必须以构建指标体系为前提。本文基于农业绿色高质量发展的核心要义，按照重要性、系统性、可操作性与独立性原则，结合现有统计数据基础，构建了巴彦淖尔市农业绿色高质量发展指标体系。全部指标分为两大类，即正向指标和反向指标。在进行测度时，正向指标数值越大，反向指标数值越小，表明农业绿色高质量发展水平越高；正向指标数值越小，反向指标数值越大，表明农业绿色高质量发展水平越低。各指标所用数据来源于《中国统计年鉴》《中国农业统计资料》《中国农村统计年鉴》《中国水利年鉴》《中国环境统计年鉴》《中国城乡建设统计年鉴》《中国社会统计年鉴》《内蒙古统计年鉴》《内蒙古自治区国民经济和社会发展统计公报》《巴彦淖尔市统计年鉴》等政府部门正式发布的统计资料。根据数据发布情况和指标可获得性，时间跨度覆盖2016~2019年。本指标体系的构成及各级指标的权重如表1所示。[1]

---

[1] 值得指出的是，由于数据可获得性限制，部分可以较好地反映农业绿色高质量发展水平的指标无法纳入本文所构建的农业绿色高质量发展指数评价体系，如农膜回收率、农业产业化龙头企业的数量或产值规模及其所占比例等；同时，对于已纳入指数评价体系中的部分指标，个别年份存在数据缺失问题，本文采用插值法予以估算。上述问题可能会对农业绿色高质量发展水平的准确测度产生一定影响。

表1　巴彦淖尔市农业绿色高质量发展指数评价体系构成及权重

一级指标	二级指标（权重）	指标含义	计量单位	指标类型
环境友好	农作物秸秆综合利用率（0.067）	资源化利用的主要农作物秸秆量占主要农作物秸秆生产总量的比例	%	+
	畜禽粪污综合利用率（0.067）	资源化利用的畜禽粪污量占畜禽粪污总产出量的比例	%	+
	生活垃圾处理村庄占比（0.067）	对生活垃圾无害化处理的村庄数占总村庄数的比例	%	+
资源节约	节水灌溉面积比重（0.05）	节水灌溉面积/有效灌溉面积	%	+
	单位农林牧渔业产值水消耗量（0.05）	农业用水量/农林牧渔业总产值	亿立方米/万元	–
	化肥施用强度（0.05）	化肥投入量/播种面积	吨/万亩	–
	农药施用强度（0.05）	农药使用量/播种面积	吨/万亩	–
产出高效	农业科技进步贡献率（0.033）	农业科技进步对农业总产值增长率的贡献份额	%	+
	农业劳动生产率（0.033）	农林牧渔业增加值/农林牧渔业从业人员	%	+
	农业土地生产率（0.033）	农林牧渔业增加值/播种面积	%	+
	单位面积粮食产量（0.033）	粮食产量/播种面积	万斤/万亩	+
	主要农产品质量安全检测合格率（0.033）	衡量主要农产品的可靠性、使用性和内在价值	%	+
	农业综合机械化率（0.033）	农业生产中使用机器设备作业的数量占总作业量的比重	%	+
产业融合	农（林牧渔）产品加工业总产值与农（林牧渔）业总产值之比（0.100）	农（林牧渔）产品加工业总产值/农（林牧渔）业总产值	%	+
	休闲农业和乡村旅游年营业额增长率（0.100）	休闲农业和乡村旅游本年营业额/上年营业额–1	%	+
生活富裕	农村牧区常住居民人均可支配收入（0.067）	农牧区居民人均可用于最终消费支出和储蓄的总和	元	+
	农村牧区常住居民恩格尔系数（0.067）	农村牧区家庭中食物支出/消费总支出	—	–
	城乡居民可支配收入比（0.067）	城市居民可支配收入/农村牧区居民可支配收入	—	–

注："+"表示正向指标，"–"表示负向指标。

1. 环境友好

改善农村生态环境，建立环境友好型乡村是实现农业绿色高质量发展的关键。环境友好维度由农作物秸秆综合利用率、畜禽粪污综合利用率、生活垃圾处理村庄占比3个二级指标构成。

（1）农作物秸秆综合利用率，是指资源化利用的主要农作物秸秆量占主要农作物秸秆生产总量的比例，取值0~100%。

（2）畜禽粪污综合利用率，是指资源化利用的畜禽粪污量占畜禽粪污总产出量的比例，取值0~100%。

（3）生活垃圾处理村庄占比。对生活垃圾的无害化处理可以改善农村生态环境和农村人居环境，具体使用生活垃圾处理村庄占比来衡量，取值0~100%。

2. 资源节约

资源节约是依靠科技创新和劳动者素质提升，提高资源利用率，实现农业节本增效、节约增收。资源节约维度由节水灌溉面积比重、单位农林牧渔业产值水消耗量、化肥施用强度、农药施用强度4个二级指标构成。

（1）节水灌溉面积比重。节水灌溉是最大限度地提高单位灌溉水量的农作物产量和产值的措施，该指标由节水灌溉面积/有效灌溉面积计算而得，取值0~100%。

（2）单位农林牧渔业产值水消耗量。农业用水占我国水资源消耗总量的60%以上，因此节约用水、降低单位农林牧渔产值水消耗量、提高用水效率是农业绿色高质量发展的重要内容。该指标采用农业用水量/农林牧渔业总产值的计算方法，结果数值越小，说明农业用水效率越高、农业绿色高质量发展水平越高。

（3）化肥施用强度。化肥施用强度是指单位播种面积中实际用于农业生产的化肥数量。该指标由化肥投入量/播种面积计算而得，结果数值越小，表明单位播种面积施用化肥量越少、农业绿色高质量发展水平越高。

（4）农药施用强度。农药施用强度是指单位播种面积中实际用于农业生产的农药数量。该指标由农药使用量/播种面积而得，结果数值越小，表明单位播种面积施用农药量越少、农业绿色高质量发展水平越高。

3. 产出高效

产出高效是大力推进乡村振兴战略、加快农业农村现代化、推动农业绿色高质量发展的重要引擎。产出高效由农业科技进步贡献率、农业劳动生产率、农业土地生产率、单位面积粮食产量、主要农产品质量安全检测合格率、农业综合机械化率6个二级指标构成。

（1）农业科技进步贡献率，是指农业科技进步对农业总产值增长率的贡献份额。农业科技进步贡献率可以综合反映科技进步对经济发展的作用大小，该指标数值越大，表明农业绿色高质量发展水平越高。

（2）农业劳动生产率。农业劳动生产率是以单位劳动产出能力表示的农林牧渔业生产效率，是农业劳动者生产技术水平、农业生产的技术装备状况等的综合体现。该指标由农林牧渔业增加值/农林牧渔业从业人员计算而得，结果数值越大，表明农业劳动生产率越高、农业绿色高质量发展水平越高。

（3）农业土地生产率。农业土地生产率是以一定时期内单位土地面积产出的产品数量或产值来反映土地生产能力的指标。该指标由农林牧渔业增加值/播种面积计算而得，结果数值越大，反映单位土地面积产出的产值越高、农业绿色高质量发展水平越高。

（4）单位面积粮食产量。保持较高水平的粮食生产能力是农业绿色高质量发展的重要内容，单位面积粮食产量既体现了生产能力，也体现了粮食生产的科技水平和现代化生产水平。该指标由粮食产量/播种面积来计算，结果数值越大，表明单位面积粮食产量越大、农业绿色高质量发展水平越高。

（5）主要农产品质量安全检测合格率。农产品质量安全是农业绿色高质量发展的重要内容，也是提高农产品市场竞争力的关键因素，具体使用主要农产品质量安全检测合格率来衡量，取值0~100%。

（6）农业综合机械化率。农业机械化水平是农业绿色高质量发展的重要组成部分和标志，表明农业生产的现代化程度和技术装备水平，具体使用农业综合机械化率来衡量，取值 0~100%。

4. 产业融合

农村产业融合是引领乡村产业高质量发展的重要一步，是乡村产业转型升级的驱动力量。产业融合由农（林牧渔）产品加工业总产值与农（林牧渔）业总产值之比、休闲农业和乡村旅游年营业额增长率两个二级指标构成。

（1）农（林牧渔）产品加工业总产值与农（林牧渔）业总产值之比。构建农村一二三产业融合发展体系、延长产业链、实现农产品加工业提升是实现农牧区产业融合发展的重要内容。该指标由农（林牧渔）产品加工业总产值/农（林牧渔）业总产值计算而得，结果数值越大，表明农产品附加值越高、农业绿色高质量发展水平越高。

（2）休闲农业和乡村旅游年营业额增长率。休闲农业和乡村旅游业发展势头强劲，带动农村一二三产业融合发展，具体使用休闲农业和乡村旅游本年营业额/上年营业额 −1 来衡量，年增长率越高，表明农村产业融合发展态势越好。

5. 生活富裕

农民生活富裕是乡村振兴的根本所在，是实现农业绿色高质量发展的出发点和落脚点。生活富裕由农村牧区常住居民人均可支配收入、农村牧区常住居民恩格尔系数、城乡居民可支配收入比 3 个二级指标构成。

（1）农村牧区常住居民人均可支配收入，是指农村牧区常住居民可用于自由支配的收入。该指标越大，表明农村牧区常住居民生活水平越高、农业绿色高质量发展水平越高。

（2）农村牧区常住居民恩格尔系数。恩格尔系数是反映社会总体或个体生活水平的指标，是居民家庭中食物支出占消费总支出的比重。恩格尔系数越小，表明农牧区常住居民用于食物消费支出的比重越小、农业绿色高质量发展水平越高。

（3）城乡居民可支配收入比。实现农业绿色高质量发展不仅要努力增加农牧区居民收入，还需要缩小城乡居民收入差距。该指标采用城市居民可支配

收入 / 农村牧区居民可支配收入计算而得，结果数值越小，表明城乡居民收入差距越小，农业绿色高质量发展水平越高。

（四）指标评价的计算方法

对于各指标的标准化采用极值法。为了使各地区农村发展指数跨年度可比，参考韩磊等的研究，对各年度指标做标准化时统一使用基准年的最大值和最小值。[①]

正向指标标准化：

$$x'_{i,t} = \frac{x_{i,t} - \min x_{i,0}}{\max x_{i,0} - \min x_{i,0}} \tag{1}$$

反向指标标准化：

$$x'_{i,t} = \frac{x_{i,t} - \min x_{i,0}}{\max x_{i,0} - \min x_{i,0}} \tag{2}$$

式（1）、式（2）中，$x_{i,t}$、$x'_{i,t}$ 分别表示第 t 年第 i 个指标的原始数值和标准化数值，$\max x_{i,0}$、$\min x_{i,0}$ 分别表示基期年第 i 个指标的最大值和最小值。标准化后，基期年各指标的最高得分为 1，最低得分为 0，其他年份各指标的得分可能高于 0 或低于 1。

标准化后的指标得分经加权求和后得到总指数：

$$X_t = \sum_{i}^{I} w_i x'_{i,t} \tag{3}$$

式（3）中，X_t 表示第 t 年的总指数，w_i 表示第 i 个指标的权重，I 表示全

---

① 韩磊、王术坤、刘长全:《中国农村发展指数测评（2019）——中国农村发展进程及地区比较》，载魏后凯、杜志雄主编《中国农村发展报告——聚焦农业农村优先发展》，中国社会科学出版社，2019。

部指标的个数。基期年份的总指数 X_0 取值为 0~1，其他年份总指数 X_i 可能高于 0 或低于 1。

在权重确定方面，本指标体系使用均权法，优势在于：一是不需要频繁调整权重，有利于测评结果的纵向比较；二是在实施乡村振兴战略的背景下，全面均衡发展的意义更加突出，有利于体现全面发展、均衡发展的政策内涵。用均权法确定权重后，5 个一级指标各占 20% 的权重，每个一级指标下属的二级指标具有同样的权重。

全部 18 个二级指标的得分与权重之积的和即总指数得分，总指数得分也是 5 个一级指标得分之和，特定一级指标得分是该维度上的二级指标得分与权重之积的和。维度得分的变化与总指数变化的比值反映了该维度在促进农业绿色高质量发展中的贡献。

三 巴彦淖尔市农业绿色高质量发展水平测度

（一）总体发展水平分析

采用均权法对报告期内 2016~2019 年全国、内蒙古自治区、巴彦淖尔市农业绿色高质量发展水平各项一级指标的综合得分进行测算，结果如图 1 所示。

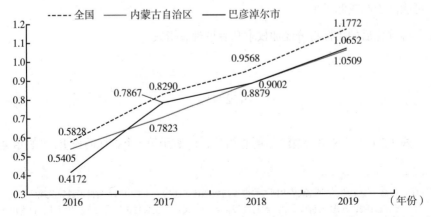

图1　2016~2019年全国、内蒙古自治区、巴彦淖尔市农业绿色高质量发展水平

图1显示了2016~2019年全国、内蒙古自治区、巴彦淖尔市综合五项一级指标后农业绿色高质量发展水平的整体得分。可以看出，巴彦淖尔市在2016年的综合得分仅为0.4172，低于全国（0.5828）和内蒙古自治区（0.5405）的得分，但经过四年的发展，巴彦淖尔市农业绿色高质量发展水平实现了大幅提升，报告期内实现了0.6480分的增长，年均复合增长率达到26.41%，高于全国（19.21%）和内蒙古自治区（18.08%）的增速。经过快速发展，巴彦淖尔市农业绿色高质量水平在2017年超过自治区水平，2018~2019年和自治区水平接近相等；尽管巴彦淖尔市农业绿色高质量发展在2016~2019年取得了重要成就，水平获得了快速提升，但仍低于全国水平，继续推进农业绿色高质量发展依然面临艰巨的挑战。

图2显示了2019年全国、内蒙古自治区、巴彦淖尔市各自的5个一级指标得分表现。可以看出，巴彦淖尔市在环境友好（0.4455）、生活富裕（0.2228）和产出高效（0.2686）三个维度表现较好，基本高于或持平于全国和内蒙古自治区的发展水平。在产业融合和资源节约方面表现欠佳，2019年产业融合得分0.0351，低于全国（0.1763）和内蒙古自治区（0.2371）的发展水平；资源节约得分为0.0932，同样低于全国（0.1268）和内蒙古自治区（0.1984）的发展水平。

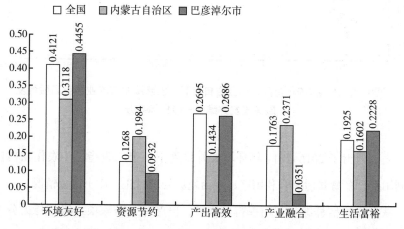

图2 2019年全国、内蒙古自治区、巴彦淖尔市农业绿色高质量发展水平一级指标得分

（二）各维度指标发展水平分析

本部分分别对全国、内蒙古自治区、巴彦淖尔市农业绿色高质量发展的5个一级指标（环境友好、资源节约、产出高效、产业融合、生活富裕）的各年度得分及其项下的各个二级指标得分进行了分析。

1.环境友好

从环境友好项的一级指标来看，2016~2019年总体上全国、内蒙古自治区和巴彦淖尔市都实现了该指标综合得分的增长。2016年巴彦淖尔市环境友好的得分较高，为0.1340，高于全国（0.1264）和内蒙古自治区（0.1005）的得分。经过四年的发展，2019年巴彦淖尔市该项指标的得分仍为最高，为0.4455，高于全国（0.4121）和内蒙古自治区（0.3118）的得分。这表明在环境友好方面，巴彦淖尔市多措并举，生态环境治理成效显著。

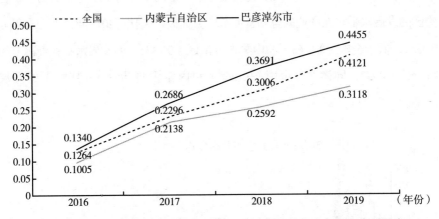

图3　2016~2019年全国、内蒙古自治区、巴彦淖尔市农业绿色高质量发展环境友好维度一级指标得分

表2列出了2016~2019年环境友好维度下各个二级指标（农作物秸秆综合利用率、畜禽粪污综合利用率、生活垃圾处理村庄占比）得分情况。

从农作物秸秆综合利用率得分来看，巴彦淖尔市该项二级指标得分不断提高，2016年得分低于全国、内蒙古自治区，但2019年巴彦淖尔市该项指标得分已达到 0.2174，与全国水平旗鼓相当；从 2017 年开始，巴彦淖尔市该项指标得分的增长率出现了明显加速，这说明自 2017 年来，巴彦淖尔市加快对秸秆的综合利用管理，优化能源结构，在保护生态环境方面取得了显著成效。从畜禽粪污综合利用率得分来看，巴彦淖尔市该项指标在报告期内的得分始终较高，从 2016 年的 0.0670 增长至 2019 年的 0.1244，报告期内始终高于全国和内蒙古自治区该项指标的得分。从生活垃圾处理村庄占比得分来看，巴彦淖尔市该项指标得分在 2016 年高于全国（0.0638）和内蒙古自治区（0.0000），为 0.0670，2019 年该指标得分增长至 0.1037，略低于全国得分（0.1137），但仍然保持较高的发展水平。

综合来看，环境友好维度下的 3 个二级指标在报告期内基本都获得了较高的分数，综合得分高于全国和内蒙古自治区，这说明巴彦淖尔市在改善农村人居环境、建设美丽宜居乡村中取得了突出的成绩，获得了显著的成效。

表2　2016~2019年全国、内蒙古自治区、巴彦淖尔市农业绿色
高质量发展环境友好维度二级指标得分

指标	全国				内蒙古自治区				巴彦淖尔市			
	2016年	2017年	2018年	2019年	2016年	2017年	2018年	2019年	2016年	2017年	2018年	2019年
环境友好	0.1264	0.2296	0.3006	0.4121	0.1005	0.2138	0.2592	0.3118	0.1340	0.2686	0.3691	0.4455
农作物秸秆综合利用率	0.0625	0.1191	0.1489	0.2218	0.0670	0.1340	0.1489	0.1787	0.0000	0.1042	0.1638	0.2174
畜禽粪污综合利用率	0.0000	0.0287	0.0574	0.0766	0.0335	0.0526	0.0766	0.0909	0.0670	0.0861	0.1149	0.1244
生活垃圾处理村庄占比	0.0638	0.0818	0.0943	0.1137	0.0000	0.0271	0.0337	0.0422	0.0670	0.0783	0.0905	0.1037

2. 资源节约

从资源节约维度的一级指标来看，巴彦淖尔市在该方面表现欠佳。2016 年资源节约得分最高的是内蒙古自治区，为 0.1608，其次是全国，得分为 0.1082，巴彦淖尔市得分最低，仅为 0.0500。2019 年该项得分的排名仍为内蒙

古自治区（0.1984）最高，全国（0.1268）次之，巴彦淖尔市最低（0.0932）。尽管在资源节约该项一级指标的分数绝对值排名中巴彦淖尔市的表现欠佳，但在增速上巴彦淖尔市的表现优于全国和内蒙古自治区。2017年巴彦淖尔市该项指标得分较2016年有了明显的提高，且2017~2019年巴彦淖尔市增速高于全国平均水平，表明自2017年以来，巴彦淖尔市加强了在资源节约方面的管控治理力度，并取得了符合预期的成效。

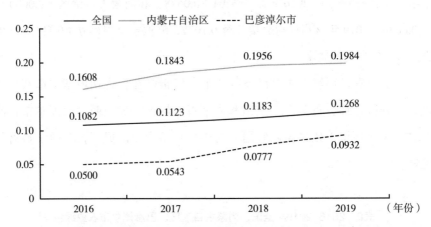

图4　2016~2019年全国、内蒙古自治区、巴彦淖尔市农业绿色高质量
发展资源节约维度一级指标得分

表3列出了2016~2019年资源节约维度下4个二级指标（节水灌溉面积比重、单位农林牧渔业产值水消耗量、化肥施用强度、农药施用强度）的得分情况。

从节水灌溉面积比重的得分来看，巴彦淖尔市在该项指标上表现优秀，在报告期内的得分始终高于全国和内蒙古自治区，2016年该项指标得分为0.0500，2019年得分为0.0639。内蒙古自治区该项指标的得分与巴彦淖尔市差距很小，全国该项指标得分较低。从单位农林牧渔业产值水消耗量的得分来看，巴彦淖尔市该项指标得分的表现欠佳，报告期内处于得分最低位，2016年该项指标得分为0，2019年得分为0.0143。该项指标在报告期内得分最高的为内蒙古自治区，2016年为0.0500，2019年为0.0522。尽管内蒙古自治区和全国在该项指标上的得分绝对值较高，但在 2016~2019 年的增长率较低，而巴彦淖尔市自 2017 年以来，增长率大幅提高且得分保持稳健增长态势，未来巴彦淖尔市该项指标得分的增长空间较大，发展前景向好。从化肥施用强度和农药施用强度两项二级指标来看，两项指标得分的绝对值和增长率与单位农林牧渔业产值水消耗量表现一致。同样，巴彦淖尔市在资源节约一级指标项得分绝对值方面表现暂时落后，但从原始数据来看，巴彦淖尔市的农药和化肥的施用总量尽管在 2016~2017 年有一定程度的增加，但在 2017 年之后二者的使用量均呈现逐年下降态势，如化肥施用总量从 2017 年的 279077 吨下降到 2019 年的 263478 吨，说明巴彦淖尔市的化肥施用技术不断升级，采用机械深施、人工撒施、机械侧深施、水肥一体化等新技术提高了化肥施用效率，提升了耕地地力，减少了化肥施用量，控肥增效成果显著。巴彦淖尔市 2020 年增施有机肥面积 360.3 万亩，推广应用配方肥和新型肥料 505.5 万亩，秸秆还田 299.8 万亩，水肥一体化技术应用面积 225.4 万亩。在"减量增效"行动的推进下，巴彦淖尔市未来该指标表现可期。

综合资源节约的一级指标及其项下的四个二级指标的得分和增长率来看，尽管巴彦淖尔市的表现欠佳，但从原始数据分析可以得出，在资源节约方面巴彦淖尔市在提高资源利用效率、升级改造资源利用技术等方面逐渐加大力度，在保证农产品质量的前提下严格控制化肥和农药的投入，以保持农村农业生态的良性循环和可持续发展，未来巴彦淖尔市在资源节约方面的发展前景向好。

表3 2016~2019年全国、内蒙古自治区、巴彦淖尔市农业绿色高质量
发展资源节约维度二级指标得分

指标	全国				内蒙古自治区				巴彦淖尔市			
	2016年	2017年	2018年	2019年	2016年	2017年	2018年	2019年	2016年	2017年	2018年	2019年
资源节约	0.1082	0.1123	0.1183	0.1268	0.1608	0.1843	0.1956	0.1984	0.0500	0.0543	0.0777	0.0932
节水灌溉面积比重	0.0000	0.0023	0.0056	0.0070	0.0490	0.0544	0.0599	0.0592	0.0500	0.0569	0.0611	0.0639

续表

指标	全国				内蒙古自治区				巴彦淖尔市			
	2016年	2017年	2018年	2019年	2016年	2017年	2018年	2019年	2016年	2017年	2018年	2019年
单位农林牧渔业产值水消耗量	0.0468	0.0475	0.0486	0.0503	0.0500	0.0502	0.0510	0.0522	0.0000	0.0004	0.0095	0.0143
化肥施用强度	0.0114	0.0153	0.0224	0.0317	0.0500	0.0680	0.0772	0.0812	0.0000	−0.0032	0.0075	0.0161
农药施用强度	0.0500	0.0471	0.0418	0.0378	0.0119	0.0117	0.0075	0.0058	0.0000	0.0001	−0.0003	−0.0010

3. 产出高效

从产出高效项的一级指标来看，巴彦淖尔市的表现较为优秀。从得分的绝对值来看，2016年巴彦淖尔市该项一级指标的得分为0.0992，与全国的0.1082相比有小幅差距，高于内蒙古自治区0.0639的得分。2019年巴彦淖尔市该项一级指标的得分为0.2686，仍小幅度低于全国得分（0.2695），高于内蒙古自治区得分（0.1434）。报告期内巴彦淖尔市该项指标的得分与全国的得分基本保持一致，两者没有出现较大差距。

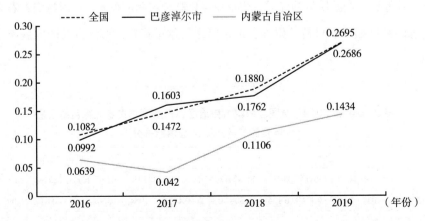

图5 2016~2019年全国、内蒙古自治区、巴彦淖尔市农业绿色高质量
发展产出高效维度一级指标得分

表4列出了2016~2019年产出高效维度下6个二级指标（农业科技进步贡献率、农业劳动生产率、农业土地生产率、单位面积粮食产量、主要农产品产品质量安全检测合格率、农业综合机械化率）的得分情况。

综合农业科技进步贡献率、农业劳动生产率、农业综合机械化率三项二级指标的得分来看，巴彦淖尔市在农业综合机械化率得分方面表现良好，报告期内的得分与表现最佳的内蒙古自治区相比差距较小，2016年得分0.0310，2019年得分增长至0.0340。内蒙古自治区该项指标2016年得分0.0330，2019年得分0.0370。在农业劳动生产率方面，巴彦淖尔市的表现优秀，报告期内得分较高，且2017~2019年得分的增长率有大幅提高，四年间该项指标的得分实现了从0.0330至0.1887的大幅增长。但巴彦淖尔市在农业科技进步贡献率方面表现欠佳，四年间一直低于全国、内蒙古自治区，但总体实现了0.0109的正增长。全国的农业科技进步贡献率的得分最高，2016年得分0.0330，2019年达到了0.0494。在对这三项指标的分析可以看出，尽管农业科技进步对农业总产值增长率的贡献份额较小，但巴彦淖尔市农业现代化程度相对较高，且农林牧渔业增加值也较高，意味着未来巴彦淖尔市在农业技术创新方面的发展前景广阔。

综合农业土地生产率、单位面积粮食产量这两项二级指标的得分来看，巴彦淖尔市的农业土地生产率得分介于全国和内蒙古自治区之间，从2016年的0.0022增至2019年的0.0122，增长率于2017年之后出现了小幅提振，但与全国相比还存在一定差距，全国该项指标得分从2016年的0.0330增长至2019年的0.0471。从单位面积粮食产量得分来看，巴彦淖尔市2016年该项指标得分较高，为0.0330，但在报告期内得分出现了大幅下滑，2019年得分较低，仅为-0.0091。这说明巴彦淖尔市单位面积农林牧渔业增加值表现较好，但在单位面积粮食产量方面表现欠佳，未来需要加大该方面的投入程度。

从主要农产品质量安全检测合格率得分来看，巴彦淖尔市的该指标得分从2016年的0增长至2019年的0.0320，2019年该指标得分与全国水平持平。该指标 2018~2019 年的增长率快速提升，说明巴彦淖尔市 2018 年对主要农产品质量安全的严格把控卓有成效。

表4　2016~2019年全国、内蒙古自治区、巴彦淖尔市农业绿色高质量
发展产出高效维度二级指标得分

指标	全国				内蒙古自治区				巴彦淖尔市			
	2016年	2017年	2018年	2019年	2016年	2017年	2018年	2019年	2016年	2017年	2018年	2019年
产出高效	0.1082	0.1472	0.1880	0.2695	0.0639	0.0420	0.1106	0.1434	0.0992	0.1603	0.1762	0.2686
农业科技进步贡献率	0.0330	0.0401	0.0445	0.0494	0.0090	0.0210	0.0210	0.0265	0.0000	0.0146	0.0184	0.0109
农业劳动生产率	0.0092	0.0348	0.0697	0.1329	0.0000	0.0009	0.0344	0.0789	0.0330	0.0458	0.1207	0.1887
农业土地生产率	0.0330	0.0360	0.0397	0.0471	0.0000	−0.0043	−0.0020	0.0003	0.0022	0.0020	0.0084	0.0122
单位面积粮食产量	0.0000	0.0002	−0.0009	0.0002	0.0219	−0.0282	0.0171	0.0214	0.0330	0.0483	−0.0084	−0.0091
主要农产品质量安全检测合格率	0.0330	0.0361	0.0330	0.0320	0.0000	0.0175	0.0041	−0.0206	0.0000	0.0175	0.0041	0.0320
农业综合机械化率	0.0000	0.0000	0.0020	0.0080	0.0330	0.0350	0.0360	0.0370	0.0310	0.0320	0.0330	0.0340

4. 产业融合

从产业融合项的一级指标来看，巴彦淖尔市的表现略显不足。2016~2019 年巴彦淖尔市该指标的得分一直低于全国和内蒙古自治区，2016 年得分趋于 0，低于全国（0.1500）和内蒙古自治区（0.1483）的得分；2019 年得分相较于 2016 年有一定程度的增长，达到了 0.0351，但仍然低于全国（0.1763）和内蒙古自治区（0.2371）的得分。内蒙古自治区在产业融合该项一级指标上表现优秀，得分绝对值在报告期内大部分年份高于全国和巴彦淖尔市，四年间该项指标的得分从 0.1483 增长至 0.2371，保持了较好的发展水平。

表 5 列出了 2016~2019 年产业融合维度下两个二级指标〔农（林牧渔）产

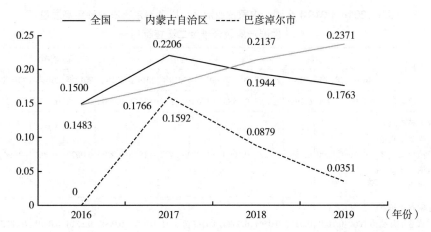

图6　2016~2019年全国、内蒙古自治区、巴彦淖尔市农业绿色高质量发展产业融合
维度一级指标得分

品加工业总产值与农（林牧渔）业总产值之比、休闲农业和乡村旅游年营业额
增长率〕的得分情况。

　　从农（林牧渔）产品加工业总产值与农（林牧渔）业总产值之比的得分
来看，报告期内巴彦淖尔市该项指标的得分与全国和内蒙古自治区相比存在较
大差距，巴彦淖尔市2016年得分趋于0，低于全国（0.0500）和内蒙古自治区
（0.1000）的水平，2019年巴彦淖尔市得分为-0.0044，低于全国（0.1222）和
内蒙古自治区（0.1656）的水平。从休闲农业和乡村旅游年营业额增长率的得
分来看，巴彦淖尔市在2016~2017年该项指标得分大幅增长，提高了0.1514，
于2017年得分超过了全国（0.1006）和内蒙古自治区（0.0566），但在2017
年后出现了较大程度的下降，2019年得分0.0395，低于全国（0.0541）和内蒙
古自治区（0.0715）的水平。

　　综合产业融合一级指标及其项下两个二级指标的得分来看，巴彦淖尔市
在产业融合方面表现欠佳，全国的发展水平较为稳定，内蒙古自治区在该方面
的发展较好。未来巴彦淖尔市应紧紧围绕发展现代农业，大力开发农业多种功
能，构建农村一二三产业融合发展体系，把加工业、休闲农业和乡村旅游作为
融合的重点，构建乡村产业体系，实现产业兴旺，促进产业融合。

表5　2016~2019年全国、内蒙古自治区、巴彦淖尔市农业绿色高质量
发展产业融合维度二级指标得分

指标	全国				内蒙古自治区				巴彦淖尔市			
	2016年	2017年	2018年	2019年	2016年	2017年	2018年	2019年	2016年	2017年	2018年	2019年
产业融合	0.1500	0.2206	0.1944	0.1763	0.1483	0.1766	0.2137	0.2371	0.0000	0.1592	0.0879	0.0351
农（林牧渔）产品加工业总产值与农（林牧渔）业总产值之比	0.0500	0.1200	0.1367	0.1222	0.1000	0.1200	0.1422	0.1656	0.0000	0.0078	–0.0022	–0.0044
休闲农业和乡村旅游年营业额增长率	0.1000	0.1006	0.0577	0.0541	0.0483	0.0566	0.0715	0.0715	0.0000	0.1514	0.0901	0.0395

5. 生活富裕

从生活富裕项的一级指标来看，巴彦淖尔市在生活富裕方面表现优秀。2016~2019年得分均较高，2016年得分为0.1340，高于全国（0.0901）和内蒙古自治区（0.0670），2019年得分0.2228，同样高于全国（0.1925）和内蒙古自治区（0.1620）。四年间全国、内蒙古自治区和巴彦淖尔市在生活富裕方面稳步推进，保持平稳增长态势，该指标的得分均取得了较为亮眼的成绩。

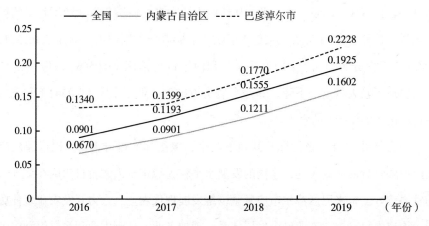

图7　2016~2019年全国、内蒙古自治区、巴彦淖尔市农业绿色高质量发展生活富裕维度一级指标得分

　　表 6 列出了 2016~2019 年生活富裕维度下的 3 个二级指标（农村牧区常住居民人均可支配收入、农村牧区常住居民恩格尔系数、城乡居民可支配收入比）得分情况。

表6　2016~2019年全国、内蒙古自治区、巴彦淖尔市农业绿色高质量
发展生活富裕维度二级指标得分

指标	全国				内蒙古自治区				巴彦淖尔市			
	2016年	2017年	2018年	2019年	2016年	2017年	2018年	2019年	2016年	2017年	2018年	2019年
生活富裕	0.0901	0.1193	0.1555	0.1925	0.0670	0.0901	0.1211	0.1602	0.1340	0.1399	0.1770	0.2228
农村牧区常住居民人均可支配收入	0.0176	0.0426	0.0703	0.1031	0.0000	0.0228	0.0513	0.0859	0.0670	0.0957	0.1311	0.1742
农村牧区常住居民恩格尔系数	0.0665	0.0666	0.0666	0.0666	0.0670	0.0670	0.0671	0.0671	0.0000	0.0005	0.0007	0.0009
城乡居民可支配收入比	0.0059	0.0101	0.0186	0.0228	0.0000	0.0002	0.0028	0.0073	0.0070	0.0438	0.0451	0.0476

　　从农村牧区常住居民人均可支配收入的得分来看，巴彦淖尔市该项指标在报告期内得分均最高，2016 年得分 0.0670，高于全国（0.0176）和内蒙古自治区（0）；2019 年得分 0.1742，高于全国（0.1031）和内蒙古自治区（0.0859）的水平。该项指标四年间的走势平稳增长，体现了农村居民生活条件持续改善、富裕程度持续提升的向好态势。从农村牧区常住居民恩格尔系数和城乡居民可支配收入比两项二级指标的得分来看，巴彦淖尔市农村牧区常住居民恩格尔系数指标得分较低（四年间平均分约 0.5000），而全国和内蒙古自治区的水平基本相当（四年间平均分约 0.667）。巴彦淖尔市城乡居民可支配收入比得分高于全国和内蒙古自治区，尽管在 2016~2017 年得分有所下滑，但在 2017 年之后得分又恢复持续增长态势，2019 年巴彦淖尔市该项指标得分为 0.0476，高于全国（0.0228）和内蒙古自治区（0.0073）的得分。这说明报告期内巴彦淖尔市在积极促进农民增收、保障农民生活水平、提升农民富裕程度方面取得的成效显著。

四 结论及建议

本文在探讨农业绿色高质量发展的理论内涵的基础上，基于重要性、系统性、可操作性、独立性原则和数据资料的可获得性，首先构建了包括环境友好、资源节约、产出高效、产业融合、生活富裕5个维度共18个指标在内的农业绿色高质量发展指标评价体系，然后利用现有统计数据对巴彦淖尔市农业绿色高质量发展水平进行了测算，并将其与内蒙古自治区和全国发展水平进行了比较分析。

本研究发现，巴彦淖尔市农业在环境友好、产出高效、生活富裕三个维度上表现较佳，基本高于或持平于全国和内蒙古自治区的水平。近年来，巴彦淖尔市坚持"生态优先、绿色发展"，狠抓生态环境治理，坚持创新驱动发展，不断提高土地产出率、劳动生产率和科技进步贡献率，农业经济效益和科技水平日益提升，农牧民收入水平和生活质量获得显著提高，农业绿色高质量发展取得了重大成就。与此同时，与全国与内蒙古自治区相比，巴彦淖尔市农业在资源节约和产业融合两个维度上表现欠佳，尤其是农药和化肥施用强度依然较高，农产品加工业发展滞后，对农业绿色高质量发展造成了不利影响。为进一步提高农业绿色高质量发展水平，巴彦淖尔市应当在加强生态环境治理，加快农业科技进步，提高农业土地生产率、劳动生产率和全要素生产率和农民收入的同时，重点推进农业"四控"，升级改造资源利用技术，提高资源利用效率，有效降低农业用水、用肥、用药、用膜投入水平；支持和引导农业产业化龙头企业、农民专业合作社等新型经营主体通过引进现代加工设备、先进应用技术和工艺流程，推动农牧产品加工向精深加工方向发展，促进全市农产品加工业快速发展；依托现代农业产业园、农业科技园区等园区打造农村产业融合发展的平台载体，深入发掘农业农村的生态涵养、休闲观光、文化体验、健康养老等多种功能和多重价值，促进农业内部融合，延伸农业产业链条，拓展农业多种功能，发展农业新型业态，促进农村牧区产业融合发展。

参考文献

韩磊、王术坤、刘长全：《中国农村发展指数测评（2019）——中国农村发展进程及地区比较》，载魏后凯、杜志雄主编《中国农村发展报告——聚焦农业农村优先发展》，中国社会科学出版社，2019。

宋洪远：《推进农业高质量发展》，《中国发展观察》2018 年第 23 期。

于法稳：《习近平绿色发展新思想与农业的绿色转型发展》，《中国农村观察》2016年第 5 期。

世界有机农业发展及先进国家的经验与启示[*]

朱　羚　吴若凝　李志萌[**]

摘　要： 有机农业是遵循自然规律和生态学原理，采用一系列可持续农业技术以维护生态系统永续健康的绿色生产方式。当下，"有机农业"不单指农业生产方面，已扩大至包括从投入到最终制成品在内的整个有机供应链。20世纪70年代开始有机农业在一些欧美发达国家快速发展，这些国家在推进有机农业的支持政策、生产销售模式、监管与认证体系等方面有比较成熟的做法。本文根据这些国家的成功经验和启示，提出完善法规政策支持建立有机农业体系、加快有机产品认证监管和诚信体系建设、加强有机农业科技支撑和推广运用、以绿色发展理念推进引导生产和消费、以市场需求促进有机产品价值实现等建议。

关键词： 农业　有机农业　有机产品

---

[*] 基金项目：国家社会科学基金项目"绿色长江经济带生态环保一体化与政策协调机制研究"（16BJL072）；江西省情调研重点课题"'两山'双向转化的难点、堵点与建议"（21SQ03）；江西省社会科学院青年项目研究成果。

[**] 朱羚，江西省社会科学院江西发展战略研究所助理研究员，研究方向为生态经济学；吴若凝，江西应用科技学院讲师，研究方向为生态资产核算；李志萌，江西省社会科学院江西发展战略研究所所长、研究员，研究方向为生态经济学。

一 文献综述

有机农业是一种在农业生产中不使用转基因生物及其产物和化学合成的生产要素，遵循自然规律和生态学原理，采用一系列可持续农业技术以维护生态系统永续健康的绿色生产方式。它是常规农业的一种重要替代，[①] 既保障农产品质量安全，又改善环境质量。[②] 如今术语"有机农业"已不单指农业生产方面，已扩大至包括从投入到最终制成品在内的整个有机供应链。[③]

实施有机农业能缓解和解决资源及环境问题。联合国贸易和发展会议秘书长 Supachai Panitchpakdi 指出，研究数据证明有机农业比传统农业对粮食的保障更为有利，而且更能有利于长期可持续发展。一是有机农业既生产粮食，又建立生态平衡。改善土壤结构，建立稳定的耕作制度，既减少农业生产作业时对环境的影响和破坏，又能够提高土壤保持养分和水的能力，减少地下水被污染的风险；[④] 在生态系统为野生动物创造了有利的环境，吸引新品种或重新定制品种来到有机农区，其中包括野生动植物和有益于有机农业的生物，如授粉者和害虫天敌等。二是有机食品的营养含量优于非有机食品，增进人民健康。有机食品的维生素 C、铁和锌等对人体有益的矿物质及微量元素比非有机食品高。[⑤] 农民有机农业行为能够减少因接触农用化学品而带来的健康风险，进而改善农民的身体健康。[⑥] 三是发展有机农业，能逐步提高农民收入。有机

① Seufert V., Ramankutty N. et al., "Many Shades of Gray—The Context-dependent Performance of Organic Agriculture," *Science Advances*, 2017, Vol.3, No.3, doi:10.1126/sciadv./602638.

② Jouzi Z. et al. "Organic Farmingand Small-scale Farmers: Main Opportunities and Challenges," *Ecological Economics*, 2017, Vol. 132, pp.144-154.

③ 付文中：《论有机农业及其基本原则》，《甘肃农业》2021 年第 6 期。

④ 韩笑等：《有机肥施用模式对环水有机蔬菜种植氮磷径流的影响》，《中国生态农业学报》（中英文）2021 年第 3 期。

⑤ Hunter D. et al., "Evaluation of the Micronutrient Composition of Plant Foods Produced by Organic and Conventional Agricultural Methods," *Critical Reviews in Food Science and Nutrition*, 2011, Vol. 51, No.6, pp.571-582.

⑥ Kaufman A.H., Mock J. et al., "Cultivating Greater Well-being: The Benefits Thai Organic Farmers Experience from Adopting Buddhist Eco-spirituality," *Journal of Agricultural and Environmental Ethics*, 2014, Vol. 27, No.6, pp.871-893.

农业有利于保障产品的安全，随着消费者对有机产品信任度的提高，有机农业生产者可以通过绿色营销手段，增进消费者对有机产品的信任，进而愿意支付有机产品的溢价，从而增强消费者与生产者之间的凝聚力和提高从事有机农业生产的农民的收入。[①]

政府应该制定政策和法规，对有机生产者保护环境的措施通过经济手段进行补贴、补偿或者激励。[②] 保持和拓展农业功能，在保持农业提供农产品基本功能的前提下，创新和培育农业新兴功能，提供旅游、采摘、休闲、品牌、创意、生态、农耕文明等多产融合的理念，实现综合价值。[③] 强调有机农业对生态环境的价值，通过提高有机农业认知，将绿色有机文化不断渗入人们的消费理念。[④] 多渠道广泛开展农民科技培训，提高农民参与农业融合发展的积极性，增强消费者的有机理念，[⑤] 为有机农业的健康发展营造良好的社会氛围，引导公众消费，[⑥] 加快有机农业的品牌和信用体系建设，提升有机农业的品质和效益。

二　世界有机农业发展现状与分布

全球有机农地面积呈稳步上升趋势（见图 1）。国家和地区经济社会的发展对有机农业发展影响较大。欧洲、北美洲的发达国家的有机农产品占全球市场份额较大。近年来，出口拉动使得发展中国家的有机农业发展快速。从发展规模上看，欧洲、北美洲、亚洲发达国家的国民环保意识较强，有机食品需求量较大，有机农产品增加较快；从市场需求上看，欧洲与北

---

① 向平安等：《从事有机农业对农民福祉的影响》，《生态学报》2021 年第 8 期。
② 孟凡乔等：《有机农业能否养活中国？——氮肥供应获得的启示》，《中国生态农业学报》（中英文）2021 年第 3 期。
③ 王飞等：《生态文明建设视角下推进农业绿色发展的思考》，《中国农业资源与区划》2018 年第 8 期。
④ 饶静：《中美有机农业补贴政策的比较研究与启示》，《农业经济》2020 年第 9 期。
⑤ 张骞、李瑾、康晓洁：《农业产业融合发展的国际经验与启示》，《安徽农业科学》2021 年第 11 期。
⑥ 李韬：《有机农产品营销模式问题与对策探析》，《经济研究导刊》2021 年第 22 期。

美洲对有机农产品的需求量最大，这两个地区的市场份额占全球的87%；亚洲与大洋洲等地区对有机农产品的需求主要集中于比较发达的国家，如日本、新加坡等，亚洲与大洋洲等地区的发展中国家主要进行有机农产品的生产与出口。

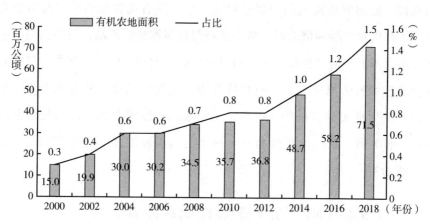

图1 2000~2018年有机农地面积及其在总农地中的占比情况

资料来源：《2020年世界有机农业概况与趋势预测》。

表1 2018年有机农产品的全球零售市场情况

单位：%，亿欧元

地区	各大洲在全球有机市场的份额	主要国家	市场销售额	全球市场占比
北美洲	45	美国	406	42
		加拿大	31	3
欧洲	42	德国	109	11
		法国	91	9
		意大利	35	4
		瑞士	27	3
		英国	25	3
亚洲	10	中国	81	8
		日本	14	1
其他	3	—	—	—

资料来源：《2020年世界有机农业概况与趋势预测》。

（一）欧洲的有机农业发展较早

欧洲的有机农业已经发展了80多年，早期欧洲积极推广有机农业是为了保护土地和生态环境，这在客观上为有机农业的快速发展奠定了良好的基础。欧洲有机耕地面积居世界第二位，是有机食品的生产与消费大洲。在有机农产品种植方面，整个欧洲都种植有机农产品，但是欧洲的中部、东南部生产的有机食品主要出口至欧洲西北部。欧洲中部与东部的有机食品市场虽然规模不大，但在持续增长。在有机食品的需求方面，德国拥有欧洲最大的有机产品市场，销售额约占欧洲有机产品销售总额的30%，和英国、法国、意大利三个国家的销售额加在一起约占欧洲销售总额的2/3。

（二）北美洲拥有世界上最大的有机食品市场

美国是世界上最大的有机食品市场，有机产品的销售额保持年均20%的增长率。与1990年相比，2014年美国对有机食品的需求激增了30多倍，而有机耕种面积仅增长了5倍，处于供不应求状态，很多行业的有机食品需要进口，如25%~40%的有机水果和蔬菜需进口。拉丁美洲是北美有机食品主要出口地区。

北美洲的另一个发达国家——加拿大，其有机农业和有机食品生产技术逐渐成熟。农业是加拿大经济发展的基石，21世纪起加拿大的有机农业平稳发展，从事有机农业和有机食品生产的农场和加工厂逐年增加。随着国民的生态环保意识不断加强、社会对生态环境的不断关注，加拿大有机食品产业快速发展，并成为全球重要的有机食品市场。

（三）亚洲绿色有机食品产业发展平稳加快

亚洲绝大多数有机食品出口至发达国家和地区，如日本、新加坡及中国台湾和香港。然而本土生产的有机食品不多，很大一部分有机加工食品是从欧洲、美国和澳大利亚进口。在亚洲一些国家，种植有机农作物的目的是用于出口，如菲律宾、印尼、斯里兰卡。中国、印度和泰国是传统的定向出口国家，随着国内市场需求日益增长，有机食品零售商队伍扩大，有机食品正在向主流零售市场进军，例如大型超市，尤其是大城市的大型超市一般设有有机食品专柜。

近年来，随着经济社会发展和人们消费水平的提升，中国逐步成为有机农产品的生产基地和零售市场。2018年，中国有机农业种植总面积达到313.5万公顷，有机产品销售额约为631.5亿元人民币。

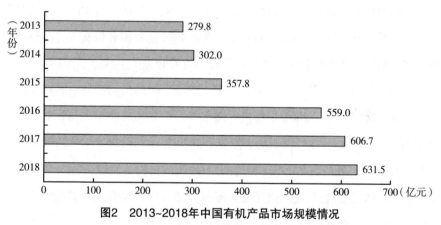

图2　2013~2018年中国有机产品市场规模情况

资料来源：《2021—2027年中国有机食品行业市场竞争格局及未来发展趋势报告》。

（四）大洋洲及其他地区潜力较大

虽然大洋洲的有机农业用地占世界的1/3，但是澳大利亚、新西兰和太平洋岛国的有机食品市场规模相对较小，有机食品销售额所占份额不足2%。拉丁美洲是有机食品重要的生产和出口大洲，但国内市场增长缓慢。巴西拥有该区域最大的有机食品市场，生产水平的提高和消费者意识的提升刺激了有机食品市场的发展。

三 先进国家有机农业的经验做法

发达国家有机农业起步早，在完善有机农业的法规政策、有机农产品认证体系、可持续生产模式、三产融合机制、有机产品消费市场培育等方面有较成熟的做法。

（一）较为完善的法律法规

1.有机农业立法政策

根据 IFOAM 2019 年的数据，截至 2017 年底，全球共有 181 个国家有有机农业，其中 93 个国家制定了有机农业生产标准。各国有机农业生产标准是各国政府部门监管有机农业生产和贸易行为的依据。

美国在 1990 年颁布《有机食品生产法案》，明确提出了有机农业发展的基本方向与政策导向。2002 年有机标准生效，是联邦政府正式监管有机农业的开端，推动了美国有机农业的大发展。2010 年《有机食品生产法案》规定冠上"有机"名号的商品必须在包装上明确认证机构，2011 年用于监督食品安全的《FDA 食品安全现代化法案》颁布。2009 年，加拿大政府制定强制性有机食品标准、有机产品进口规定及有机产品标签规定。

欧洲 1991 年颁布《欧洲有机法案》，对有机农产品的检查认证体系等进行了全方位的规定，2004 年《有机农业和食品行动计划》对有机农产品及相关食品的生产加工管理作出了详细的规定，2009 年《新有机农业法》对所有有机农业生产及产品标识、有机产品的认证检查实施细则、从欧盟以外进口有机农产品的各种标准等进行了详细而严格的规定，2010 年《有机产品标志》发布了新的欧盟有机产品标志——Euro-LEAF"欧洲叶"。

日本 1988 年颁布《农业白皮书》，正式发展有机农业并实施有机农产品标准；1992 年《新食品农业农村政策基本方向》《有机农产品生产管理要点》强调农业在环境保护中的作用，开始推广包括有机农业在内的环境保护型农业；2000 年《日本有机食品生产标准》（简称"JAS 法"）对有机农场、有机食品加工厂、有机产品包装及进口企业作出了明确规定。

2. 有机农产品监管与认证体系

有机农业认证是指建立完善的有机农业标准，让市场参与主体的行为有标准可依，由认证机构进行第三方认证。2019 年全球已经有 87 个国家制定了有机产品标准，17 个国家正在起草相关法案。美国、日本、欧盟等国家和地区纷纷出台国家级别的有机标准。目前形成了以食品法典委员会制定的 CAC 标准与有机运动联盟的 IFOAM 标准为代表的国际有机标准；区域性的标准只有欧盟有机标准；国家标准主要有美国 NOP 标准 [1] 与日本 JAS 标准 [2]。

欧盟一方面实施预防监管机制，主要分为风险评估机制和快速预警机制，以风险评估为基础，建立食品与饲料快速预警系统，由食品安全局管理、评定和决策。通过实行成员国和欧盟两级监督，监管立法的执行情况，达到预防成效。另一方面加大认证管理力度。例如，法国生态农业的认证，主要由法国农业部负责，若产品贴有生态农业标签，则说明通过授权认证机构的检验，95%以上的配料未使用化肥、转基因物质或其他添加剂。瑞典有机食品的生产认证和销售都遵循欧盟相关条例及本土的相关规定，通过瑞典 KRAV 等组织的认证之后才可鉴定是否为有机产品。

美国建立了比较完善的有机农业认证体系和标准。1990 年《联邦有机食品生产法案》设立了国家有机项目来确保认证体系的执行。根据法案，美国农业部评估审核认证机构是否有资质，在销售的产品上标识"有机"字样必须通过这些合法认证机构的认证，同时农业部每年随机到 3000 处有机农场抽查。美国最权威的有机认证是农业部的 USDA 标准。该标准极为严苛，产品包装

---

[1]　国家有机工程（The National Organic Program, NOP）是美国农业局的组成部门，任何计划在美国市场上出售有机产品的生产商、供应商和经销商，都必须通过 NOP 认证。

[2]　日本有机农业标准（Japanese Agriculture Standard, JAS）是日本农林水产省对食品农产品最高级别的认证，第三者认证制度贯穿于认证全过程，经 JAS 有机认证的生产制造者可以从事有机农业生产、有机食品生产。

上如果印有 USDA 标识，则表示该产品已通过官方认证，确保 100% 为有机成分 ①。

随着有机农产品需求增加，为了规范有机农产品市场，日本在 2000 年制定了《日本绿色有机农业标准》（以下简称"JAS 法"），对种植基地、加工工厂、分装工厂以及进口做了明确规定，要求不使用化学合成的农药和肥料，生产、制造、仓储、发货、运输等过程中不被禁用物质所污染，且不与常规产品混合，并且具备可追溯性。只有符合 JAS 法要求，通过了 JAS 法认证的产品才能标示为 JAS 有机食品。

3. 有机食品可追溯体系

随着全球食品贸易活跃，为预防和控制食品安全风险，食品可追溯体系在全球范围内迅猛发展。

欧盟在全球范围内最早开展有机食品可追溯体系工作，实施强制性可追溯系统。在食品安全和监管方面有着完善的法律体系，整个体系较为成熟。1997 年出台的《食品立法总原则的绿皮书》奠定了欧共体食品立法的基础；2000 年颁布了《食品安全白皮书》，形成一个新的食品安全体系框架；2014 年起开始实施食品标签制度，消费者可以在标签上看到更加详细的内容，包括食品来源、过敏成分等。欧盟食品可追溯体系贯穿于从原料供应商到加工企业再到销售的整个食品供应链。

美国政府对实施可追溯制度的企业给予政策支持和鼓励。2003 年美国颁布《食品安全跟踪条例》，要求所有食品流通过程中的企业都必须全程跟踪并录入档案；至 2006 年底，所有企业必须建立食品可追溯制度；2011 年出台的《食品安全现代化法案》把食品可追溯性与召回作为应对食品安全问题的预防控制手段。

日本在 2002 年和 2005 年先后强制实施牛肉和大米的可追溯制度，2006 年对蔬菜等农产品实施"身份编码识别制度"；2011 年对水稻实施可追溯制

---

① 裘成：《美国农业部如何帮助农民向有机农业转型》，《中国农民合作社》2016 年第 7 期。

度，同时生产商、外国大米及大米制品进口商都必须保留相关产品的信息源。日本食品安全管理工作得到国家财政的大力支持，在实施食品安全认证和可追溯系统的过程中发生的费用均由政府承担。在可追溯体系推广过程中，农林水省作为日本食品安全管理部门，在建立数据库、购置必要的处理设备等方面对计划实施可追溯制度的机构和企业给予补贴。

（二）多样化的有机农业循环方式

有机农业是在良好的生态条件下所从事的高质量、高效益农业。把循环经济理论应用于农业系统，以生态学原理及其基本规律为指导，以生态技术为支撑，使整个农业步入可持续发展的良性循环轨道，将"生产出来的都是有机健康食品"变为现实，形成一些典型的农业循环模式。

欧盟国家的一个共同的特点就是重视环境保护，把发展循环经济、实现资源节约和再生利用与环境保护相结合。以德国为例，德国循环农业属于内部子产业之间的融合模式，是以先进技术和设备为支撑，将子产业产生的废弃物经过处理，重新变成可供其他子产业利用的资源或者能源，从而建立起农业内部种植、养殖、加工等产业的有机关联。例如通过发展沼气工程，将畜禽粪便、能源作物等作为原料，采用"沼气发电、余中高温发酵、沼渣沼液施肥"的模式，实现种养和能源产业的融合发展。[1]

美国人均土地资源丰富，主要采用的是低投入可持续农业模式。美国是世界上最早实施精准农业的国家之一，将耕作田间每一操作单元的具体条件进行分类，精准地分配土壤和作物，最大限度地优化农业投入结构，以获取最高产量和经济效益，尽可能减少化肥、农药等外部合成品投入，强调资源的充分利用。[2] 目前，美国已形成了一系列完整的可持续农业理论和措施。

日本土地资源少、人口密度大，主要采用的是环保型可持续农业模式。

---

[1] 张骞、李瑾、康晓洁：《农业产业融合发展的国际经验与启示》，《安徽农业科学》2021年第11期。
[2] 王淑彬等：《种养结合农业系统在欧美发达国家的实践及对中国的启示》，《世界农业》2020年第3期。

这种模式的表现为：降低化肥、机械、农药等的投入，防止环境污染，逐步提高土壤肥力；对农业资源特别是森林进行经济效益评价，突出森林在防止水土流失、植物多样性及净化空气等方面的价值，保护绿色资源。近几年日本又兴起了一种小农户有机农业经营模式。欧美的有机农场面积均达到66.7公顷左右，而日本的有机小农场面积一般只有0.67公顷左右。其经营模式无须进行官方有机认证，而是在信任的基础上向20~50户市民直接供应，这个模式在日本已比较盛行。

（三）有机农业的"三产"融合机制

有机农业是由传统农业升级演变而来，自身具有第一产业的本质属性。受到科技进步、人均收入水平提高和消费结构变化等因素的影响，以附加值相对较高的加工产品和能满足人们更多需要的非农业务为代表的第二、第三产业快速发展。从内部层面来看，表现为初级生产的若干产业之间的融合，例如通过生物技术进行融合的种植业与养殖业；从外部层面来看，通过高新技术等对有机产品进行优化，同时将有机农业与第三产业结合，如观光农业、休闲农业等，以增加粮食安全、经济收入、环境保护、社会保障、文化传承等方面的效益。

欧盟国家发展有机农业与其高效率的农产品供应链管理密不可分。其合作组织十分发达，包括与农产品产前、产中、产后相关联的分级、包装、加工、运输等服务。以法国为例，法国乡村旅游采用的是农业与其他产业交叉型融合模式，农业随着发展跨越传统产业边界，与其他产业相互改变产业链，将农业资源融入旅游产业，从而产生了生态休闲、乡村旅游、文化传承、农村服务业等多种农业旅游类产品，丰富了旅游产业链条；同时旅游业将其文化体验、经济带动、游客消费等功能应用到农业中，实现了农业功能的拓展，改变了传统农业仅靠生产和销售的收益途径，提升了农产品吸引力，提高了农民收入。

美国农产品生产的专业化和规模化程度都比较高。在科学的农产品供应链体系的支撑下，大量代理商、加工商、物流企业等进入农产品供应链。农工商一体化经营与完备的社会化服务体系，将农场生产与供应、加工、销售等各个环节有机地结合在一起。

日本 1996 年首次提出"六次产业"的概念，推动"农业生产向第二、第三产业延伸，通过一二三产业的有机整合，构建集生产、加工、销售、服务于一体化的完整价值产业链"。2013 年日本进一步提出发展"六次产业"的指导方针，加快农产品生产向加工、流通、销售领域的高效融合，将分散的小农生产组织起来，创造更大的国内外市场[①]。

（四）多元化的营销及消费推广方式

随着消费者对有机食品的认知不断提高，有机食品的消费额平稳增长。2018 年有机食品的销售额超过 950 亿欧元。最大的有机食品单一市场是美国，与 1990 年相比，美国对有机食物的需求激增了 30 多倍；其次是欧盟，占全球市场的 38.5%。

1. 多元化的营销方式

有机食品销售渠道逐步多元化，比较常见的有直销、超市、天然食品商店三种模式。一是直销模式。由于农产品对存储保鲜有较高的要求，该模式一般集中在靠近产地的农产品流通市场，生产主体和销售主体大多是农户。消费者可以买到具有更高性价比的农产品，农户也可以省掉中间环节产生的费用等。二是超市模式。有机农产品具有独特的市场定位，美国、欧盟国家及日本的各大型超市里都设置了有机农产品的销售专柜，带有明显的不同于常规产品的有机标志。传统超市如沃尔玛、家乐福、麦德龙等大型连锁超市，人流量大，设置有机食品专区可提高消费者的认知及关注度。三是天然食品商店模式。早在 20 世纪 70 年代，欧洲就开设有天然食品商店，80 年代开始，欧洲天然食品商店发展较快。2000 年之前，美国大部分销售渠道都是天然食品商店。

---

① 赵翼虎：《有机食品供应链管理模式的构建研究》，《世界农业》2014 年第 1 期。

增加有机食品的经销渠道是市场增长的主要驱动力，美国有机产品正在向传统零售店渠道和餐饮服务场所强势进军。越来越多的餐饮服务网点提供有机产品，例如，星巴克咖啡在北美11000家门店提供有机咖啡和牛奶。餐饮服务业已成为有机产品的重要销售渠道。

日本比较有特色的是宅配送模式。政府主导构建起完善、发达的市场体系和交通运输体系，有机农产品以大批量物流配送的方式送到消费者手中，扩大了小规模农户有机农产品销售范围。目前，配送点在日本的分布十分广泛，尤其是在社区、居民比较集中的居住区，以便消费者通过配送体系购买到合适的有机农产品。

2.典型有机食品品牌

品牌是企业质量、文化和独特性的体现。有机食品品牌营销从高层次上来说就是把企业的形象、知名度、良好的信誉等展示给消费者，得到价值认可。目前德国喜宝、荷兰诺优能、美国全食超市公司、美国有机谷、日本芳珂Fancl、澳大利亚澳佳宝等品牌以高标准来保证公司产品的品质，赢得了消费者好评，成为畅销品牌。

表2　典型有机食品品牌及营销特点

	品牌	经营类型	特点	市场地位	营销方式
欧洲	德国喜宝	有机婴幼儿食品	全球最早的有机食品实践者	德国本土婴幼儿食品市场占有率50%，2018年被评为全球第一有机婴幼儿食品品牌	超市专柜
	荷兰诺优能	有机婴幼儿奶粉	全程可追溯	荷兰本土婴幼儿奶粉市场占有率超70%	超市专柜
美国	美国全食超市公司	有机食品连锁超市	美国最大的天然有机食品连锁超市，美国首家获认证的有机零售商	《财富》2017年美国500强企业中居第176位	天然食品商店
	美国有机谷	有机乳制品	美国首家家庭有机农场合作社	北美最大的有机农户自营品牌	家庭农场合作社

续表

	品牌	经营类型	特点	市场地位	营销方式
日本	芳珂Fancl	护肤及营养辅助食品	日本本土规模最大	日本本土营养补充剂市场占有率排第一，20%市场份额	邮购为主
澳洲	澳佳宝	膳食营养补充剂、护肤品及婴幼儿奶粉的生活科技健康食品公司	澳洲第一天然保健品品牌	2016年在澳洲健康食品行业市场占有率排第二，截至2020年连续12年蝉联澳大利亚维生素及营养补充剂品类"备受信赖的品牌"称号	跨境电商平台

3. 多途径的推广政策

欧洲有机食品产业发展较快，一些发达国家的现代化水平高、区域性强。有机食品产业的发展主要通过政府法律法规保障、严格监管、采取补贴、协会推动等措施。以德国为例。一方面是德国政府对有机食品推广的重视，举办有机食品展览会，设置专门的展位，并举行各种推广活动、提供推广资料等。另一方面是德国的有机农业协会，由农户自发组织，负责农户之间和生产与市场之间的相互协调，及时提供各类产销信息、技术资料，刊登各类公益广告等[①]。

美国1996年《联邦农业完善与改革法案》提出制订商品推广法，2002年规定100%有机农产品可以免交推广评定费；2008年《农业法案》规定，政府联合有机食品贸易协会，为有机农产品的生产者提供信息服务。另外，美国通过举办研习交流会的形式提升有机产业的影响力，如美国中西部有机与可持续教育服务中心的有机农业会议，是全美最大的有机农民聚会，会议议题囊括生产技术、农场经营管理、销售、政策倡导等，为从事有机农业的农民学习、交流、合作提供了平台。[②]

[①] 吴文浩等：《欧美有机农业补贴政策分析——基于农业生产环境视角》，《世界农业》2019年第2期。

[②] 贺光云等：《国际有机农业发展及其对我国的启示》，《农产品质量与安全》2020年第5期。

日本政府把推广有机食品作为国家、地方公共团体、农业者、消费者的共同目标，将各地在有机食品普及过程中的先进事例通过国会进行公告。通过各种途径召开说明会，提高消费者对有机食品的关注和认知。

四 对我国发展有机农业农产品的启示与建议

随着我国经济社会发展，人民对美好生活的需求不断增加，有机农业发展前景广阔，但仍然存在消费者对有机农业的认识不足、生产产业链条短，市场建设与品牌建设不足，新型经营主体发展滞后，管理认证监督困难、市场诚信体系建设不足等问题，我国应借鉴先进国家和地区的经验启示，推动绿色有机农业与乡村振兴相结合，将生态优势转变为发展优势，创新实现"绿水青山就是金山银山"的农业可持续发展模式。

（一）完善法规政策支持建立有机农业体系

实施扶持绿色有机农业支持和补贴政策，完善有机农业保障体系。一是加大政府资金补贴力度，政府投入专项资金对有机农产品生产的企业、组织和个体户的生产成本和认证费用等进行补贴；二是提供技术支持，政府投入专项资金用于绿色有机农业的规划、培训、咨询及技术推广等，建立现代化水平高的绿色农产品基地；三是形成金融政策导向，政府对进行有机农产品生产的企业、组织和个体户在配套基础设施建设、税收贷款等方面给予政策倾斜和支持鼓励，更好地引导各地绿色食品产业发展。

（二）加快有机产品认证监管和诚信体系建设

加快有机产品认证监管和诚信体系建设，促进有机农业走向法制化、规范化。一是进一步规范认证行为、完善认证程序，加强认证后监督；二是推动有机认证互认政策的实施，通过对国内外有机农产品法律法规互认可行性的研究，积极开展认证互认合作，减少由不同机构导致的多重认证标准等问题造成的贸易成本及贸易壁垒;三是建立有机诚信数据库,对有机产品生产企业进行动态监管,以便供销商和消费者查询并核实有机产品标志的真实性,提高有机产品认证的社会公信力。

(三)加强有机农业科技支撑和推广运用

加强有机产品生产技术研发和信息平台建设。一是大力推进有机农业生产组织与农业科研院所的合作,立足有机农业区域和重点企业,通过研发平台和机构,进行有机农业专项研究和有机农业技术开发。二是提高有机农业发展的科技支撑,不断提升有机农产品品质,开发出有机农业与立体农业、精准农业和观光农业相结合的生产模式。三是建立有机农业信息交流平台,加大对重要数据及资料的收集和整理力度,为有机农业生产提供切实有效的市场信息和技术服务,为供应商与消费者建立一个共享平台,对有机生产和贸易进行长期评估,引导绿色有机产品健康消费方式的形成。四是加大有机农业科技创新攻关力度。合理布局畜牧产业和种植业,实施农业面源污染治理和农业生态保护工程,促进种养结合的综合农业系统的有效运行。

(四)以绿色发展理念推进引导生产和消费

创新农业绿色发展理念。一是统筹农业生产发展与生态环境保护,推动农业生产与生态环境修复和提升同步推进、协调发展。二是统筹农业投入品使用与废弃物循环利用。通过发展生态循环农业,以秸秆、畜禽粪便等废弃物的循环利用为方向,实现投入减量化、资源再利用、产品再循环,推动资源节约、环境友好、效益提高。三是保持和拓展农业多功能。在保持农产品基本功能的前提下,培育农业新功能,发挥其经济、社会、环境、文化等多样化功能。四是培育公众健康有机消费观念。通过提高有机农业认知,将绿色有机文化不断渗入人们的消费理念。让消费者了解有机农产品的认证标准、认证过程、市场准入准则及有机码查询等,做到内部要素与外部环境的双向互动,将食品安全健康的重要内容向学校、社区推广，为有机农业的健康发展营造一个良好的社会氛围。

（五）以市场需求促进有机农产品价值实现

增加有机产品有效的市场流通渠道，加强多元化的市场营销，引导公众消费。一是扩大优质有机农产品的供给，加快有机农产品品牌建设，创新消费场景及制定针对性营销渠道。因地制宜创新有机农业发展模式，达到效率和效果、产品与产能、高产与优质的统一。二是将创新生态农业与新零售电商平台结合，通过信息化手段向生产加工、经营及消费者提供及时、透明的信息服务，构建良好的网络购销平台，多种途径促进有机农产品的推广。三是将绿色有机文化不断渗入人们的消费理念，通过多个角度对消费者进行宣传和普及，如政府、社会团体、学术机构等行业，通过在绿色有机食品专卖店、超市、社区便利店等人流密集场所采取免费品尝、宣传、公益讲座等形式来引导公众消费。

（六）提高从业人员的素质和专业能力

提升从业人员科技素质和技术应用能力，构建多层次、复合型人才体系。一是高等院校农业类学科以及农学类学校应根据区域农业发展实际需求来设置专业，注重实践和操作能力的提升，培养高技能实用型技术人才。二是引进和培养经营管理等方面的专业人才，整体提升从业人员素质，培养更多的农村实用性人才和新型职业农民。三是多渠道广泛开展农民科技培训，通过分类培养、专题培训等形式，重点提高农民专业技能，并向其普及机械化、信息化、营销、品牌建设等方面的知识，整体提升农业发展水平。

参考文献

Seufert V., Ramankutty N., "Many Shades of Gray——The Context-dependent

Performance of Organic Agriculture," *Science Advances*, 2017, Vol.3, No.3, doi:10.1126/sciadv./602638.

Jouzi Z. et al., "Organic Farmingand Small-scale Farmers: Main Opportunities and Challenges," *Ecological Economics*, 2017, Vol. 132, pp.144-154.

付文中:《论有机农业及其基本原则》,《甘肃农业》2021 年第 6 期。

韩笑等:《有机肥施用模式对环水有机蔬菜种植氮磷径流的影响》,《中国生态农业学报》(中英文) 2021 年第 3 期。

Hunter D. et al., "Evaluation of the Micronutrient Composition of Plant Foods Produced by Organic and Conventional Agricultural Methods," *Critical Reviews in Food Science and Nutrition*, 2011, Vol. 51, No.6, pp.571-582.

Kaufman A.H., Mock J., "Cultivating Greater Well-being: The Benefits Thai Organic Farmers Experience from Adopting Buddhist Eco-spirituality," *Journal of Agricultural and Environmental Ethics*, 2014, Vol. 27, No.6, pp.871-893.

向平安等:《从事有机农业对农民福祉的影响》,《生态学报》2021 年第 8 期。

孟凡乔等:《有机农业能否养活中国? ——氮肥供应获得的启示》,《中国生态农业学报》(中英文) 2021 年第 3 期。

王飞等:《生态文明建设视角下推进农业绿色发展的思考》,《中国农业资源与区划》2018 年第 8 期。

饶静:《中美有机农业补贴政策的比较研究与启示》,《农业经济》2020 年第 9 期。

张骞、李瑾、康晓洁:《农业产业融合发展的国际经验与启示》,《安徽农业科学》2021 年第 11 期。

李韬:《有机农产品营销模式问题与对策探析》,《经济研究导刊》2021 年第 22 期。

罗祎、陈文、马健:《美国有机农业的经验借鉴及对中国推进乡村振兴的启示》,《世界农业》2018 年第 7 期。

裴成:《美国农业部如何帮助农民向有机农业转型》,《中国农民合作社》2016 年第 7 期。

王淑彬等:《种养结合农业系统在欧美发达国家的实践及对中国的启示》,《世界农业》2020 年第 3 期。

赵翼虎:《有机食品供应链管理模式的构建研究》,《世界农业》2014 年第 1 期。

吴文浩等:《欧美有机农业补贴政策分析——基于农业生产环境视角》,《世界农业》2019 年第 2 期。

贺光云等:《国际有机农业发展及其对我国的启示》,《农产品质量与安全》2020 年第 5 期。

农村改革

新型城镇化与乡村振兴背景下农村土地制度改革的进路*

谢　琼**

摘　要： 我国城镇化具有时间上高度压缩和空间上跃进扩展的特征，呈现出阶段性的人地关系、城乡人口关系的紧张与矛盾。新型城镇化的目标从城乡协调进阶为以乡村振兴为基底的城乡融合，在宏观上要解决城乡之间发展不均衡问题，在微观层面要解决进城农民被动城镇化、乡村产业用地等问题。"人、地、钱"是新型城镇化的三大核心要素，其中"地"是最关键的因素，人与地关系的变化就是农村生产关系的变化，土地产权与管理制度改革又影响着土地资本与城镇建设资本之间的转换关系。新型城镇化、乡村振兴与农村土地制度改革是一种互为条件、相互制约的关系，其中涉及农村劳动力转移、城乡产业结构演化、城乡用地置换以及征地等多种关联互动机制。新型城镇化和乡村振兴对农村土地制度改革的需求不是单方面的，而是全面的和系统的。要抓住农村承包地"三权分置"、宅基地管理制度改革与"三权分置"、 集体经营性建设用地的入市探索等农村土地制改革的关键环

---

*　本文为国家社科基金青年项目"新型城镇化背景下农村土地产权与管理制度改革研究"阶段性成果（批准号 15CJY046）。

**　谢琼，博士，湖北省社会科学院农村经济研究所副研究员，主要研究方向为城镇化与农村发展。

节，为新型城镇化和乡村振兴战略提供坚实的土地制度保障。

关键词： 新型城镇化　乡村振兴　农村土地制度　土地制度

一　新型城镇化的目标及进路

（一）我国城镇化具有时间上高度压缩和空间上跃进扩展的特征

城市（镇）化是社会、经济、空间变化的过程，起源于英国与北美，由工业化而形成，与地区经济发展水平密切相关。英国是世界各国城镇化最早、最好的国家之一，大致经历了 16 世纪末到工业革命前的城镇化起步阶段、工业革命到 19 世纪末的高速发展阶段和高度城镇化后的调整阶段。[①] 世界各国城市化大体都经历了缓慢、加速、缓慢三个阶段。[②] 从发达国家城镇化进程来看，英国、法国、美国城镇化率从 25% 左右上升到 70% 以上，均用了 100 年左右的时间。

新中国成立初期，大规模工业化吸纳了大量农民进入城市，城镇人口过快增长带来了粮食供应紧张等一系列问题。1960~1963 年实施压缩城镇人口的方针，这些非常规举措有效保证了城市的稳定发展。1966~1978 年中国城镇化进程基本停滞。1978 年十一届三中全会作出了改革开放的重大决策，中国城镇化开始加速，进入快速发展阶段。1998 年十五届三中全会报告中首次提出了"小城镇、大战略"的方针，为大中小城市和小城镇协调发展奠定了基础。2012 年党的十八大提出了"新型城镇化"，强调要坚持走中国特色新型城镇化道路，推动城镇化与农业现代化相互协调，中国城镇化进入提质发展阶段，新型城镇化以城乡统筹、城乡一体和产城互动为基本特征，大中小城市、小城镇、新型农村社区和生产聚落协调发展、互促共进。[③]

改革开放以来，中国城镇化呈现起点低、速度快的发展趋势，城镇化率

---

① 缪姝：《从物到人——生态正义理论下的新型城镇化道路》，光明日报出版社，2016。
② 徐虹：《住房保障水平发展趋势分析》，《兰州学刊》2011 年第 5 期。
③ 《程志毅：新型城镇化的两大重点》，《学习时报》2015 年 2 月 2 日。

从 1978 年的 17.92% 上升到 2018 年的 59.58%，年均提高 1.04 个百分点，城镇人口从 1.7 亿快速增加到 8.3 亿，农村人口从 7.9 亿下降到 5.6 亿。2018 年实现近 1400 万农业转移人口在城镇落户，全国户籍人口城镇化率为 43.37%。2018 年末城市个数达到 672 个，其中，地级以上城市 297 个，县级市 375 个，全国共有建制镇 21297 个。1986~2016 年，中国对世界城镇化率的贡献高达 42.32%，是贡献最大的国家。[①]2020 年户籍人口城镇化率达到 45.4%，常住人口城镇化率超过 60%。[②]伴随城镇化进程加快，城市间联系日益紧密，京津冀、长三角、粤港澳大湾区等城市群建设加快推进。把中国的城镇化放在世界城市化发展的历史中看，我国城市化具有时间上高度压缩和空间上跃进扩展的特征。因此，在城市与乡村之间会出现阶段性的人地关系、城乡人口关系的紧张与矛盾，需要通过城镇化目标的调整和深化农村土地改革、户籍制度改革、城乡社保体系和公共服务均等化等途径进行化解。

（二）新型城镇化的目标：从城乡协调到以乡村振兴为基底的城乡融合

马克思主义理论认为，城市化过程包括城乡分离与城乡融合两个方面。20 世纪 90 年代，辜胜阻提出，中国城镇化的特点是城市化和农村城镇化，其中，农村城镇化指的是农村人口向县域范围内的城镇集中，这既是对马克思城乡关系思想的继承和发展，也首次划清了城镇化的边界。[③]新型城镇化注重城乡互补、协调发展，走城乡协调发展之路。

人本性、协同性、包容性、可持续性是新型城镇化的基本特征，新型城镇化的宏观目标在于城镇化质量的不断提高和"宜居宜业"现代新城的建设。叶裕民较早对城镇化发展质量进行了研究，认为城镇化质量不仅包括城市现

---

① 陈明星等：《中国特色新型城镇化理论内涵的认知与建构》，《地理学报》2019 年第 4 期。
② 根据国家统计局公布的《中华人民共和国 2020 年国民经济和社会发展统计公报》。《公安部：截至 2020 年底我国户籍人口城镇化率达到 45.4%》，中国青年报百家号，https://baijiahao.baidu.com/s?id=1699387501942841391&wfr=spider&for=pc，2021 年 5 月 10 日。
③ 辜胜阻：《中国城镇化的发展特点及其战略思路》，《经济地理》1991 年第 3 期。

代化，还包括城乡一体化。[1]之后，朱洪祥[2]、王家庭和唐袁[3]、李明秋和郎学彬[4]、张春梅等[5]等对城镇化发展质量的内涵做了进一步充实，包括创新能力、可持续性、基础设施和公共服务的完善等。杨庆育和陈立洲认为，新型城镇化的目标在于以下几个方面：一是城镇化水平的提高，通过合理的制度安排，从农村到城市落户的农村居民与城市居民之间形成较高水平的融合；二是城市化战略格局的优化，城市群成为城镇化发展的主体形态，大中小城市和小城镇协调发展；三是城镇发展的集约高效，绿色生产方式和绿色消费模式成为主导；四是城镇人民生活的和谐宜居，公共服务水平不断提升，市政基础设施不断完善，生态环境质量明显提高；五是城镇化体制的不断健全，城乡劳动者平等就业制度不断完善，城乡一体的建设用地市场建立，户籍、医疗保障、住房保障等方面改革顺利。[6]

当前，中国特色新型城镇化道路仍面临城镇发展不平衡、农业转移人口市民化任务繁重、城镇发展特色不足、城乡二元结构并未彻底消除等一系列问题。大城市房价偏高、交通拥堵、环境污染等"城市病"显现，一些中小城市和小城镇产业支撑不足，基础设施和公共服务发展滞后；农业转移人口市民化多元化成本分担机制不完善，户籍人口城镇化率与常住人口城镇化率差距近几年维持在 15 个百分点左右，目前我国仍有 2 亿以上的已成为城镇常住人口但尚未落户城市的农业转移人口，其中 65% 分布在地级以上的城市；城镇化建设中忽视地方文化的传承创新和城市个性塑造，缺乏精细管理，特色小城镇盲目发展和房地产化；城乡居民人均可支配收入之比仍达 2.56 : 1，城乡一体化的土地市场尚未形成，城乡基本公共服务均等化任务艰巨。因此，新型城镇化

---

① 叶裕民：《中国城市化质量研究》，《中国软科学》2001 年第 7 期。
② 朱洪祥：《山东省城镇化发展质量测度研究》，《城市发展研究》2007 年第 5 期。
③ 王家庭、唐袁：《我国城市化质量测度的实证研究》，《财经问题研究》2009 年第 12 期。
④ 李明秋、郎学彬：《城市化质量的内涵及其评价指标体系的构建》，《中国软科学》2010 年第 12 期。
⑤ 张春梅、张小林、吴启焰、李红波：《城镇化质量与城镇化规模的协调性研究——以江苏省为例》，《地理科学》2013 年第 1 期。
⑥ 杨庆育、陈立洲编著《城镇化理论与案例研究》，西南师范大学出版社，2016。

应全面贯彻创新、协调、绿色、开放、共享的发展理念，坚持以人为核心、以提高质量为导向、以城市群为主体、以就近就地转移为重点，全面提高城镇化质量。

党的十九大报告提出实施乡村振兴战略，突出城乡融合发展，[①] 新型城镇化亦强调人的城镇化和城镇化质量的提高、实现产城融合。新型城镇化的实现要改变"城市优先发展"的城镇化思路，与乡村振兴战略"农业农村优先发展"的思路高度契合，与乡村振兴战略要解决的农村和城市发展不均衡的目标任务相统一。新型城镇化是要解决进城农民被动城镇化问题，通过促进产业发展和城镇建设融合，让农民工融入城镇，享受高质量的公共服务，乡村振兴战略的目标在于基础设施建设的深入推进、农村人居环境的明显改善、美丽宜居乡村建设，以及城乡基本公共服务均等化水平提高和城乡融合发展体制机制初步建立等，也是解决城乡之间发展不均衡问题。

（三）新型城镇化体系构建与推进路径

城镇化蕴含着复杂的社会经济变化，其在人口学、经济学、地理学、社会学范畴有着不同的内涵，人口学范畴的城镇化是农村人口相对减少、城市人口相对增加的过程，经济学范畴的城镇化是农业经济向非农业经济转变的过程，地理学范畴的城镇化是农村地区逐步缩小、城市地区逐步扩大的过程，社会学范畴的城镇化是农村文明向城市文明转变的过程。王妍蕾从城市经济学的角度出发，认为"人、地、钱"是新型城镇化的三大核心要素，人是城镇化的主体性要素，地是城镇化的根本性要素，钱是城镇化的基础性要素。[②]

在国家政策上，2014年3月，颁布了《国家新型城镇化规划（2014—2020年）》并部署了三批试点，2016年2月颁布《关于深入推进新型城镇化建设的若干意见》，以及党的十九大报告关于新型城镇化的表述等，均表明中央

---

① 《中共中央 国务院关于建立健全城乡融合发展体制机制和政策体系的意见》，http://www.gov.cn/zhengce/2019-05/05/content_5388880.htm，2019年5月5日。

② 王妍蕾：《新型城镇化与土地制度改革中的核心问题》，《经济与管理研究》2013年第12期。

已经把新型城镇化当成推动中国未来经济社会发展的重要手段，并为新时代我国推进新型城镇化指明了方向和路径。[①]

吴江认为，新型城镇化本质上是一场以人为中心的，涉及经济、社会等诸多领域的全面转型和深刻革命，蕴含着发展理念的根本转变、彼此关系的和谐融洽，以及整体效益的融合提升。[②] 传统城镇化强调规模增长、空间扩大、经济增长，新型城镇化则强调全面提升、农民市民化、可持续发展。新型城镇化的核心是以人为本，推动经济社会由"乡"到"城"转变，让进城农民学有所教、劳有所得、病有所医、老有所养、住有所居。新型城镇化要优化城镇体系和内部空间功能，因地制宜建立具有地域特色的城镇体系，实现城市群、大中小城市和小城镇协调发展。同时，新型城镇化必须彰显生态文明，使绿色生产和绿色生活成为主要生产生活方式，城市生态环境得到较大程度改善。国务院发展研究中心课题组在对新型城镇化道路、模式和政策分析的基础上，提出加快户籍制度改革，推动基本公共服务常住人口全覆盖，深化土地制度改革，提高土地资源配置和利用效率，推进财税金融体制改革，为城市发展开辟稳定的资金渠道，建立绿色增长机制，促进城市低碳宜居发展，此外，还提出确保粮食安全、公众参与城市治理、合力推动城镇化健康发展等，为新型城镇化体系的构建和完善指明了方向。[③]

二　新型城镇化与农村土地流转的关联与互动机制

（一）新型城镇化与农村土地流转的相互关系

新型城镇化与农村土地流转是一种互为条件、相互制约的关系，其中涉及农村劳动力转移、产业结构演化、城乡用地置换及征地等多种关联互动机制。农村土地流转就是通过改变农村土地的使用权和空间结构，从而实现农业

---

① 李乾夫:《中国特色城镇化建设的思考》,《人民论坛》2010 年第 12 期。
② 吴江:《城乡统筹视阈下中国新型城镇化的路径选择——基于重庆的实证》,西南师范大学出版社, 2014。
③ 国务院发展研究中心课题组:《中国新型城镇化道路、模式和政策》,中国发展出版社, 2014。

比较效益提高、基础设施改善、剩余劳动力转移、产业结构调整等目标。[①] 土地流转为城镇化创造良好的空间支撑和人力资源，农村劳动力流向城镇带来的土地闲置客观上促成了土地流转，城镇化发展对土地的巨大需求推动了土地流转。新型城镇化为土地流转提供经济和技术支撑，客观上推动了农村土地流转。[②] 土地流转受到市场经济的快速发展、农业经济收益率低、农业剩余劳动力转移等因素的推动，同时，土地流转带来城乡一体化加快、土地资源配置效率提高等，科学合理的农村土地流转有利于新型城镇化平稳发展。

李嘉图等经济学家在地租理论中提出，受自然、社会、经济等多种因素的影响，不同地段的土地具有不同的土地利用潜力，并影响地价的高低和地租的多少，地租、地价是引导土地合理有效利用的重要杠杆。在地租理论基础上，马克思提出土地产权理论，将土地看作特殊的生产要素，可以通过劳动为人类提供产品和服务，从而产生地租，土地流转实际上流转的是经济价值，土地产权是一种法权关系，地租是土地所有权的经济表现形式。土地规模经济理论指出，随着土地管理的规模增大、生产能力提高，要不断降低农业生产关系的单位成本，通过土地流转，有效降低人工成本，实现劳动力转移。

土地产权市场化和人口集聚化是新型城镇化的内在要求。土地产权市场化就是要在明晰土地各类产权的基础上，推动产权市场化流转，1979 年《中外合资经营企业法》明确了国家土地所有权，土地使用权可以进行市场化、商品化让渡，2002 年中国首次对土地流转有了法律规定，《农村土地承包法》确定了农村土地承包经营权在集体内部流转的合法性，是对农民在农村土地集体所有基础上所拥有的其他财产权利的认同，促进农村土地在合法、有序基础上实现规模化、集约化经营。无论是农村人口向城镇地理空间的转移，还是农村人口的就地市民化，都为人口的集聚创造了条件。

土地是实现城镇化的重要载体，土地具有生存保障功能，同时，具有资源调整功能，随着城镇化进程的推进，部分农用地转变为城市建设用地，农

---

① 李晓琳、韩喜平：《推进农村土地流转的四维动力机制》，《学术交流》2015 年第 5 期。

② 张平：《城镇化与土地流转互动：机制、问题与调控研究》，《社会科学战线》2014 年第 6 期。

村土地流转对新型城镇化具有促进作用。[①]一是有效解决"地的城镇化"问题，城镇化带来的建设用地需求递增和保护耕地及保障生态用地的矛盾加剧，而农村土地实现产权的市场化和资本化流转，通过有效整合与利用，能够缓解新型城镇化进程中的土地供需矛盾；二是有效解决"人的城镇化"问题，由于农民在物质资本、社会资本、人力资本等方面相对匮乏，而农村土地流转基于土地确权进行，盘活了农民拥有土地财产权利，促进农民"带资进城"，同时，土地流转后经营带来第二、三产业发展及小城镇建设，有利于实现农民就地市民化。新型城镇化的特点就是"用地"和"聚人"，土地流转为新型城镇化建设提供了条件，土地流转的规模和速度影响新型城镇化推进速度。

（二）新型城镇化对土地流转的新要求

传统城镇化和新型城镇化背景下农村土地流转均具有促进农村人口转移、实现产业结构调整、优化城镇建设用地等功能，并通过城镇化的推力和拉力建立了实现农村土地流转的引导机制。2016年国务院印发《关于深入推进新型城镇化建设的若干意见》明确了新型城镇化建设中土地流转的趋势：一是突出以人为本，实现土地流转前充分参与、土地流转中有利可图，以及土地流转后有业可就、有家可归；二是推动城乡统筹发展、共同繁荣，加快城镇棚户区、城中村和危房改造，加快基础设施建设、提升公共服务水平，同时，通过土地流转大力发展农村土地规模经营，加快发展农村经济，培育特色产业和经营主体，带动农民就地创业就业；三是强化集约高效，必须以资源环境承载能力为基础，严格控制建设用地规模，提高土地利用率；四是严控用途，着力于创建环境友好的新城镇、新农村，并防止土地非农化，严格保护耕地。[②]

---

① 宋宜农：《新型城镇化背景下我国农村土地流转问题研究》，《经济问题》2017年第2期。
② 高新才、李笑含：《新型城镇化过程中农村土地流转问题及对策分析》，《兰州学刊》2016年第6期。

　　新型城镇化对农村土地流转提出了"以人为本"等理念的更高要求。在土地流转过程中更加尊重农民意愿和权利，并对农村土地流转后农民的生存与发展问题给予高度关注，加快户籍制度改革和社会保障体系建设。传统城镇化基于城市发展空间不足、向农村要空间的逻辑，带来城乡居民收入差距扩大，失地农民就业、社保等问题，以及进城农民无法享受与城市居民同等的基本公共服务。而新型城镇化在推进农业转移人口向城市迁移的同时，更要通过土地制度改革、户籍制度改革、社会保障制度改革等实现农民市民化。

　　新型城镇化对农村土地流转提出了城乡协调发展的更高要求。无论是农村内部的、不改变土地使用性质和所有者的承包经营权流转，还是农村土地流向外部、改变土地使用性质和所有者的征收行为，都关系到社会稳定、农民受益和经济社会的健康发展，因此，新型城镇化背景下的农村土地流转需要统筹考虑城乡协调发展，致力于建立以工促农、以城带乡的长效机制，促进城乡在社会保障、经济发展、生态保护等方面均等化。

　　新型城镇化对农村土地流转提出了土地集约利用的更高要求。著名的经济学家威廉·阿瑟·刘易斯（W. Arthur Lewis）在《劳动无限供给条件下的经济发展》中指出，随着农村剩余劳动力向非农产业的逐步转移，农村剩余劳动力逐渐减少，最终达到瓶颈状态。因此，传统城镇化依靠廉价的土地和劳动力贡献具有不可持续性。由于中国人地矛盾突出，随着城镇化和工业化的持续推进，必须加强土地调控，强化土地开发整理，完善土地储备制度，实现土地资源的集约利用。

三　新型城镇化进程中农村土地制度与政策的调整

（一）城镇化进程中人地关系演化

　　人地关系理论指出，一定的地理环境只能容纳一定数量和质量的人及其一定形式的活动，人必须依赖所处的地为生活的基础，要主动地认识并自觉地在地的规律下去利用和改变地。[①]在传统城镇化过程中,人地关系出现城镇空间分布与资源环境承载能力不匹配、高城镇化率与居民生活水平提高不协调等问题。[②]城乡建设用地的"二元"产权和管理体制固化了城乡"二元"社会结构。[③]新型城镇化首先要解决的就是传统城镇化发展中"土地城镇化"快于"人口城镇化"的遗留问题,构建良性的人地关系。

新中国成立以来,随着城镇化进程的推进,人地关系呈现鲜明的时代特征。1980年以前,农村与城市形成户籍管理二元分割,农民向城市流动受限。1980~1992年,"包产到户"等农村改革大大提高了农民的劳动生产率,大量劳动力从农业中解放出来,市场经济体制的实行带来大中城市金融、贸易、通信、运输等服务业迅猛发展,对劳动力的需求迅速增长,农村劳动力向非农产业转移,城市开始大规模扩张,大量农村土地被征收,大部分农村劳动力开始涌入城镇(其中一部分为"失地农民"),成为不具市民身份的"农民工"。[④]20世纪90年代至21世纪初,中国基本实现人口的城乡自由迁徙,随后实施的住房、教育、医疗、财税等领域的关键改革,进一步推动了城镇化进程和城市发展,同时,随着小城镇发展战略的提出,涌进城镇的农民工每年增加约2000万人,城镇化步入快速发展轨道。

人口城镇化客观上促进了城镇建设用地增加,同时,城镇建设用地增加又对农村劳动力产生吸引力,[⑤]为促进土地城镇化和人口城镇化均衡发展,我国相继提出了城乡建设用地增减挂钩政策和人地挂钩政策。其中,"人地挂钩"建立在城乡建设用地增减挂钩的基础之上,强调城镇建设用地增加规模同吸纳

① 《发展中的中国现代人文地理学——吴传钧院士学术报告选辑》,商务印书馆,2008。
② 张玉泽、任建兰:《中国新型城镇化发展路径创新——基于人地协调视角》,《现代经济探讨》2017年第1期。
③ 李太森主编《新型城镇化建设中的土地制度创新》,郑州大学出版社,2016。
④ 叶红玲:《新型城镇化:土地制度面临的几个问题》,《中国土地》2014年第1期。
⑤ Gray C. L., "Environment, Land and Rural Outmigration in the Southern Ecuadorian Andes," *World Development*, 2009, 37(2).

农业转移人口落户数量挂钩,是推动"人口城镇化"的有力抓手。[①]"增减挂钩"是以地换地、以项目定指标,而"人地挂钩"是以人定地、人随地走。[②]在具体的实践操作中,可能要求准确统计和测算每个城镇新落户人口数量,根据城市规模和人均占用土地的状况制定差别化标准,[③]在此基础上合理确定城镇新增建设用地规模。

(二)新型城镇化进程中农村土地制度调整

在以城镇化建设为核心的现代化进程中,土地制度尤其是农村土地制度发挥着基础性作用,[④]在工业化和城镇化过程中,集中使用土地是基本条件。英国通过"圈地运动"实现土地集中,快速推动了城镇化,[⑤]法国大量土地为农民所占有,土地集中程度降低,中小市镇发展相对迟缓。

中国土地制度的基本特征是城乡二元分割,这种制度下带来城镇建设用地使用效率低、农村土地闲置、农地质量下降、土地财政问题、征地与被征地主体之间的利益平衡越来越困难等问题。部分地区过度依赖土地抵押融资和土地出让收入推进城镇化,导致土地粗放、低效利用,不仅浪费大量耕地资源,也加大了地方政府性债务等财政金融风险。深化农村土地制度改革是推进我国工业化、城镇化、农业现代化的必然要求,也是理论界关注的焦点,有的主张农村土地私有化、有的主张允许农村建设用地入市、有的主张农村土地国有化。20 世纪 90 年代后,多地开始探索统筹利用城乡建设用地实践,如杭州的留用地制度、重庆的"地票"制度。21 世纪初,广东、福建、浙江、江苏、

---

① 2016 年 9 月 29 日,国土资源部、发展改革委、公安部、人力资源社会保障部、住房城乡建设部联合发布《关于建立城镇建设用地增加规模同吸纳农业转移人口落户数量挂钩机制的实施意见》,提出到 2020 年,全面建立科学合理的人地挂钩机制政策体系,区域和城乡用地结构布局更加优化,土地节约集约利用水平显著提高,为如期实现 1 亿左右农业转移人口和其他常住人口在城镇落户提供用地保障。

② 李明秋、付志杰、牛海鹏:《人地挂钩政策的理论基础及其内涵研究》,《农业经济》2016 年第 2 期。

③ 王萌:《建立人地挂钩机制协调"土地城镇化"和"人口城镇化"》,《中国矿业》2018 年第 S1 期。

④ 林辉煌、郑永年:《新型城镇化与农村土地制度变革》,《江西财经大学学报》2016 年第 4 期。

⑤ 田德文:《欧洲城镇化历史经验的启示》,《当代世界》2013 年第 6 期。

山东等地走出一条被誉为产城融合的"新型城镇化之路"。

新中国成立以来，农村土地经历了私人拥有土地，土地入社，集体拥有土地所有权、集体管理，基于双层经营体制的家庭联产承包责任制，集体所有下的经营权流转几个阶段。从1950年农村土地改革后的"农民土地所有制"到1978年开始实施的农村家庭联产承包责任制，但在社会主义市场经济的发展浪潮中，出现效益低、所有权模糊等问题。1978~1987年法律明令禁止农村土地流转。2002年党的十六届三中全会确立了土地流转的合法性，农地流转规模迅速发展壮大。近年来，农村改革逐步深入，国家相继出台了有关农村土地流转的各项制度，[①]加快农村土地流转，对农业劳动力转移、城乡要素优化组合进而对城镇化进程有着重要的推动作用。此外，广东农村集体土地股份合作制改革和浙江"三权[②]到人、权跟人走"农村产权制度改革，优化了资源在城乡之间的配置。

四 新型城镇化与乡村振兴进程中农村土地制度改革的关键环节

（一）承包地"三权分置"及农地的规模化流转

农村土地制度是维系农村健康稳定发展的基础性制度。新中国成立以来，农村土地制度经历了农民所有到集体所有，再到集体土地所有权和经营权分离等形式。集体所有权、家庭承包经营权"两权分离"顺应了城乡要素流转的发展趋势，但并未体现农户承包和流转权利之间的差别，中国城乡关系仍存在要素配置和收益分配不平衡问题，因此，农村土地制度调整势在必行。2014年中央"一号文件"首次提出土地"安全分置"，并允许承包土地的经营权向金融机构抵押融资。2014年以来，中国将"三权分置"作为新时期农地产权制度变革的基本方向，"三权分置"实现了所有权与使用权的

---

① 宋宜农：《新型城镇化背景下我国农村土地流转问题研究》，《经济问题》2017年第2期。
② 三权指农民土地承包经营权、农户宅基地用益物权、农民对集体资产股份权。

进一步分离，有利于实现农民的多样化选择、土地的社会化配置和城乡要素的双向流动。

推进承包地"三权分置"，坚守农地集体所有权是根本，严格保护农地农户承包权是基础，加快放活土地经营权是关键。[1] 要处理好地方政府和农村集体的土地配置关系、农民个体与农村集体土地配置的委托—代理关系、土地承包者和经营者的土地流转市场对接问题。[2] 承包地"三权分置"改革不仅是推动土地经营权的流转，在经营权流转前先要流转农户的承包土地，改变承包权益的实现形式，通过积累土地资本吸引现代生产要素进入农业和农村。[3] 同时，"三权分置"试图解决不彻底城镇化进程中保护农户承包权与放活经营权的双重政策目标问题，最大限度保护和稳定农户承包权，有效避免城镇化进程中"失地农民"问题。一方面，"三权分置"改革带来全国农村土地流转逐渐呈现规模化特征，出现了股份制、合作制等流转形式，增加了农村居民财产性收入。另一方面，"三权分置"强化了农户土地承包权意识，一定程度上降低了农户的流转意愿。此外，法律可操作性不强导致土地流转效率低下。

"三权分置"将自发的土地经营权流转上升为正式的制度安排，要防范"三权分置"改革中的潜在风险，如集体土地所有权彻底虚化的风险、土地经营权流转的风险、土地大规模经营仍然难以实现的风险等，还应警惕制度安排本身可能引发的机会主义行为，即土地经营权本质上不可抵押而被赋予融资等功能时容易带来土地投机行为。稳定农户承包权和实现农户权益公平保护面临困境，"三权分置"沿用的二轮承包地的分配方案，并未建立因地理位置、土地肥力造成的极差收益协调机制，这种由初始承包权不公平导致的收入差距可能加速农民内部分化。[4] 地理区位好、农地质量高等地区的农户，往往外出务

① 贾国磊：《中国农村土地制度改革的历程和经验——兼议承包地"三权分置"改革的关键环节》，《农村经济》2018年第3期。
② 高帆：《中国农地"三权分置"的形成逻辑与实施政策》，《经济学家》2018年第4期。
③ 洪银兴、王荣：《农地"三权分置"背景下的土地流转研究》，《管理世界》2019年第10期。
④ 张衔、吴先强：《农地"三权分置"改革中的潜在风险及对策》，《社会科学战线》2019年第1期。

工的机会更多，且市场意识较强，对流转租金的期望高，未达到期望易出现撂荒现象，而传统农区农业占主导地位，农村人口比例高，农业产值占比大，农业以小规模生产经营为主，更需要依靠土地流转实现规模经营，而农户流转土地的意愿与规模经营主体进入的意愿相悖。杨玉珍[1]认为，市场推动的土地流转需要一定的区位条件和经济基础，而传统农区不具备这些优势，所以土地流转多呈政策性流转，蕴藏着社会风险和政策风险。

（二）宅基地"三权分置"探索

宅基地承载着中国农村居民的生活居住、风险保障、归属承继、支持生产、情感寄托及资本化等多重功能[2]。中国农村宅基地制度在人民公社化时期初步形成，即宅基地集体所有、集体成员无偿使用，[3]长期以来，宅基地资源管理和利用面临"一户多宅"、宅基地和农房大量闲置、村庄空间布局散乱等问题。随着城镇化快速推进，大量农民离开农村、离开土地，农村出现大量闲置农房、宅基地。2018年农村宅基地空置率为10.7%，东部、中部、西部、东北部村庄宅基地闲置率分别为13.5%、7.7%、11.4%、11.1%，[4]按照农业普查公报，全国约有2.3亿套农村房屋，据此测算，全国接近2500万套住房空置，约360万亩农村宅基地空置。2018年中央"一号文件"提出，探索宅基地所有权、资格权、使用权"三权分置"，[5]完善土地产权制度，进而加强要素市场化配置。宅基地"三权分置"改革是针对违背"一户一宅"原则和宅基地及农村房屋闲置现象的整治，首先应考虑分配正义，其次才能顾及权利如何配

---

① 杨玉珍：《农业供给侧结构性改革下传统农区政策性土地流转纠偏》，《南京农业大学学报》（社会科学版）2017年第5期。

② 龚宏龄：《农户宅基地退出意愿研究——基于宅基地不同持有情况的实证研究》，《农业经济问题》2017年第11期。

③ 曾旭晖、郭晓鸣：《传统农区宅基地"三权分置"路径研究——基于江西省余江区和四川省泸县宅基地制度改革案例》，《农业经济问题》2019年第6期。

④ 参见中国社会科学院农村发展研究所发布的《农村绿皮书：中国农村经济形势分析与预测（2018~2019）》。

⑤ 《中共中央 国务院关于实施乡村振兴战略的意见》，2018年1月2日。

置的问题。①

宅基地"三权分置"是在总结承包地"三权分置"试点经验的基础上提出来的，但与承包地"三权分置"有很大不同。在承包地"三权分置"背景下，鼓励承包土地经营权流转和适度集中，而宅基地"三权分置"并不是鼓励宅基地集中到少数人手中，旨在通过发展乡村新产业新业态和下乡返乡创业创新，盘活利用闲置宅基地和农房增加农民财产性收入。宅基地"三权分置"改革探索有偿使用、有偿退出、放活使用权等机制，有助于人口流动和资本回流。宅基地有偿使用有利于盘活闲置宅基地，促进节约集约用地，宅基地自愿有偿退出为农民进城落户提供原始资本积累，同时，有偿使用、有偿退出可使村集体增收并用于公共事业发展；适度放活使用权是宅基地改革的焦点，核心问题是使用权流转范围、宅基地功能及用途转换、能否用于抵押贷款。②宅基地"三权分置"过程中，所有权、资格权、使用权各自面临的问题应充分受到关注，一是必须应对宅基地所有权主体"虚化"问题；二是必须审慎对待资格权的范围和开放程度，在城镇化推进过程中，农村土地的征用和征收制度显现了宅基地资格权和使用权的经济价值，而小产权房的存在一定程度上出让或稀释了部分农民的宅基地资格权；三是必须加大使用权放活的风险防范力度，唯一的国家征用途径限制了宅基地使用权的发挥，而宅基地使用权转让仅限定于本集体经济组织内部，可见，宅基地"三权分置"中放活使用权必须是有限制的和适度的。③

（三）集体经营性建设用地入市探索

集体经营性建设用地入市是新型城镇化土地保障的重要途径。集体经营性建设用地主要是集体所有性质的工业用地及其他非农产业用地。从党的十七届三中全会首次提出"逐步建立城乡统一的建设用地市场"开始，到党的十八

---

① 丁宇峰、付坚强:《新中国土地政策演进视野下的宅基地"三权分置"制度选择》,《经济问题》2019 年第 11 期。

② 乔陆印、刘彦随:《新时期乡村振兴战略与农村宅基地制度改革》,《地理研究》2019 年第 3 期。

③ 韩文龙、谢璐:《宅基地"三权分置"的权能困境与实现》,《农业经济问题》2018 年第 5 期。

届三中全会以及此后历年"一号文件",都强调不断探索农村集体经营性建设用地入市及配套政策。2015 年正式启动了集体经营性建设用地入市试点。

农村集体经营性建设用地应不应该直接入市和如何直接入市一直是学术理论界关注的焦点,有的学者认为在符合土地规划和用途管制的前提下,集体土地可以不经过征收转制直接进入土地市场;另一些学者认为农民不具有自主改变土地用途开展开发建设的权利,主张农村土地入市依然要通过征地制度改革等来推进。[①] 农村集体经营性建设用地与国有建设用地的权能不同,入市后难以实现"同价",国有建设用地具有占有、使用、转让、出租、抵押等权能,而农村集体建设用地权能主要体现为占有和使用,转让、出租、抵押、担保等权能受到限制。关于集体经营性建设用地入市范围仅限于存量集体经营性建设用地,还是包括增量集体经营性建设用地也存在较大争议。在收益分配方面,参与收益分配的地方政府层级不一,部分地方政府提取调节金比例过高,同时缺少集体内部收益分配制度,[②] 需要合理确定入市收益在政府与农民集体之间的分配比例,实现不同农民集体经济组织之间入市收益大体平衡,实现入市收益在农民集体经济组织内部合理分配。总之,针对当前农村集体经营性建设用地入市存在的障碍和面临的问题,建立和完善城乡接轨的建设用地使用权制度、集体经营性建设用地使用权流转的市场运作制度及市场监管制度、收益分配的调控机制尤为重要。

综上所述,改革开放后我国城镇化起点低、速度快,把中国的城镇化放在世界城市化发展的历史中看,我国城镇化具有时间上高度压缩和空间上跃进扩展的特征。因此,在城市与乡村之间会出现阶段性的人地关系、城乡人口关系的紧张与矛盾,需要通过城镇化目标的调整和深化农村土地改革、户籍制度改革、城乡社保体系和公共服务均等化等进行化解。

新型城镇化的目标从城乡协调进阶为以乡村振兴为基底的城乡融合。新型城镇化是在宏观上要解决城乡之间发展不均衡问题,在微观层面要解决进城

---

① 李太淼:《农村集体经营性建设用地入市的难点问题论析》,《中州学刊》2019 年第 1 期。

② 肖新喜:《集体经营性建设用地增值收益分配的制度革新》,《学习与实践》2019 年第 9 期。

农民被动城镇化问题，其中关键就是处理好与农村土地关联的各种问题。"人、地、钱"是新型城镇化的三大核心要素，其中"地"是最关键的因素。人与地关系的变化就是农村生产关系的变化，土地产权与管理制度改革又影响着土地资本与城镇建设资本之间的转换关系。

土地产权市场化和人口集聚化是新型城镇化的内在要求。新型城镇化、乡村振兴与农村土地制度改革是一种互为条件、相互制约的关系，其中涉及农村劳动力转移、城乡产业结构演化、城乡用地置换及征地等多种关联互动机制。土地流转为城镇化创造良好的空间支撑和人力资源，新型城镇化为土地流转提供经济、社会和技术支撑。土地是实现城镇化的重要载体，新型城镇化要依赖于农村土地的流转、盘活。一是要解决"地的城镇化"问题，通过农村土地的流转、置换，为城镇化提供建设用地；二是要解决"人的城镇化"问题，通过农村土地流转盘活农民的土地财产权利，促进农民"带资进城"、从容落户。新型城镇化进程中，需要深化农村土地制度改革，实现"用地"和"聚人"的统一。

城镇化进程中农民的分化与转移、人地关系的演化呼唤农村土地制度适时调整。新型城镇化和乡村振兴对农村土地制度改革的需求不是单方面的，而是全面的和系统的。涉及农用地的流转、退出与规模化，宅基地的管理规范、退出、集并与调整下的集约利用，建设用地尤其是集体经营性建设用地的入市进而逐步形成对征地制度的替代，还涉及农用地和建设用地之间的调整置换，城乡建设用地增减挂钩等。我们要抓住农村承包地"三权分置"、宅基地管理制度改革与"三权分置"、集体经营性建设用地的入市探索等农村土地制改革的关键环节，为新型城镇化和乡村振兴战略提供坚实的土地制度保障。

推动城市资源要素下乡促进江苏城乡均衡发展的思路与对策

徐志明　张立冬　顾纯磊*

摘　要: 作为东部沿海发达地区,江苏城乡发展差距相对较小,但城乡发展失衡的现象依然存在,主要表现为乡村产业发展内生动力与创新活力不足、乡村基础设施发展分化且有效管护缺失、乡村优质公共服务匮乏且利用效率不高、城乡居民收入比与国际合理水平尚有差距。其主要原因是城市资源要素下乡仍面临诸多障碍,包括农村资源的市场化程度不足、政府对城市资源要素下乡扶持不足。应加快农村资源市场化改革步伐,加大城市资源要素下乡的政策扶持力度,激发农业农村发展内在活力,包括:推动产业下乡,加快农村一二三产业融合发展;推动要素下乡,激发农村要素、主体、市场活力;推动服务下乡,实现城乡公共服务均衡发展;完善政策体系,强化城市资源要素下乡土地资金保障。

关键词: 城镇化　农村发展　资源要素下乡　城乡均衡发展　江苏

---

* 徐志明,江苏省社会科学院农村发展研究所所长、研究员,主要研究方向为农村发展;张立冬,江苏省社会科学院财贸研究所所长、研究员,主要研究方向为农村经济;顾纯磊,江苏省社会科学院农村发展研究所助理研究员,主要研究方向为劳动经济。

作为东部沿海发达地区，江苏城乡发展差距相对较小，但城乡发展失衡的现象依然存在。深入实施乡村振兴战略，加快农业农村现代化步伐，是促进城乡均衡发展的途径。乡村振兴的动力既来自农村内部，也来自农村外部。促进城市产业、要素、服务等资源要素下乡，以外部资源的输入激发农村发展内在活力，是深入实施乡村振兴战略促进城乡均衡发展的关键。

一 江苏城乡发展失衡的表现

城乡均衡发展是指在城乡生产要素合理配置和有效利用的前提下，城乡联系日趋紧密、发展相互促进，差距不断缩小，最终实现城乡产业、基础设施、公共服务以及民生保障等同步协调发展以及各类生产要素获得合理报酬的最佳状态。党的十九大以来，江苏着力构建城乡发展新格局，在取得一定成效的同时，在城乡产业发展、基础设施、公共服务、居民收入等方面依然存在比较明显的失衡。

（一）乡村产业发展内生动力与创新活力不足

在乡村振兴战略的指导和引导下，江苏省积极推动乡村产业发展，但是目前江苏乡村产业发展的现状与产业兴旺的目标相比尚有较大差距，乡村产业发展的内生动力与创新活力依然不足。大部分本应布局乡村的涉农企业扎堆挤在城市，分布在农村的农产品加工企业数量不足且规模偏小，乡村服务业特别是生产性服务业发展严重不足。

一是农业"接二连三"的水平不高。2020年江苏省农产品加工产值与农业总产值之比为3.2，但农产品绝大部分仍处于初加工阶段，精深加工不足，尚未实现从一产向二产的深度转化。农业的多功能性发挥不充分，休闲农业、观光农业、生态农业发展仍以"盆景"点状模式为主，尚没有成为江苏省农业发展的常态。

二是乡村产业组织化程度较低。江苏省家庭农场等新型农业经营主体发展较快，但起步较晚，生产经营的组织化程度还不够，造成家庭农场等新型农业经营主体适应市场竞争的能力还不强。为了提高乡村产业发展的组织化程度，把农民尽可能地组织起来，共抗市场风险，提高市场竞争能力，江苏省积极推进各类农村合作社和综合社的发展，但受乡村各类人才匮乏的制约，合作社以及综合社发展水平还较低。如徐州市沛县，2019 年在工商部门注册登记的农民合作社共有 2207 家，其中国家级示范社和省级示范社占比分别仅为 0.3% 和 0.7%。

三是乡村产业品牌"有而不响"。江苏省农林牧渔业品种资源丰富，具有进行农产品品牌建设和农产品精深加工的优良基础，但是目前全省乃至全国知名的农产品品牌以及农产品加工企业还不多。

四是城乡产业质量效益差距较大。2020 年，江苏省全员劳动生产率为 21.6 万元 / 人，而农业劳动生产率只有 7.4 万元 / 人，全员劳动生产率是农业劳动生产率的 2.92 倍，农业的劳动生产效率以及由此决定的效益与全省平均水平差距悬殊，乡村二三产业对乡村整体劳动生产率的拉升作用有限，江苏城乡产业发展的质量和效益存在巨大鸿沟。绿色优质农产品比重只有 60%，农业经营主体发展水平还比较低。

（二）乡村基础设施有而不优且有效管护缺失

基础设施是一个地区经济社会发展和民生保障的重要支撑，江苏省积极顺应供给侧结构性改革、农业农村优先发展要求，大力补齐乡村基础设施短板，乡村基础设施建设取得显著成效，但依然存在乡村基础设施质量不高且有效管护缺失等突出问题。

一是乡村基础设施"有而不优"。通过大力实施乡村基础设施"补短板"工程，江苏省乡村基础设施获得较快发展，2020 年乡村通行政村双车道四级公路覆盖率基本达到 100%，农村生活污水处理率达到 74.6%，苏南、苏中、苏北县乡公交直通建设水平分别达到 90%、85% 和 80%。但乡村基础设施的质量不高，乡村大部分基础设施建设质量标准低于城镇，如公路等级、网络带宽、污水处理效能等城乡差距明显。乡村基础设施在建设过程中主要还是为了解决乡村基础设施短缺和空白的问题，对质量等级要求不高，只是解决了乡村基础设施"无"的问题，尚没有解决乡村基础设施"好"的问题。

二是建设资金缺口巨大。虽然国家和省级财政对于乡村基础设施建设均有不同程度的财政补贴支持，但是国家和省级的财政补贴支持与实际建设所需资金之间存在较大缺口，对地方财政构成巨大压力，特别是对于经济发展相对落后的苏北地区，地方政府往往无法及时拿出充足的基础设施建设配套资金，这影响了乡村基础设施的建设进度和质量。如高标准农田建设资金缺口大，国家立项的高标准农田补贴标准为 1750 元 / 亩，但要完全达到要求，一般需要至少投资 4500 元 / 亩以上，高标准池塘改造则需要1.2 万 ~1.5 万元 / 亩。

三是乡村基础设施管护机制尚不健全。乡村基础设施管护缺乏专门机构和专业人员，乡村基础设施管护资金的承担主体不明，对经济薄弱的乡镇来说基础设施使用和管护的资金缺口较大，建而不管的情况还比较严重，导致乡村基础设施损耗折旧较大，制约了乡村产业发展的动力和潜力。

（三）乡村优质公共服务匮乏且利用效率不高

在省委、省政府的不断推进下，近年来江苏的基本公共服务和社会保障体系逐步完善。2020 年农村基本公共服务均等化程度已经达到 95%，但是依然存在乡村优质公共服务匮乏且利用效率不高等突出问题。

一是乡村优质的基本公共服务匮乏。江苏省积极推动城乡基本公共服务均等化，但是优质的公共服务资源紧缺且集中分布于城市的状况依然比较严重，乡村优质的公共服务资源匮乏，表现为乡村优质教育和医疗资源匮乏。2020 年江苏农村义务教育学校专任教师中，本科以上学历的占比只有 80%，而城市这一比例已经接近 100%；2019 年乡村医生中，执业（助理）医师的占比仅为 47%。而且乡村教师和乡村医生老龄化严重，知识老化，如南通市60 岁以上的乡村医生占 41%，部分地区甚至高达 50% 以上；苏北乡村教师大多在 50 岁左右，年轻医生和教师不愿下沉乡村。乡村优质教育资源的匮乏导致乡村学生极为排斥在村镇上学，想尽办法到县城上学，甚至已经形成了"在村镇上学就是没有前途和希望"的观念，不得已留在村镇上学的学生都是成绩相对较差或家庭条件相对较差的，进一步导致年轻教师不愿到村镇工作，形成恶性循环。

二是乡村已有的基本公共服务设施利用效率不高。这种情况在苏中、苏北地区比较普遍，由于青壮年劳动力的大量外流，特别是宿迁、连云港和淮安等经济相对落后的乡村，以留守儿童、留守老人和留守妇女为主，长期以来缺乏参与公共服务活动的观念和氛围，如果还需要一定的费用支出，村民就更不愿意参与了，2020 年农村居民教育文化及信息化消费占比仅为 9.3%。乡村基本公共活动缺乏组织，村民的参与积极性调动不起来，导致乡村已有基本公共服务设施利用效率不高，如农家书屋，很少有村民会去阅读；部分行政村综合性文化服务中心无人问津；等等。

（四）城乡居民收入比与国际合理水平尚有差距

江苏省城乡居民收入比已连续 10 年保持稳步下降趋势，在国内属于城乡居民收入差距最小的省份之一，但是与国际上公认的城乡居民收入差距的合理水平以及发达国家城乡居民收入差距的平均水平相比还有较大差距。

一是江苏省城乡居民收入差距虽在国内属于较低水平，但从国际来看仍然较高。江苏省 2020 年的城乡居民人均收入比大幅下降到 2.19，而浙江、广东、福建分别为 1.96、2.50、2.26，在以上四个东部沿海发达省份中，浙江省城乡居民收入比差距最小，江苏省次之，广东省最大。虽然江苏省的城乡居民收入差距与国内其他沿海发达省份相比较小，但与国际合理水平 1~1.5 尚有不小差距。另外，江苏省城乡居民收入差距的绝对值依然在扩大，2020 年城乡居民人均收入差距的绝对值较 2019 年进一步扩大，扭转城乡居民收入差距的压力依然较大；如果进一步考虑到城乡居民社会保障水平的差距，城乡居民收入差距会更大。

表1　2020年我国东部沿海部分省份城乡居民收入差距情况

省份	城镇居民收入（元）	农村居民收入（元）	城乡居民收入比	城乡居民收入差绝对值（元）
江苏	53102	24198	2.19	28904
浙江	62699	31930	1.96	30769
广东	50257	20143	2.50	30114
福建	47160	20880	2.26	26280

　　二是城乡居民收入差距区域分化特征明显。江苏省长期以来存在的区域发展差距问题一直未能得到很好解决，也造成了江苏省内苏南、苏中、苏北三个区域城乡居民收入的显著差异，城乡居民收入差距区域分化特征明显。2020年，13个设区市中城乡收入比最大的是南京，为2.28，最小的是宿迁，为1.64，说明不同设区市之间城乡收入差距很明显。另外，苏南地区除南京的城乡收入比较高外，其他四市城乡居民收入比为1.81~1.92，苏中三市城乡居民收入比为1.90~2.01，苏北五市城乡居民收入比为1.64~2.04，除苏北五市城乡居民收入差距呈现出比较分散的特征外，苏南和苏中的城乡收入比都呈现出比较集中的趋势，显示出江苏省城乡居民收入差距区域分化的特征。

表2　2020年江苏13个设区市城乡居民人均收入情况

城市	城镇居民收入（元）	农村居民收入（元）	城乡居民收入比	城乡居民收入差绝对值（元）
南京	67553	29621	2.28	37932
苏州	70966	37563	1.89	33403
无锡	64714	35750	1.81	28964
常州	60529	32364	1.87	28165
镇江	54572	28402	1.92	26170
南通	52484	26141	2.01	26343
扬州	47202	24813	1.90	22389
泰州	49103	24615	1.99	24488
徐州	37523	21229	1.77	16294
盐城	40403	23670	1.71	16733
淮安	40318	19730	2.04	20588
宿迁	32015	19466	1.64	12549
连云港	36722	19237	1.91	17485

三是城乡居民收入差距过大制约了乡村消费提振。城乡居民收入差距过大造成了城乡居民消费的巨大差距，2020年江苏省城乡居民人均消费支出分别为30882元和17022元，城镇居民人均消费是农村居民人均消费的1.8倍，而且城乡居民消费分别下降了1.4%和3.9%，这对于通过提振消费特别是农村居民消费进而打通城乡经济循环和实现城乡均衡发展是非常不利的。

二　城市资源要素下乡的主要障碍

由于农村资源的市场化程度不足，加上政府对城市资源要素下乡扶持不足，城市资源要素下乡仍面临诸多障碍，农村资源要素进城仍是主要现象，并成为城乡发展失衡的重要原因。

（一）政府与市场合力促进城市资源要素下乡的体制机制亟待健全

乡村振兴既要发挥政府的力量又要发挥市场的力量。推动城市资源要素下乡，需要有为政府与有效市场的合力。当前两者在促进城市要素资源下乡的体制机制上亟待健全，具体表现如下。

一是政府对城市资源要素下乡的针对性扶持偏少。目前对城市资源要素下乡的措施以宏观支持政策为主，而有针对性的可操作可落地的财政税收扶持政策较少。省内只有少数几个地区专门出台了针对城市优质要素下乡的支持政策，比较典型的有泰州市姜堰区和徐州沛县。姜堰区先后出台《关于鼓励"要素聚乡、乡贤回乡、市民下乡"助推特色田园乡村试点村建设的意见》《关于集聚"三水田园英才"推进乡村振兴的若干政策意见》及"1+6"实施细则等政策支持文件；沛县则利用"三乡工程"农村改革试验区的契机，通过政策和资金扶持来引导和推动各类生产要素向农村集聚。

二是农村对城市优质要素的内生性吸力不强。江苏较早就开始推进城乡发展一体化战略，加快推进城乡规划、产业发展、基础设施、公共服务、就业社保、社会治理"六个一体化"进程，取得了丰硕成果。但是从更高的标准来看，农村对人才、资本、科技等先进要素资源的吸引力还远远不如城市，农业农村依托市场机制对城市优质要素的内生性吸力不强，反而出现农村地区的资金、人才、土地等要素被城市虹吸现象，尤其在苏北地区表现得更为明显。

三是政府和市场双向互动的机制不健全。总体而言，行政方式居多而市场化办法较少。例如，在推进人才下乡方面，当前更多地采用制度性安排的方式，而通过收入待遇、上升空间、服务配套等方式来鼓励引导城市优质人才下乡的方式较少。典型的如科技人才职称互通互认存在障碍，省外部分人才职称省内不承认，导致省外人才难引进；兼职兼薪存在法律规定上的冲突，农业科技人员入乡推广技术成果的动力不足。

（二）农村资产资源市场化的巨大潜力亟待释放

农村资产资源市场化水平直接关系到农村发展活力，是农业农村对城市资源要素吸引力的关键支撑。江苏省通过农村改革极大地盘活了农村资产资源，但是整体上其巨大潜力仍亟待释放。

一是集体经营性建设用地入市的集约盘活仅局限于少数地区。农村集体经营性建设用地入市既有利于通过市场化的方式合理配置城乡之间的建设用地，也有利于促进强村富民。目前，对于农村集体经营性建设用地入市，江苏省仍只有少部分承担国家和省级改革任务的地区才有权实施，省内大部分地区难以推进此项工作。此外，对于承担此项改革实验任务的地区，农村集体经营性建设用地目前也仅仅是存量成熟地块的入市，通过盘活零散地块实现集约利用的手段不多。

二是农村闲置房屋的盘活潜力尚未充分挖掘。有效盘活农村闲置房屋既有助于提高农户的财产性收入，还能充分发挥乡村的生活、生态等特有功能，并为返乡入乡人员提供创业和居住场所。除苏南部分地区外，省内其他地区在农村闲置房屋的盘活上尚处于点状分布状态，大部分地区对于农村闲置房屋盘活政策、数据库查询平台建设、多元化利用模式等尚未有系统性谋划，无法有效激发将农村闲置房屋这一"死资产"变为"活资产"的潜力。

三是涉农贷款抵押物变现存在难度。近年来，江苏省出台一系列关于金融服务乡村振兴的政策，各地积极推进农村承包土地的经营权贷款，开展农民住房财产权抵押贷款和农业生物资产抵押试点，在一定程度上缓解了融资难的问题。然而对于家庭农场、农民专业合作社等新型农业经营主体而言，依然面临着一定程度的融资难问题：一方面缘于流转土地的经营权抵押须经承包农户同意，导致承包土地经营权抵押权能受限；另一方面缘于抵押物处置机制不完善，一旦发生借款人不履行到期债务，农户承包地经营权和农民住房财产权的变现存在难度，无法有效维护农业经营主体和农户的权益。

（三）加速农村产业发展的"堵点""痛点"亟待打通

农村产业是实现城乡要素融合的关键载体，其发展水平决定着能否有效地将城市资源要素"留下来"。当前，江苏省农村产业发展以及城市资源要素与农村产业的融合仍面临诸多"堵点""痛点"。

一是农产品优质优价的机制尚未健全。城市优质要素下乡从事农产品生产的主体较多，凭借有见识、有能力、有技术、有抱负、有情怀的优势和特征，该类群体适应城乡居民消费结构升级的需要，顺应从过去的"有没有"到"好不好"的转型升级，在农产品的生产上更加突出质量与品质导向。但由于信息不对称、品牌打造的长期性，以及产品销售中缺乏中高端市场渠道的渗透能力，优质农产品无法实现优价，进而产生劣币驱逐良币的现象，对城市资源下乡产生负面影响。

二是农村产业建设用地难以有效保障。各地普遍存在建设用地非农偏好，"重城镇、轻农村，重工业、轻农业"现象屡见不鲜。对于无法进入开发园区、农业产业园等创业投资强度相对较低，以及创造的财政收入、财税收入比较少的项目，建设用地审批难度大。对于新型农业经营主体的农业生产设施用地，以及农村一二三产业融合发展项目的产业链环节涉及的冷链服务、初加工、仓储打包、物流配送、产品展示、网店运营等公共配套设施所需的建设用地指标更是难以有效保障。农村新产业新业态用地监管过于复杂，不同性质土地的审批程序、用途管制要求不一样，这成为制约农村产业发展的主要因素。

三是基层对返乡入乡创业的服务能力偏弱。为了大力推进返乡入乡创业，省内很多地区将创业公共服务机构延伸到乡镇乃至村（社区）一级，如创建创业型村（社区）等。某县对乡镇一级创业服务机构（村一级创业服务机构）的抽样调查发现，48.2%的人员对如何促进创业缺乏业务认知，32.4%的人员对县级创业扶持政策含糊不清，19.4%的人员根本找不到促进创业的发力点。可见，在建立机构和配备人员之外，要进一步夯实为返乡入乡创业的服务能力。

（四）乡村宜居宜业的环境氛围亟待提升

江苏省城乡一体化发展基础较好，但是与吸引城市优质资源要素下乡的客观需求来看，当前农村"硬件"和"软件"环境氛围均有待提升，尤其是苏中和苏北地区。

一是宜居乡村占比有待提高。当前乡村宜居程度与城市优质要素对良好产业生态和高品质生活服务的需求还不匹配。虽然江苏省农村建设取得了显著成果，但是当前美丽宜居乡村建成率为20%，与城市优质资源要素下乡对良好产业生态和高品质生活服务的需求还不匹配。一方面农村基础设施建设标准不高，村内道路设施落后，生活配套设施不足，信息化水平相对落后。部分地区农村人居环境依然薄弱，如村庄生活污水处理相对滞后等。另一方面农村公共服务水平亟待提升，义务教育优质均衡比例不高、卫生室"缺医少药"问题突出。各种文化设施相对落后，休闲、娱乐等满足不了人才需求。

二是农村尚未形成良好的营商环境。首先，农村法治氛围有待提升。农村各经营主体法律地位并不相对应，造成城乡资本在合资办实体、共建共享等过程中面临较大法律风险。农村执法队伍建设相对滞后，农村市场假冒伪劣违法现象依然存在，维护农村合法经营者权益和农产品正常流通的相关制度需要完善。其次，农村政务服务环境与城市相比差距较大。城乡要素流动的隐性壁垒和制度门槛较多，部分地区通过准入制度、备案管理、强制工商企业二次分红等办法，对工商资本下乡设置过多、过高门槛，影响企业下乡积极性。最后，诚信文明意识有待增强。农村社会信用体系建设总体滞后，工商企业与农户合作时常面临农户违约风险。此外，乡村是人情社会，办事等人情因素占有很大成分，外来人融入需要一定的时间。

三是城乡资源要素利益共享理念尚未得到充分重视。一方面，农村人才等要素与城市优质要素的融合能力较弱。仅从产业维度来看，农业从业人口老龄化现象突出，对城市优质要素带来的先进理念和技术的吸收能力偏弱。调研还发现，部分地区返乡入乡创办企业的就业人员缺乏自主学习意识，先培训后就业的意识相对淡薄。另一方面，城乡资源的利益联结机制不完善。以农村产业为例，当前城市资源与农村要素以松散型利益联结为主，而半紧密型、紧密型利益联结较少，尚未构建形成让创业者有信心、让投资者有利可图、让农民得到实惠、让乡村得到可持续发展的共同利益理念和机制。

三　促进城市资源要素下乡的对策建议

加快农村资源市场化改革步伐，加大城市资源要素下乡的政策扶持力度，健全以工促农、以城带乡的体制机制，激发农业农村发展内在活力，促进城乡均衡发展。

（一）推动产业下乡，加快农村一二三产业融合发展

加强城乡之间产业的合理分工，加快发展农产品加工业、乡村旅游、农村电子商务等乡村产业，推动农村一二三产业融合发展。

一是大力建设一批一二三产融合发展项目。结合资源禀赋条件、产业发展特色，鼓励各地积极探索适合当地的农村产业融合模式。加强农业产业融合主体培育力度，重点支持新型农业经营主体发展加工流通、休闲旅游和电子商务等新产业新业态。创新利益联结形式，创新发展订单农业、股份合作等利益联结模式，让农民成为农村产业融合发展的利益共享主体，增强农村产业融合

发展的后劲。

二是大力建设特色产业园区。积极借鉴工业园区经营理念，创新优化园区管理、项目招商、人才引进、市场营销等运行机制，有效提升农业园区建设管理水平。加大农业项目招商力度，支持引导工商资本按照五大园区规划布局、发展定位和项目设计，发挥其在资金、管理、市场等方面的优势，积极投资建设现代农业项目，为农业现代化打造优质载体、培植创新动能。鼓励各地坚持因地制宜、整合优势资源、实现差别发展，建设一批优势独特、效益显著、行业领先的特色产业园区。

（二）推动要素下乡，激发农村要素、主体、市场活力

营造良好的营商环境，推动城市资本、技术、人才等高端生产要素更多地向农村流动。

一是推动资本下乡。加快完善乡村振兴投融资政策体系，为乡村构建多元化投入机制。试点农村承包土地经营权、农民住房财产权、集体经营性建设用地使用权抵押贷款。支持农村经济主体以农产品生产、加工、销售为纽带开展农业供应链融资。完善金融服务激励政策，运用奖励、贴息、补偿等多种手段，加强货币政策工具运用，引导金融机构加大涉农领域信贷投放力度。推动乡村发展振兴投资基金实质性运作，设立合作子基金，对重点项目进行投资。出台针对农村一二三产业融合发展及休闲农业、设施农业等项目税费减免政策，鼓励引导工商资本参与乡村振兴。

二是推动人才下乡。进一步加强城乡户籍制度改革，改变城乡二元结构，为人才要素在城乡之间自由流动清除制度约束障碍。根据农业农村发展需求，支持各类经营主体有计划地引进农业高端人才。开展新型职业农民职业资格试点，培育有一技之长、带动能力强的"土专家""田秀才"。提高乡村匠人的生存与发展条件，培育"乡村振兴技艺师"。建立稳定的人才补充渠道，解决农业技术人才老龄化问题。针对回乡创业的全日制大中专院校毕业生，试点将其纳入职工基本养老保险体系。

（三）推动服务下乡，实现城乡公共服务均衡发展

建立农村基本公共服务多元投入机制，提高农村公共服务软、硬件水平。

一是推动教育下乡。持续提高基本公共教育服务均等化水平，增加优质资源供给，加快完善现代教育体系。全力优化基础教育供给，推动学前教育优质普惠发展，促进义务教育优质均衡发展，推进普通高中优质特色发展。完善城乡一体的义务教育发展机制，逐步弥补教育设施和师资缺口，缩小区域、城乡间教育差异。

二是推动医疗下乡。合理规划设置乡村医疗卫生机构，加快推进农村区域性医疗卫生中心、紧密型县域医共体建设，推动优质医疗卫生资源下沉，健全"15分钟健康服务圈"。持续提升县级疾控机构应对重大疫情及突发公共卫生事件能力，做好农村疫情常态化防控工作。推进基本公共卫生服务向健康管理转型，逐步建立由家庭医生提供基本医疗、基本公共卫生服务的综合健康管理服务模式。

三是推动文化下乡。加强村庄公共文化场所建设，打造集图书阅览、影音放送、集会比赛等于一体的文化新平台，满足村民健身、休闲、娱乐、公共交往等需求。丰富繁荣乡村文化产品及节庆活动，健全群众性文化活动机制，弘扬传统节日文化和民俗活动，支持乡土特色的群众文艺活动，深入实施乡村文化惠民服务项目。加大政府购买公共文化服务力度，定期组织书籍、戏曲、影视等喜闻乐见的文化形式走进乡村。

（四）完善政策体系，强化城市资源要素下乡土地资金保障

强化政策扶持，为产业、要素、服务下乡提供土地、资金保障。

一是加强土地保障。支持开展土地综合整治试点，积极探索"点状供地"政策，允许设施农用地发展休闲农业。吸引农户、社会资本、乡贤、退伍军人、专家学者、大学毕业生、农创客等多元化主体，采取自主经营、委托出租、合作开发、集体收储、入股经营、有偿退出等模式，盘活利用农村闲置宅

基地和农房。

二是加强财政扶持。坚持把农业农村作为财政支出的优先保障领域，公共财政更大力度地向"三农"倾斜，健全投入保障制度，拓宽资金筹措渠道，确保投入力度不断增强、总量持续增加，确保财政投入与乡村振兴目标任务相适应。将补齐农村基础设施和公共服务短板，鼓励人才、技术和资本下乡作为财政重要投资方向。

三是加强金融扶持。将城乡融合发展省级专项资金用于符合条件的产业园区、特色小镇等城乡融合发展典型项目。支持和鼓励有条件的开发区、产业园区整体上市融资。健全政银企对接机制，加大对符合条件企业的中长期贷款投放力度。支持开发性、政策性、商业性金融机构设计开发城乡融合发展类产品或业务，实施绿色信贷制度。

参考文献

宗锦耀主编《农村一二三产业融合发展理论与实践》，中国农业出版社，2017。

孔祥智、周振：《我国农村要素市场化配置改革历程、基本经验与深化路径》，《改革》2020 年第 7 期。

周振、涂圣伟、张义博：《工商资本参与乡村振兴的趋势、障碍与对策——基于 8 省 14 县的调研》，《宏观经济管理》2019 年第 3 期。

张立冬、罗启东、杨群力：《推动返乡入乡创业高质量发展——基于试点县的调研报告》，《群众》2020 年第 4 期。

会议综述

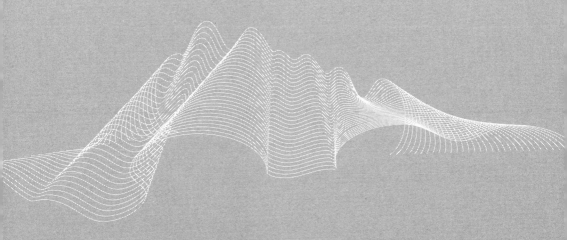

协调推进新型城镇化与乡村振兴　全面促进城乡融合发展

——"全国新型城镇化与乡村振兴高峰研讨会暨第十七届全国社科农经协作网络大会"综述

杜　鑫[*]

2021 年 10 月 16~17 日，由中国社会科学院农村发展研究所、中国社会科学院城乡发展一体化智库、湖北省社会科学院、湖北省十堰市人民政府主办，湖北省十堰市郧阳区委、区政府承办的"全国新型城镇化与乡村振兴高峰研讨会暨第十七届全国社科农经协作网络大会"在湖北省十堰市郧阳区召开。来自中国社会科学院、中央党校（国家行政学院）、中国农业科学院、中国热带农业科学院、各省（自治区、直辖市）社会科学院、高等院校、湖北省十堰市人民政府等 30 余家单位的 100 多位专家学者、政府官员参加会议，围绕新型城镇化与乡村振兴这一会议主题，进行了深入研讨。现将与会专家学者的主要观点综述如下。

一　中国城镇化发展历程与 2035 年目标任务

改革开放以来，中国城镇化的快速发展为国民经济及社会发展做出了重大贡献，但也存在农业转移人口市民化进程滞后、城镇化建设粗放低效、城镇空间分布和规模结构不合理、城镇管理服务水平有待提高、城乡关系不协调等

---

   * 杜鑫，中国社会科学院农村发展研究所副研究员，主要研究方向为城乡融合发展。

问题。贯彻新发展理念，走中国特色高质量城镇化之路，是 2035 年基本实现新型城镇化的主要方向和重点任务。

（一）中国城镇化发展成就及其不足

改革开放以来，中国经历了大规模的、快速的城镇化过程。1978~2020 年，中国城镇常住人口从 1978 年的 1.72 亿人增长到 2020 年的 9.02 亿人，大约新增 7.30 亿人；以常住人口计算的城镇化率从 1978 年的 17.92% 提高到 2020 年的 63.89%，大约提高了 45.97 个百分点；1978~2020 年，城镇常住人口年均增长 1737 万人，城镇化率年均提高 1.09 个百分点，远高于世界同期 0.42 个百分点的水平。与会专家学者认为，中国城镇化的快速推进，吸纳了大量农村劳动力转移就业，提高了城乡生产要素配置效率，推动了国民经济持续快速发展，带来了社会结构深刻变革，促进了城乡居民生活水平全面提升，取得了举世瞩目的发展成就。但是，中国的城镇化在取得上述伟大成就的同时，也存在一些不可忽视的突出矛盾和问题，主要表现在以下几个方面。

第一，农业转移人口市民化进程滞后。当前，受城乡分割的户籍制度与基本公共服务体系的影响，被统计为城镇常住人口的 2.61 亿农业户籍人口，未能在教育、就业、医疗、养老、住房等方面与城镇户籍人口享受相同的基本公共服务。到 2020 年，无论是从常住人口城镇化率看还是从户籍人口城镇化率看，中国均如期完成了《国家新型城镇化规划（2014—2020 年）》所规定的城镇化"量"的发展目标，但是其所规定的"户籍人口城镇化率与常住人口城镇化率差距缩小 2 个百分点左右"的目标不仅没有完成，两者的差距反而继续扩大。2012 年，中国户籍人口城镇化率与常住人口城镇化率差距为 17.3 个百分点，2015 年两者差距扩大为 17.4 个百分点，2020 年进一步扩大为 18.5 个百分点。由于农业转移人口市民化进程滞后，人口集聚与产业集聚不同步，城镇化进程滞后于工业化进程，导致城镇化所带来的刺激消费、扩大投资的红利未能充分展现；城镇内部出现新的二元矛盾，农村留守儿童、妇女和老人问题日益凸显，给经济社会发展带来诸多风险隐患。

　　第二，城镇化建设粗放低效。一些地方短时期内过分追求扩大城镇规模，新城新区、开发区和工业园区占地面积过大，建成区产业发展不足，人口密度偏低，建设用地粗放低效，大量耕地资源被浪费，威胁到国家粮食安全和生态安全，资源环境代价高昂。

　　第三，城镇空间分布和规模结构不合理。城市群布局不尽合理，城市群内部分工协作不够、集群效率不高；部分特大城市主城区人口、资源、环境压力偏大，中小城市产业和人口集聚不足，小城镇数量多、规模小、功能弱，由此增加了经济社会运行和资源环境成本。

　　第四，城镇管理服务水平有待提高。一些城市重建设、轻规划，重硬件、轻软件，重管理、轻服务，"城市病"日益严重，表现在交通拥堵严重，大气、水、土壤等环境污染加剧，城市管理运行效率不高，公共服务供给能力不足。新冠肺炎疫情突袭而至，给城市公共卫生安全敲响了警钟。

　　第五，城乡关系不协调。历经多年改革，传统城乡分割体系虽已大幅松动，但城乡分割的户籍管理、土地管理、财税金融、行政管理等制度，继续固化着已有的城乡利益失衡格局，城乡居民收入比依然处于 2.56 的较高水平，城乡融合发展任务艰巨。

（二）新型城镇化的概念内涵

　　在认真总结改革开放以来城镇化发展经验的基础上，党的十八大报告提出，走中国特色新型工业化、信息化、城镇化、农业现代化道路。党的十八届三中全会通过的《中共中央关于全面深化改革若干重大问题的决定》进一步指出，坚持走中国特色新型城镇化道路，推进以人为核心的城镇化，推动大中小城市和小城镇协调发展、产业和城镇融合发展，促进城镇化和新农村建设协调推进。中国城镇化促进会副会长范爱国认为，新型城镇化之"新"，在于"推进以人为核心的城镇化"，更加关注城镇化质量的提高，走集约、智能、绿色、低碳的中国特色新型城镇化道路，具体来说，包括以下几个方面的含义。

　　首先，新型城镇化不仅要提高常住人口城镇化率，还要推动提升户籍人口城镇化率，并且更加注重城镇化发展的质量，使得农转非居民能够在住房、就业、医疗、教育、养老等方面与城镇居民享受相同的基本公共服务，促进土地城镇化与人口城镇化的同步实现，促进真正意义上农业转移人口市民化的实现。

其次，新型城镇化强调以工业化为发展引擎，以信息化为发展动力，并以城镇化为工业化和信息化的载体，进而带动农业农村现代化，最终实现工业化、信息化、城镇化、农业现代化"四化同步"的高质量发展。

最后，新型城镇化要求不断转变经济发展方式和产业结构，强调绿色可持续发展，将经济增长和社会发展并重，创造良好的城乡生态环境，实现资源循环高效利用，最终实现绿色高质量发展。

此外，湖北省社会科学院谢琼副研究员强调了新型城镇化所内含的城乡协调发展思想。她认为，党的十九大报告提出建立健全城乡融合发展体制机制和政策体系的战略思想，城乡融合成为新型城镇化的进阶目标，即以建立促进城乡共建共享和城乡之间要素自由流动的机制体制为支撑，加速城乡之间产业融合、基础设施一体化和基本公共服务均等化，促进城乡共同实现高质量发展。

（三）2035 年实现新型城镇化目标的工作重点

《中华人民共和国国民经济和社会发展第十四个五年规划和 2035 年远景目标纲要》明确了 2035 年基本实现现代化的发展目标，即基本实现新型工业化、信息化、城镇化、农业现代化，建成现代化经济体系。中国社会科学院农村发展研究所所长魏后凯认为，所谓基本实现城镇化，包括"量"和"质"两个方面的内容。具体来说，在"量"的方面是指常住人口城镇化率要达到城镇化率"天花板"（最高水平）的 80% 左右。根据学术界已有的研究结论，中国城镇化率的"天花板"水平大约为 85%。据此计算，2035 年中国基本实现城镇化时，城镇化率应该达到 68%，实现这一目标的难度并不大。联合国有关机构预期 2035 年中国城镇化率为 73.9%；魏后凯研究员的研究结果表明，2035 年中国城镇化率有望达到 74.4%。相对来说，中国实现

2035 年城镇化目标的主要困难在于"质"的方面。因此，走高质量城镇化发展之路，是 2035 年基本实现新型城镇化的主要方向和重点任务，具体来说，包括以下几个主要方面。

第一，同步推进市民化与城镇化。长短结合，标本兼治，加快推动农业转移人口全面融入城市，同步推进市民化和城镇化进程。首先，统筹推进户籍制度改革和城镇基本公共服务常住人口全覆盖。放开放宽除个别超大城市外的落户限制，试行以经常居住地登记户口制度，健全以居住证为载体、与居住年限等条件相挂钩的基本公共服务提供机制，提高居住证持有人城镇义务教育、住房保障等服务的实际享有水平。其次，健全农业转移人口市民化政策机制。建立健全财政转移支付、城镇建设用地年度指标分配、基本公共服务布局与农业转移人口市民化挂钩的政策机制，依法保障进城落户农民农村土地承包权、宅基地使用权、集体收益分配权。

第二，促进形成科学合理的城镇化格局。以城市群和都市圈为主体形态，促进大中小城市和小城镇协调发展，优化新型城镇化的空间布局，推动形成科学合理的城镇化格局。以促进城市群发展为抓手，全面形成"两横三纵"城镇化战略格局；依托辐射带动能力较强的中心城市，培育发展一批同城化程度高的现代化都市圈。完善大中城市宜居宜业功能，主动承接超大特大城市产业转移和功能疏解。加快推进以县城为重要载体的城镇化建设，推进公共服务、环境卫生、市政公用、产业配套等设施提级扩能，增强综合承载能力和治理能力。

第三，推动形成新型城乡关系。促进城乡要素双向自由流动和平等交换，推动城乡要素、产业、社会和生态全面融合，推动形成以城带乡、城乡互补、协调发展、共同繁荣的新型城乡关系。深化户籍制度改革，加快形成全民覆盖、普惠共享、城乡一体的基本公共服务体系；在总结试点经验的基础上修订完善相关土地法律制度，加快建立城乡统一的建设用地市场；鼓励和支持城市资本、人才、技术等各种要素下乡，积极支持农村外出人员返乡就业创业，共同参与乡村振兴。

第四，低成本实施城镇化建设。通过多种途径努力降低城镇化的资源环境代价，增强城镇化发展可持续性。科学规划布局城市生态环境建设，优先发展城市公共交通，大力发展智能建造和绿色建筑，建设低碳城市。通过政府收储改造、原国有土地和集体土地使用权人自行改造、市场主体收购改造等多元化方式，推动实施城镇低效闲置用地再开发利用。在城乡建设用地增减挂钩政策的基础上，推进城乡集体建设用地的市场化改革，构建城乡一体化的建设用地市场，破解城乡建设用地"双增长"困局。

第五，大力推进城镇高质量发展。全面提升城市品质，实现各城镇、城市群和都市圈的高质量发展。不断完善城市群和都市圈的规划，实现城市群和都市圈的高质量发展；强化中心城市的引领、示范和辐射带动作用，以全面提升质量、推进一体化和增强可持续性为重点，加快推进世界级、国家级、区域级三级城市群建设；从国家层面规划建设 34 个国家级高品质都市圈，使之成为新时期推进新型城镇化的核心区域。

二 协调推进新型城镇化与乡村振兴

党的十九大指出，新时代中国社会主要矛盾已经转化为人民日益增长的美好生活需要和不平衡不充分的发展之间的矛盾。与会专家学者认为，城乡发展不平衡、农村发展不充分成为当前中国社会主要矛盾中较为突出的问题，协调推进新型城镇化与乡村振兴对于新时代促进城乡融合发展、解决城乡发展不平衡和农村发展不充分问题具有重要意义。

（一）新型城镇化与乡村振兴的关系

中国城镇化促进会副会长范爱国认为，中国在不断推进新型城镇化的同时，提出实施乡村振兴战略，既要推动农业转移人口市民化，又要加快农业农村现代化，二者看似矛盾，实则不然；推进新型城镇化和实施乡村振兴战略统一于实现城乡融合发展和建设社会主义现代化强国的目标之中，二者是双向促进而非相互对立的关系。

首先，新型城镇化为实施乡村振兴战略、加快农业农村现代化提供了良好的发展契机。第一，农村剩余劳动力转移为农业现代化提供了发展机遇。新型城镇化吸纳了大量农村剩余劳动力和农村人口向非农产业和城镇地区转移，使得农村地区人均土地面积不断增加，土地细碎化程度不断降低，有利于农业经营规模化、机械化，有利于培育家庭农场、农民专业合作社等新型农业经营主体，最终提高农业生产效率，加快农业现代化。第二，新型城镇化倒逼农业产业结构优化升级。在高质量发展的背景下，新型城镇化会激发城镇人口对于高质量农产品的市场需求，倒逼农业产业结构优化升级，有利于推进农业供给侧结构性改革，实现农业高质量发展。第三，农业转移人口市民化增加了农村集体建设用地供给。农业转移人口市民化导致了部分农村集体建设用地资源的闲置，在农村土地制度改革的背景下可以有效增加农村集体建设用地供给，既可以通过农村集体建设用地入市增加农村集体与农民收入，还可以形成产业用地促进乡村产业振兴、增加农民非农就业收入。第四，新型城镇化通过辐射效应为农业农村现代化提供要素支持。新型城镇化在通过集聚效应吸引要素资源向城镇聚集的同时，也会通过辐射效应向周边乡村地区提供人才、资金、技术、信息等各种现代化要素，从而为加快农业农村现代化提供要素支持。

其次，实施乡村战略、加快农业农村现代化为新型城镇化提供了重要的发展基础。第一，农村剩余劳动力的转移为新型城镇化提供劳动力支持。在农业现代化过程中，随着农业机械化、信息化、智能化的不断发展，农村剩余劳动力不断增加并向非农产业转移将是必然的趋势；做好巩固拓展脱贫攻坚成果同乡村振兴有效衔接工作，也需要脱贫农户劳动力通过非农就业来保障和提高家庭收入。由此，实施乡村振兴战略、加快农业农村现代化可以为新型城镇化提供劳动力支持。第二，农业现代化为新型城镇化提供必要的生产生活资料支持。实施乡村振兴战略，优化农产品供给结构，提高农产品供给质量，可以为新型工业化和城镇化提供高质量的生产资料和生活资料，促进新型工业化和城镇化发展。第三，农业农村现代化为新型城镇化提供了巨大的消费市场。农业和农村发展在供给领域为新型城镇化提供支持的同时，随着乡村振兴战略的实施，农村居民可支配收入不断提高，农村地区消费潜力逐步得到释放，在需求领域同样为新型工业化和城镇化提供了广阔的空间。第四，乡村生态振兴为新型城镇化的绿色高质量发展构建生态屏障。新型城镇化强调践行生态文明思想，实现绿色低碳发展。实施乡村振兴战略，建设美丽乡村，实现乡村生态振兴的目标，可以为新型工业化和城镇化的绿色高质量发展创造良好的生态基础和环境条件。第五，农业农村现代化有利于提高新型城镇化质量。提高农业农村发展水平，实现城乡融合发展是新型城镇化的应有之义。实施乡村振兴战略，坚持农业农村优先发展，不断破解城乡二元结构难题，有效解决城乡发展不平衡和农村发展不充分问题，逐步缩小城乡发展差距，有利于实现城乡融合发展，提高新型城镇化质量。

（二）协调推进新型城镇化与乡村振兴的关键任务

新型城镇化与乡村振兴之间是相互促进、相得益彰的关系。与会专家认为，当前中国存在农村人口单向流出严重、城乡要素自由流动存在壁垒、城市辐射带动作用不明显的问题，这不仅阻碍了乡村振兴战略的有序推进，也导致城市出现交通拥堵、资源短缺、房价物价上涨等"城市病"。因此，应当破除体制机制弊端，协调推进新型城镇化和乡村振兴，加快形成工农互促、城乡互补、全面融合、共同繁荣的新型工农城乡关系，推动新型工业化、信息化、城镇化和农业现代化同步发展。协调推进新型城镇化和乡村振兴，其关键在于做好以下几个方面的工作。

1. 健全城乡融合发展的体制机制

中共中央政策研究室原副主任郑新立认为，城乡居民基本权益平等化、城乡基本公共服务均等化、城乡居民收入均衡化、城乡要素配置合理化、城乡产业发展融合化为城乡融合发展提出了重要的目标和指导原则。与会专家学者一致认为，以实现要素的自由流动和资源的合理配置为重点，健全城乡融合发展的体制机制是协调推进新型城镇化和乡村振兴的关键所在。

第一，推进户籍管理制度改革。深化户籍制度改革，放开放宽除个别超大城市外的城市落户限制，加快实现城镇基本公共服务常住人口全覆盖，推进农业转移人口市民化。

第二，深化农村土地制度改革。按照中央的改革精神，继续完善承包地"三权分置"制度；探索推进宅基地所有权、资格所、使用权"三权分置"改革，适度放活宅基地和农民房屋使用权，鼓励农村集体经济组织及其成员盘活利用闲置宅基地和闲置房屋；按照"三个允许"原则（允许农村集体经营性建设用地入市，允许就地入市或异地调整入市，允许村集体在农民自愿前提下依法把有偿收回的闲置宅基地、废弃的集体公益性建设用地转变为集体经营性建设用地入市）积极推进农村集体经营性建设用地入市改革从试点走向全面推开，构建城乡一体化的建设用地市场。

第三，建立农村集体资产权益退出机制。维护进城落户农民土地承包权、宅基地使用权、集体收益分配权，建立农村产权流转市场体系，健全农户"三权"市场化退出机制和配套政策，支持引导其依法自愿有偿转让农村集体资产权益。

第四，吸引社会资本进入农业农村。鼓励和吸引社会工商资本和金融资本进入农业农村，并带动人才、技术、信息等其他要素资源流入农业农村，改变农村要素资源单向流出格局。建立工商资本租赁农地监管和风险防范机制，严守耕地保护红线，防止农地非农化，保护农村集体产权和农民合法利益不受侵害。

第五，加快基本公共服务均等化。建立城乡教育资源均衡配置机制，健全乡村医疗卫生服务体系，完善城乡统一的社会保险制度，统筹城乡社会救助体系，推进城乡基本公共服务标准统一、制度并轨，加快形成全民覆盖、普惠共享、城乡一体的基本公共服务体系。

2. 推进县域城镇化

党的十九大报告指出，以城市群为主体构建大中小城市和小城镇协调发展的城镇格局。辽宁社会科学院副院长梁启东认为，与党的十九大报告关于构建大中小城市和小城镇协调发展的城镇格局的要求相一致，应当因地制宜，把就近就地城镇化作为重要的路径选择。华南农业大学国家农业制度与发展研究院院长罗必良教授认为，以县城为代表的小城镇是连接农村和城市的桥梁；县城的发展有助于优化城市的等级结构，有利于减少劳动力在不同层级之后迁移所造成的福利损失，县域经济的发展可以避免农民非农就业的长距离迁移，就近就业可以兼顾对农村家庭老人、小孩的照顾，甚至可以兼顾非农就业和农业经营。此外，县城及其恰当的人口密度也有利于应对生物性公共安全问题。发展县域经济、打造小城镇产业集群、做大做优县城，形成县城、乡镇与村庄的联动，对于破解城乡二元结构、协调推进新型城镇化和乡村振兴意义重大。以县域城镇化为着力点协调推进新型城镇化和乡村振兴，必须把握两大核心线索、构建三大驱动机制。

第一，把握两大核心线索："城—镇—村"振兴架构和"产—园—人"联动机制。"城—镇—村"振兴架构是指做大做强县城，形成聚集经济与规模经济，提升县城的区域辐射力与溢出效应，同时打造专业镇与中心村，构建具有区域比较优势的县域城乡融合发展机制，形成"一城一特、一镇一业、一村一品"的网络发展格局。"产—园—人"联动机制是指通过"以产入园区、以园撑城扩、以城带人动、以人带地转"，推进土地集约化、产业园区化、人口集聚化发展，形成"产业聚集、园镇一体、城乡融合"的推进路径。

第二，构建三大驱动机制：增长极驱动、园区化驱动、产业链驱动。增长极驱动是指充分发挥县城与中心镇连接城乡的节点和纽带作用，提升中心城镇的人口集聚功能，使城镇成为人口聚集的中心、要素流动的枢纽、产业链接的高地和农业园区的平台。园区化驱动是指推进土地集约化经营、产业园区化发展，以县城为核心，通过城、镇、村联动构建不同类型产业功能组团，形成功能成团、产业成块、基地成片、辐射成圈的发展格局。产业链驱动是指实现农村一二三产业融合发展，拓展农业农村多种功能，打造一批农业全产业链，提升产业增值空间，促使农民分享产业链增值收益。

3.构建城乡一体的现代产业体系

魏后凯研究员认为，协调推进新型城镇化与乡村振兴，应当构建城乡一体的现代产业体系，把产业链主体留在县城，让农民更多地分享产业增值收益。城市是各种现代生产要素和非农产业的聚集地，具有资本、人才、技术、信息、市场优势。构建城乡一体的现代产业体系，既能拓展城市产业发展空间，提高城市生产要素边际收益，又能激活乡村各类要素资源，加快农业农村发展。构建城乡一体的现代产业体系，一是消除体制机制约束，大力推进城市资本和人才下乡，以城市现代生产要素和现代经营方式改造和重组引领乡村产业发展；二是实现农业产业链条的纵向和横向融合发展，既要打造农业全产业链条，推动农业产业链条的纵向融合和一体化，也要推动农业与农产品加工、电商物流、农事体验、生态康养、休闲旅游等产业的全面融合，实现农业产业链条的横向融合和一体化。

4.打造城乡发展共同体

魏后凯研究员认为，城市与乡村是一个相互依存、互促共荣的生命共同体，打造多层次、多领域、多形式的城乡发展共同体是协调推进新型城镇化和乡村振兴的重要形式、实现城乡融合发展的重要载体。具体来说，可以在市、县、乡、村等不同地域层面，按照城乡互补、互促、互利、互融的要求，在教育、医疗卫生、文化、生态、产业等领域积极打造多种形式的城乡发展共同体，形成城乡利益共享、责任共担的多赢局面。

三　全面推进乡村振兴的重点工作

随着脱贫攻坚目标任务的如期完成和全面建成小康社会目标的实现，中国已迈入全面建设社会主义现代化国家、向第二个百年奋斗目标进军的新征程。在新发展阶段，要坚持把解决好"三农"问题作为全党工作重中之重，把全面推进乡村振兴作为实现中华民族伟大复兴的一项重大任务，加快推进农业农村现代化进程。

（一）实现巩固拓展脱贫攻坚成果同乡村振兴有效衔接

在"三农"工作领域，中国正在实现从全面打赢脱贫攻坚战到全面推进乡村振兴的工作重心转移。与会专家学者认为，巩固拓展脱贫攻坚成果同乡村振兴有效衔接是精准扶贫精准脱贫战略与乡村振兴战略两大战略的对接，巩固拓展脱贫攻坚成果是实现"有效衔接"、全面推进乡村振兴的基础，缩小脱贫地区与非贫困地区差距则是实现"有效衔接"、全面推进乡村振兴的关键。国务院参事室特约研究员、原农业部副部长尹成杰认为，巩固拓展脱贫攻坚成果同乡村振兴有效衔接，需要做好以下重点工作。

一是从规划安排上做好有效衔接。建立健全有效衔接的统筹规划机制，搞好顶层设计，统筹安排和制定脱贫地区和非贫困地区乡村振兴规划，做到脱贫后精准巩固、精准拓展、精准衔接。

二是从乡村建设行动上做好有效衔接。围绕乡村建设行动的各项任务，统筹安排脱贫地区与非贫困地区同步推进，优先做好脱贫地区"三农"领域补短板工作，补短板政策要向脱贫地区倾斜。

三是从政策扶持上做好有效衔接。"十四五"时期对脱贫地区要认真落实五年过渡期政策，保持脱贫政策稳定不变，接续推进脱贫地区稳定发展，建立健全农村低收入人口、欠发达地区帮扶机制，把一些扶贫政策用于脱贫地区乡村振兴。在西部地区支持一些乡村振兴重点帮扶县，增强内生发展动力。

四是从产业发展上做好有效衔接。建立健全有效衔接的产业发展机制和政策，继续加大对脱贫地区的产业扶持力度，补上技术、设施、营销等短板，培育产业集群，实行产业联动，促进产业提档升级；大力发展特色产业，推进"一村一品、一县一业"，形成稳定的产业链和供应链；大力发展农村生产性社会化服务，促进小农户与现代农业发展有机衔接。

五是从农村人才培养上做好有效衔接。建立健全有效衔接的培养新农人和新型农业经营主体的机制和政策，加大培育新农人和新型农业经营主体的力度，制定农村吸引人才、留住人才的政策措施，鼓励大学生、城市科技人员、退休人员积极参与乡村振兴。

六是从应对风险挑战上做好有效衔接。巩固拓展脱贫攻坚成果，全面推进乡村振兴，既面临自然风险、市场风险，又面临突发社会公共事件的风险。建立健全有效衔接的农业农村风险防范机制和政策，统筹脱贫地区和非贫困地区防风险体制机制建设，切实加强农业农村防灾减灾基础设施建设与防灾减灾技术、装备建设。

（二）推动乡村产业振兴

产业振兴是乡村振兴的基础。与会专家学者一致认为，应当持续强化农业基础地位，加快农业现代化、规模化、集约化，深化农业供给侧结构性改革，推进农村产业融合发展，全力推动乡村产业振兴。

1. 提升粮食和重要农产品供给保障能力

《中华人民共和国国民经济和社会发展第十四个五年规划和 2035 年远景目标纲要》指出，要"夯实粮食生产能力基础，保障粮、棉、油、糖、肉、奶等重要农产品供给安全"。中国社会科学院农村发展研究所研究员刘长全认为，近年来，在国内重要农产品生产能力持续提高的支撑下，构建以国内大循环为主、国内国际双循环相互促进的新发展格局为中国重要农产品供给安全提供了保障，但与此同时，一系列潜在风险与挑战也日益凸显，表现在产需错配的结构性不平衡有所加重，农业生产经济效益低下与竞争力不足，灾害与疫病风险比较突出，重要农产品生产布局不平衡加剧资源与环境约束，供给对外依存度显著不平衡。为提高粮食和重要农产品供给保障能力，需要做好以下工作。

第一，确立保障重要农产品供给安全战略导向，扭转农业产需错配。在战略层面，要适时从保障粮食安全向保障重要农产品供给安全转变，改变农业生产存在的对粮食产量的片面追求，高度重视重要农产品的产需结构性不平衡及粮食以外其他重要农产品的增长性需求，优化农业生产结构。重点是要针对畜产品消费需求快速增长趋势及"口粮"过剩与饲料粮短缺并存的问题，调整粮食与畜产品、口粮与饲料粮及饲草的生产结构。要在进一步厘清"粮食""口粮"内涵的基础上，按照实际食用消费需求标准，合理控制粮食、口粮生产规模，同时促进肉、奶及饲料粮等面临短缺且缺口还将继续扩大的重要农产品的生产。

第二，处理好粮食生产"保产量"与"优结构"的关系。粮食生产要扭转对产量的片面追求，从强调"保产量"向"保产量"与"优结构"相协调转变，以保障对高品质、差异化粮食及粮食制品的增长性需求。强化"优结构"政策导向，关键是要根据结构性短缺和增长性需求的实际，进一步优化调控政策的目标、机制、手段和权责关系，让供求关系、比较优势成为决定市场主体生产经营决策的主要依据。要着力完善农业支持保护政策，有效发挥政策在"保产量"与"优结构"间的杠杆作用，通过引入契合市场需求的优质优价机制，改变现行粮食价格形成机制与食物消费升级趋势在激励结构上的偏离。在处理好"保产量"与"优结构"关系的基础上，要继续多举措提高农户与地方政府粮食生产的积极性。加大对主产区粮食产业政策支持力度，提升主产区地方政府发展粮食生产的积极性。

第三，统筹内外双循环，平衡重要农产品供给的对外依赖度。首先，根据保障重要农产品供给安全的需要，可更多进口水土资源密集的农产品，适度增加粮食进口，更多发挥外循环在保障谷物与口粮供给方面的作用。我国的谷物进口依赖度远低于亚洲国家和世界平均水平，虽然受国际市场粮食可获得量所限，过分依靠进口并不现实，但适度扩大进口并不会从根本上影响我国的粮食安全水平；同时，目前已经形成的高储备率为适度降低自给率提供了对冲外循环风险的能力。其次，区别对待内外双循环在保障稻谷和小麦供给安全中的作用。从长期看，仍需防控稻谷进口依赖度上升的风险和脆弱性。一方面，全球稻谷生产的分布相对更加集中，增加供给的潜力更小，面临气候等灾害影响的风险更集中；另一方面，稻谷的进口来源地都是经济、人口快速增长的发展中国家，随着这些地区耕地减少和食物需求增长，全球稻谷供需关系可能趋于紧张。最后，消除自给率下降与进口来源集中叠加的潜在风险，继续推进重要农产品进口来源的多元化，限制局部地区灾害或政治风险对供给安全的冲击。

第四，完善市场稳定机制，强化风险防控能力。首先，重点加强粮、棉、油、糖、肉、奶等重要农产品的市场调控与稳定机制建设，提高风险应对能力。应加快完善收储制度和以适度储备量为基础的市场稳定机制，其中的关键是确定合理的储备规模，搞好对外循环风险的评估，并以此确立适当高于国际公认安全标准的储备规模，对冲结构调整引起的风险。继续降低稻谷、小麦的库存量，把储备降至适度规模。按照"大储备"的理念，完善粮、棉、肉托市收储的市场化机制，培育多元化收购主体，并根据企业收储和代储的发展，建立和完善储备监督和管理体系。其次，着力加强重要农产品生产端风险防控能力建设，一是建立和完善各类重要农产品生产保险、金融与期货工具，丰富生产主体应对自然风险和市场风险的金融工具，促进生产稳定；二是强化重要农产品病虫害风险防控能力，包括构建生物安全防护体系、健全动物防疫和农作物病虫害防治体系等。

第五，促进农业技术进步和绿色发展，缓解资源环境约束。首先，努力破解种业这一要害瓶颈，提高优良品种自给率和覆盖率，为重要农产品供给安全提供现代种业支撑。重要粮食品种要持续提高生产性能，增强高效、抗逆及对机械作业的适用性等优良性状，着力增加与优质、差异化粮食的增长性需求相关的优良品种供给；按照发展饲料饲草种植要求，促进饲用玉米品种、牧草种子等繁育，重点加强青贮专用玉米品种研发，增加高纬度地区短期、超短期青贮专用品种供给；畜禽品种繁育体系建设要加强繁育数据标准建设和基础数据采集与共享，同时要加强畜禽繁育的专业化社会化服务体系的发展。稳步推进生物育种新品种产业化，要按照绝对保障质量安全与生物安全要求强化研发体系的监管机制和第三方评估机制，避免内部人控制问题；要做好转基因生物新品种产业化相关的政策体制对接，包括转基因产品认定标准、标识制度、收储与流通体制及相关支持保护政策等。其次，要加快绿色技术的发展与应用。种植业一是要着力发展化肥、农药减量情况下实现稳产增产的品种和农艺技术；二是要重点发展绿色病虫害防治技术、秸秆等废弃物资源化利用技术。畜禽养殖业要坚持源头减量、过程控制、末端利用的治理路径，促进适用技术的发展与应用。

2. 构建现代乡村产业体系

《中华人民共和国国民经济和社会发展第十四个五年规划和2035年远景目标纲要》指出，推进农村一二三产业融合发展，延长农业产业链条，发展各具特色的现代乡村富民产业。与会专家学者认为，构建现代乡村产业体系，需要大力发展农产品加工业，推动农业与二三产业融合发展，延伸产业链、提升价值链，促进产业发展由低端向中高端转型升级。

一是延长农业产业链条。积极推动种养加结合和产业链再造，大力发展农产品加工业，推动初加工、精深加工、综合利用加工和主食加工协调发展，加强农产品市场流通体系建设，实现农产品多层次、多环节转化增值，推动农业向价值链中高端跃升。

二是提高农业生产性服务业发展水平。充分发挥多元主体作用，鼓励种粮大户、家庭农场、专业合作社、龙头企业等开展农资供销、农机作业、土地托管、统防统治、烘干储藏等生产性服务，形成政府引导、主体多元、形式多样、便捷高效的社会化服务格局。

三是发展新产业新业态。顺应城乡居民消费拓展升级趋势，结合各地资源禀赋，深入发掘农业农村的生态涵养、休闲观光、文化体验、健康养老等多种功能和多重价值，推动科技、人文等元素融入农业，促进农业与旅游、教育、文化、体育、健康、养老等产业深度融合，培育创意农业、休闲农业、乡村旅游、农事体验、养生养老、农村电商等新产业新业态，打造绿色、生态、健康、环保产业链。

（三）实施乡村建设行动

党的十八大以来所实施的一系列强农惠农富农政策，大幅改善了乡村基础设施和基本公共服务，提高了农村人居环境质量。特别是党的十九大提出实施乡村振兴战略之后，改善乡村基础设施和基本公共服务、整治农村人居环境工作进入了加速期，设施水平、服务能力、环境质量都跃升了一个新台阶。尽管乡村基础设施和基本公共服务建设已经取得了重大成就，但乡村发展不充分、城乡发展不均衡现象依然比较突出。《中华人民共和国国民经济和社会发展第十四个五年规划和 2035 年远景目标纲要》指出，要把乡村建设摆在社会主义现代化建设的重要位置，优化生产生活生态空间，持续改善村容村貌和人居环境，建设美丽宜居乡村。与会专家学者认为，在新发展阶段，应当吸取新农村建设、美丽乡村建设的经验教训，遵循实事求是、因地制宜两大原则和有中国特色的乡村发展规律，深入有效地实施乡村建设行动。

1. 统筹城乡规划

实施乡村建设行动，应当以实现城乡公共资源优化配置为目标，深入贯彻城乡共享发展理念，从顶层设计上对乡村振兴与新型城镇化进行统一规划，统筹县域城镇和村庄规划建设，通盘考虑土地利用、产业发展、居民点建设、人居环境整治、生态保护，优化布局乡村生活空间，严格保护农业生产空间和乡村生态空间，打造绿色可持续发展的城乡空间体系，依托数字化快速发展的机遇，建设智慧城市和数字乡村，实现高质量发展。

2. 改善乡村基础设施

改善乡村基础设施，需要做好以下几个方面的重点工作。

第一，统筹推进城乡基础设施建设。以县域为基本单元推进城乡融合发展，强化县城综合服务能力和乡镇服务农民功能，推动市政公用设施向郊区乡村和规模较大中心镇延伸，完善乡村水、电、路、气、邮政通信、广播电视、物流等基础设施。

第二，超前布局数字乡村基础设施建设。以《数字乡村发展战略纲要》为指导，因地制宜，科学谋划，超前布局数字乡村基础设施建设。一是加快网络基础设施建设，加快农村宽带通信网、移动互联网、数字电视网和下一代互联网发展，提升乡村网络设施水平。二是加强信息终端和服务供给，鼓励开发适应"三农"特点的信息终端、技术产品、移动互联网应用软件。三是加快推进农村地区水利、公路、电力、冷链物流、农业生产加工等基础设施的数字化、智能化转型，推进智慧水利、智慧交通、智能电网、智慧农业、智慧物流建设。四是推进网络应用平台建设，建立相应的数据资源采集平台，实现各级政府信息平台之间的互联互通，以及与各类平台、网站、软件等信息服务系统的联通。

第三，建立健全乡村基础设施运营管护机制。中国社会科学院农村发展研究所于法稳研究员认为，应当在乡村基础设施项目设计之初，系统考虑建设与运营问题，并基于乡村基础设施的属性，按照"专业人做专业事"的原则，建立相应的运营管护机制，逐步探索由专业公司运营的途径。

3.提升乡村公共服务

中国社会科学院农村发展研究所于法稳研究员认为，提升乡村公共服务，增加农村教育、医疗、养老、文化等服务供给，重点包括以下几个方面的内容。

第一，加强乡村公共医疗能力建设。重视农村公共卫生与防疫基础设施和运营、管理机制建设；建立完善的农村公共卫生三级网络机制，确保县域内公共卫生信息实时贯通、信息共享，为促进县域医疗联合体、医疗共同体建设提供必要的手段；加强乡村卫生人才队伍建设，特别是加强对乡村卫生人才突发疫情的防控培训和教育，不断提升其对重大疾病和传染病的判断能力、应急处理能力。

第二，完善乡村社会保障体系。科学制定与区域经济发展水平相适应的农村最低生活保障标准，并对其进行动态化管理；科学确定新型农村合作医疗补助标准，构建城乡互通的信息化平台，提高管理经办能力；探索建立多元化的农村养老保险制度，鼓励社会资本参与农村养老保险，为农村居民提供多样、安全、可靠的养老保障。

第三，提高乡村文化教育能力。一是将城乡教育资源开放共享落到实处。充分发挥现代网络信息技术，通过搭建信息技术网络平台，在更大范围内共享城镇优质教育资源，实现城乡教育资源均衡配置、均衡发展。二是慎重推进农村中小学校标准化建设。随着城镇化进程的加快，农村学校在校生数量骤减，学校也进入了片区集中发展新阶段。因此，应当慎重推进农村中小学校标准化建设，避免投资浪费。

4. 改善农村人居环境

改善农村人居环境是建设美丽宜居乡村的重要内容。中国社会科学院农村发展研究所于法稳研究员认为，在"十四五"时期，生活垃圾处理、生活污水处理、"厕所革命"以及村容村貌改善依然是实施乡村建设行动、改善农村人居环境整治水平的重点内容。

第一，有序推进垃圾分类，提升生活垃圾处理水平。一是借鉴浙江"千村示范、万村整治"经验，有序推行农村生活垃圾分类和资源化利用。二是根据经济发展水平、地质地貌特点以及民族风情，因地制宜选择垃圾处理方式。三是健全各项管理制度、垃圾处理技术规范，包括能够促进垃圾分类和资源回收利用的经济激励办法。

第二，因地制宜选择模式，提升生活污水处理水平。一是对农村生活污水处理实践中的一些成熟技术，应对其推广应用的适宜区域进行科学分析，加大推广力度。二是根据不同区域农村生态、经济、社会特点，加大适应区域农村生活污水处理所需的技术研发力度，更好地服务于区域农村生活污水处理。三是根据区域地貌、气候特征、所处地理位置，以及农村居民居住及生活污水产生量的差异性，将一些技术进行整合，提高技术的有效性，并从中筛选出适宜的处理模式。

第三，以发挥实效为准则，推动"厕所革命"再升级。一是要科学确定"厕所革命"的模式，对不同区域乡村进行深入研究，提出不同区域"厕所革命"可以选择的模式，为因地制宜选择适宜模式提供空间。二是要创新"厕所革命"的推动方式，依据不同区域的气候特点及资金下拨时间，科学确定工程验收的时间节点，确保工程质量并使其发挥实效。三是因地制宜推广生活污水与"厕所革命"一体化模式，对一体化处理模式或技术进行科学评估，甄别推广应用中需要解决的关键问题，据此确定适宜推广的区域。

第四，坚持"五化"原则，全方位改善村容村貌。"十四五"时期，应在"亮化、硬化、美化、绿化"的基础上，加上"立体化"，全方位改善村容村貌。一是持续推进村内道路的硬化、绿化，实现村内道路的畅通、美观；二是开展创建"绿色家园"行动，鼓励农村居民对庭院及周边进行绿化、美化，增加绿地面积；三是继续实施乡村清洁工程，将村容村貌的改善从单一的平面化转向立体化，将空中无规则、散乱的各种电线、网线等进行认真梳理，改善空中景观，实现村容村貌的立体化美观。

四　需要进一步研究的重大问题

在新发展阶段，"三农"领域有许多重大的战略性、全局性、综合性问题需要学术界开展持续研究和深入探索。综合与会专家的研讨成果，魏后凯研究员梳理了未来需要进一步研究的六个方面的重大问题。

一是粮食和重要农产品供给安全合理保障程度问题。提升粮食和重要农产品供给保障能力是全面推进乡村振兴加快农业农村现代化的基本要求。总的来看，当前中国已基本实现了"口粮"绝对安全、谷物基本自给和重要农副产品供应充足，粮食和重要农产品供给安全得到了较好的保障，但也面临畜产品消费需求增长较快、"口粮"过剩与饲料粮短缺并存等结构性问题。由此产生的一个问题就是中国的"口粮"安全是否过度保障？粮食和重要农产品供给安全的合理保障程度是什么？等等。对这些问题的研究和回答有助于合理配置农业生产资源，在结构优化、质量提高的基础上达到更高的粮食和重要农产品供给安全保障水平。

二是乡村振兴差异化问题。《中华人民共和国国民经济和社会发展第十四个五年规划和 2035 年远景目标纲要》对新发展阶段坚持农业农村优先发展、全面推进乡村振兴作出了总体部署，为做好当前和今后一个时期"三农"工作指明了方向。但中国地域广大，各地区资源禀赋各异，功能规划不同，经济社会发展状况千差万别，沿海与内陆、沿边与内地、各主体功能区在全面推进乡村振兴的工作中应当注意战略目标、实施重点、推进步骤的差异化问题，因地制宜，分类推进乡村振兴，打造各具特色的现代版"富春山居图"。

三是"两山"理念转化机制问题。"绿水青山就是金山银山"这一生态价值观是习近平生态文明思想的理论基石和重要精髓。"绿水青山"与"金山银山"、生态保护和经济发展之间是辩证统一的关系，处理好二者之间的辩证统一关系、促进"绿水青山"转化为"金山银山"是践行习近平生态文明思想、走绿色高质量发展道路的核心和关键。当前，"两山"理念转化在实践中还处于起步阶段，在理论和政策上还有一系列问题需要深入研究，如生产产品的价值核算方法、生态产品的市场交易机制和生态补偿机制等。

四是乡村治理体系和治理能力现代化问题。基层治理是国家治理的基石，实现乡村有效治理是乡村振兴的重要内容。2019 年中共中央办公厅、国务院办公厅印发的《关于加强和改进乡村治理的指导意见》指出了加强和改进乡村治理的总体目标，即到 2035 年，乡村治理体系和治理能力基本实现现代化。2021 年中共中央、国务院印发的《关于加强基层治理体系和治理能力现代化建设的意见》再次指出，2035 年基本实现基层治理体系和治理能力现代化，中国特色基层治理制度优势充分展现。当前中国乡村治理体系存在乡村社会资本流失、农民参与村庄建设和乡村治理不足、城乡居民基本公共服务差距显著、村级自治组织行政化倾向明显等问题。在全面推进乡村振兴的工作中，如何建立完善的自治、法治、德治相结合的乡村治理体系，如期实现乡村治理体系和治理能力现代化目标，实现乡村社会治理有效、充满活力、和谐有序，是一个需要深入研究的重大问题。

五是全面推进乡村振兴的长效机制问题。与具有短时期内"攻坚"特征的脱贫攻坚战不同，全面推进乡村振兴是一项长期性的战略行动，制定了远至 2050 年的发展目标。因此，需要建立全面推进乡村振兴的制度化、规范化、可持续的长效机制，确保乡村振兴战略在未来一个较长的历史时期内得到有效实施，包括建立乡村振兴财政资金稳定增长机制、健全乡村基础设施及公共服务设施运营管护机制、建立扶贫资产保值增值机制、探索缓解相对贫困的长效机制、促进乡村产业振兴形成产业支撑，以及通过制度创新形成乡村振兴内生动力等。

六是多元主体协同参与乡村振兴问题。需要搭建社会参与平台，构建一个政府、市场、社会协同推进的乡村振兴多元主体参与机制。如何制定优惠政策广泛吸引各类企业、社会资本进入乡村，多渠道筹集建设资金促进农业农村投资持续稳定快速增长？如何营造良好氛围吸引成功人士、乡贤能人、返乡青年积极投身于乡村振兴事业？如何组织动员各群团组织发挥自身优势共同参与乡村振兴？这些都是迫需加以研究的问题。

图书在版编目（CIP）数据

新型城镇化与乡村振兴 / 魏后凯, 宋亚平主编；崔
红志, 傅智能副主编. -- 北京：社会科学文献出版社,
2022.5（2023.9重印）
ISBN 978-7-5228-0046-2

Ⅰ.①新… Ⅱ.①魏… ②宋… ③崔… ④傅… Ⅲ.
①城市化-中国-学术会议-文集②农村-社会主义建设
-中国-学术会议-文集 Ⅳ.①F299.21-53
②F320.3-53

中国版本图书馆CIP数据核字（2022）第066071号

新型城镇化与乡村振兴

主　　编 / 魏后凯　宋亚平
副 主 编 / 崔红志　傅智能

出 版 人 / 冀祥德
组稿编辑 / 邓泳红
责任编辑 / 吴　敏
责任印制 / 王京美

出　　版 / 社会科学文献出版社（010）59367127
　　　　　地址：北京市北三环中路甲29号院华龙大厦　邮编：100029
　　　　　网址：www.ssap.com.cn
发　　行 / 社会科学文献出版社（010）59367028
印　　装 / 唐山玺诚印务有限公司

规　　格 / 开　本：787mm×1092mm 1/16
　　　　　印　张：18.5　字　数：269千字
版　　次 / 2022年5月第1版　2023年9月第2次印刷
书　　号 / ISBN 978-7-5228-0046-2
定　　价 / 89.00元

读者服务电话：4008918866